BLACK SWAN 黑天鹅

为 人 生 提 供 领 跑 世 界 的 力 量

BLACK SWAN

我的父母，法耶和肯尼斯，他们从俄克拉荷马州的阿纳达科搬到了西雅图。（照片来源：保罗·艾伦）

我们在西雅图的第一个家，父亲抱着我坐在门口的台阶上。（照片来源：保罗·艾伦）

很小的时候我就是一个体育迷，我跟父亲一起看华盛顿大学的橄榄球比赛。照片上的我正戴着父亲上世纪30年代的橄榄球皮头盔。（照片来源：保罗•艾伦）

我跟比尔·盖茨在湖畔中学相遇，在照片上的计算机室里我们成了朋友。在这里，我们能拨号连接一台大型计算机。（照片来源：简·卡尔森·威廉姆斯的湖畔中学60届档案）

父母省吃俭用将我送到湖畔中学，那是 1971 年。后来，我的妹妹朱迪也进了这所学校。（照片来源：简·卡尔森·威廉姆斯的湖畔中学 60 届档案）

丽塔和我去参加高中毕业舞会。我们俩的恋情毕业后还在持续，后来一起去了波士顿。（照片来源：保罗·艾伦）

我在华盛顿州立大学的大学生联谊会里。大学生联谊会是一个多样化的学生团体。（照片来源：保罗·艾伦）

1979 年，我们第一次去日本。照片左起：我、比尔、冈田准一、西和彦。（照片来源：保罗·艾伦）

1975 年，我跟比尔在新墨西哥州的阿尔伯克基市创办了微软。照片摄于 1982 年，刊于《西雅图时报》。文章说：“他们将一个关键的创意变成了一个在爆炸性增长的个人计算机领域内数百万美元的生意。”（图片来源：《西雅图时报》，巴里·王）

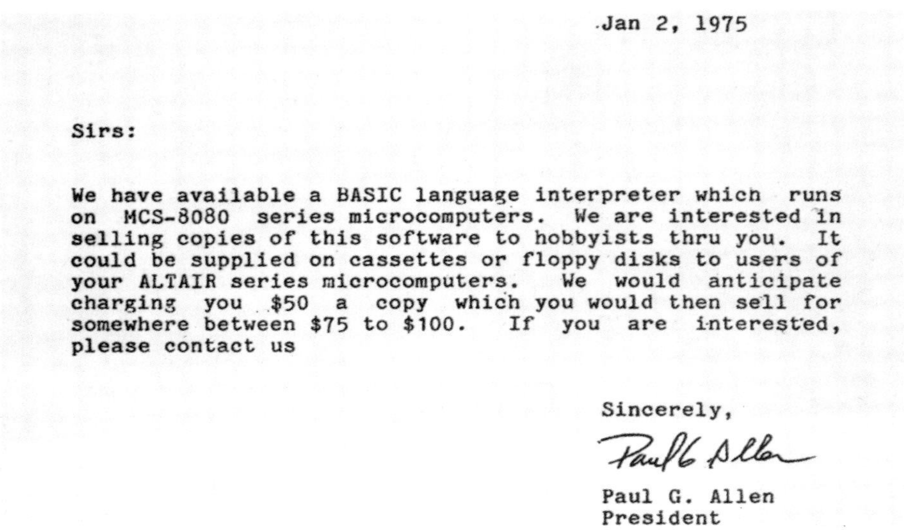

Jan 2, 1975

Sirs:

We have available a BASIC language interpreter which runs on MCS-8080 series microcomputers. We are interested in selling copies of this software to hobbyists thru you. It could be supplied on cassettes or floppy disks to users of your ALTAIR series microcomputers. We would anticipate charging you $50 a copy which you would then sell for somewhere between $75 to $100. If you are interested, please contact us

Sincerely,

Paul G. Allen
President

1975 年 1 月 2 日，我用 Traf-O-Data 的信头给 MITS 写信，要向这个生产个人计算机的新公司提供 BASIC 程序，每份 50 美元。因为没有收到回复，我们随后又打了电话。（图片来源：保罗·艾伦，感谢艾迪·柯里博士的惠赠）

微软成立十周年时做的海报。图上有比尔，有我。比尔头像的下面是MITS的“牵牛星8800”。（图片来源：微软档案）

法耶·G. 艾伦视觉艺术中心是以我母亲的名字命名的，1990 年，在我们家族500 万美元的资助下建于华盛顿大学。（照片来源：《西雅图时报》，理查德·S. 海札）

照片摄于 2003 年。图右人物即是史蒂夫·鲍尔默。他是比尔的哈佛同学，于1980 年被比尔招入微软。（照片来源：保罗·艾伦）

买下 NBA 的波特兰开拓者队之后，我成了职业联盟球队中最年轻的老板。图中场所是玫瑰花园球场，我旁边都是开拓者队的前巨星们。从左至右分别是：克里弗德・罗宾逊、杰罗姆・科西、克莱德・德雷克斯勒、凯文・达科沃斯。（照片来源：盖蒂图片社，山姆・弗伦希奇）

我和一些朋友在演奏。左边是罗比・罗伯森，最右边是戴夫・斯图尔特。这是在 2004 年《云梯 49》首映式晚会上，贝斯手是乔・卡拉，鼓手是迈克尔・杰罗姆。（照片来源：保罗・艾伦）

1999 年，我很幸运地跟米克·贾格尔在他的生日派对上合作演奏。另一位吉他手是强尼·蓝。贝斯手的身份不明。（照片来源：保罗·艾伦）

在去圣特鲁佩斯的路上博诺和我合影。在我生病期间，博诺和大卫·荷威·伊凡斯代表我领取了萨朗纽斯·蒙克爵士学院的奖项。（照片来源：保罗·艾伦）

妹妹朱迪和我坐在西雅图先锋派风格的音乐体验馆前。场馆是弗兰克·盖里设计的。（照片来源：Vulcan Inc.）

我在 1997 年买下了西雅图海鹰队，避免了它被搬到洛杉矶去。2006 年，海鹰队赢得了国家橄榄球联合会的冠军，并取得超级碗比赛的资格。（照片来源：西雅图海鹰队）

背景是我的“章鱼”号游艇，2003 年下水。前景是可乘坐 8 人的 PaGoo 潜艇，它停泊在“章鱼”号内部。（照片来源：Vulcan Inc.）

2003 年，我的电影公司“火神制片公司”与马丁·斯科塞斯合作的《PBS 蓝调百年之旅》获得艾美奖。照片上跟我在一起合影的是斯科塞斯和 B.B. 金（照片来源：盖蒂图片社，卡麦左）

艾伦脑科学研究所的首席执行官艾伦·琼斯博士正手指一张供分析使用的染色人脑小脑薄切片。（照片来源：Vulcan Inc.，凯文·科路夫）

2009 年在纳米比亚。从左至右分别是：伯特・柯德、导游克里斯・贝克斯、我。我们身后是一棵巨大的猴面包树。（照片来源：Vulcan Inc.）

伯特·鲁坦和我一起去华盛顿，在美国国家航空与太空博物馆里安装太空船一号——就在查尔斯·林白的“圣路易斯精神”号旁边。（照片来源：盖蒂图片社，温·麦克纳米）

肯尼亚的马加迪，远处是香蒲山。从左至右分别是：司机兼导游詹姆斯·拉卡拉里、我的表弟兼技术顾问汤姆·格拉布斯、我、丹·艾克罗伊德。丹一家人是在旅途中加入我们的。（照片来源：保罗·艾伦）

朱迪和我 2010 年在博茨瓦纳探险旅游。我们身后的大象名叫贾布，在那天早上的观光旅途中一直陪伴着我们。（照片来源：Vulcan Inc.）

2010 年 10 月，我参加了音乐体验计划的全明星合演，纪念吉米・亨德里克斯的伙伴和最后合作的贝斯手比利・考克斯获得 2010 年的创始人奖。我在最左端，其余依次是安迪・艾利多特、斯科特・尼尔森、诺亚・亨特、克里斯・雷顿、肯尼・维恩・谢普尔德、比利・考克斯、奥瑞安西・帕纳葛里斯。（照片来源：2010 年集体照，布莱斯・卡维）

我用微软改变世界

Idea Man

微软联合创始人保罗·艾伦回忆录

[美] 保罗·艾伦○著

吴果锦○译

浙江人民出版社
ZHEJIANG PEOPLE'S PUBLISHING HOUSE

图书在版编目(CIP)数据

我用微软改变世界/(美)保罗(Paulos,A.)著;吴果锦译.—杭州:浙江人民出版社,2012.3

ISBN 978-7-213-04783-1

Ⅰ.①我… Ⅱ.①保… ②吴… Ⅲ.①保罗,A.-生平事迹 Ⅳ.①K837.125.38

中国版本图书馆CIP数据核字(2012)第005510号

浙江省版权局
著作权合同登记章
图字:11-2011-240号

书　　名	**我用微软改变世界**
作　　者	[美]保罗·艾伦　著　吴果锦　译
出版发行	浙江人民出版社 杭州市体育场路347号 市场部电话:(0571)85061682　85176516
责任编辑	王志坚　李　胜
责任校对	张彦能　朱志萍
印　　刷	北京慧美印刷有限公司
开　　本	760mm×1050mm　1/16
印　　张	21
字　　数	300千字
插　　页	10
版　　次	2012年3月第1版·第1次印刷
书　　号	**ISBN 978-7-213-04783-1**
定　　价	46.00元

如发现印装质量问题,影响阅读,请与市场部联系调换。

目录/CONTENTS

献给我的父亲母亲

第一章 时 机

1974 年 12 月的一个周末下午，我走在前往哈佛广场的路上，全然不知自己的人生即将发生改变。那天正下着雪，天气很冷。我已经 21 岁了，却身处迷惘之中。几周之前，女友去了 3000 英里外的西雅图——那里是我们的故乡，而我还要在华盛顿州立大学度过三个学期才能毕业（过去两年中我已经休学两次了）。此时的我在一家名叫“霍尼韦尔”的公司里打工。这家公司在一座又脏又乱的住宅楼里，工作也没有什么前途。我还有一辆汽车，1964 年的克莱斯勒“纽约客”，极其费油。若是到第二年的夏天再没有什么转机的话，我就只能先回去上学，完成学业了。

那段时间里，经常在我生活中出现的是哈佛大学生比尔·盖茨。我们相识于湖畔中学①，那时他上八年级，我在十年级，从那时起我们就混在一起。我和比尔一起学会分析电脑编码，并在十多岁时就涉足了一桩后来失败的生意，肩并肩做着专业编程工作。正是比尔鼓动我来到马萨诸塞州，准备一同退学，共同创建一家科技公司。而后，他一转身又去上学了。比尔和我一样，都不安分，总爱尝试新鲜事物。

比尔和我一直在撒网般地找寻商业项目。我们想，最后还是应该写个

① 湖畔中学，是一家私立中学，位于美国华盛顿州西雅图市以北的哈勒湖区。——译注

软件，在这方面我们是有才华的。有时我们在哈佛比萨屋里，一边享用咖啡或辣肠馅饼，一边幻想着未来的创业生活。有一次我问比尔："要是一切顺利，你觉得我们的公司能办得多大？"

他回答道："我想会有35名程序员的规模吧！"对我来说，那可真是个雄心壮志。

自从20世纪50年代集成电路技术面市之后，前卫的思想家们就曾设想功能更强大、价格更实惠的电脑问世。1965年，年轻的物理学家戈登·摩尔在《电子学》杂志上发表了他的预言。他宣称，集成电路上可容纳的最多晶体管数量将会每年翻一番，而芯片的成本保持不变。在1968年参与创立英特尔公司之后，他又把这个定律略作修正，将更新周期改为两年——即便如此，增幅仍然是巨大的。类似的趋势很快在电脑处理速度和磁盘存储容量方面显现。摩尔定律体现出简单而深远的观察力，直到今天仍然正确有效。随着芯片技术的不断推进，电脑的运行速度会迅速地变得越来越快，价格越来越便宜。

摩尔定律的精准性在1969年变得更加明显，而这时，我跟比尔刚刚结识了几个月（那时的我16岁，正在一台大型计算机上学编程）。一家日本公司比吉康为击败竞争对手，委托英特尔公司为一种便宜的手持式计算器设计芯片。按比吉康公司的设想，这台新型手持计算器需要12个集成电路芯片，而英特尔的电子工程师特德·霍夫却有一个大胆的想法：为了削减成本，将整个可运行计算机的元件集成到一个芯片之中——这个东西后来被称为"微处理器"。

在这些新型芯片面世之前，为实现一个有限的功能，比如交通灯、气泵、打印终端等，需要数以十计甚至百计的集成电路。而作为大型计算机和微型计算机之间的过渡机器，一台微波炉大小的计算机也是如此——一个芯片只具有一个用途。霍夫的这个发明远非多用途那么简单，用戈登·摩尔的话说，"现在我们能制造一个单一芯片，却可以将它卖给数千种的应用程序"。1971年11月，摩尔和集成电路的发明者之一——罗伯特·诺伊斯推出了价格200美元的英特尔4004微处理器，在《电子行业新闻》上的投放广告宣称：“这是集成电路的一个新时代。”

开始的时候，很少有人关注4004微处理器，但当时我读大一，有大把的时间读杂志。对电脑来说，这是一个创造力旺盛的时期，几乎每个月都会有新的型号面世。当我第一次得知4004微处理器时，对它的反应与一个工程师无异：它能有什么妙用？

第一眼看去，英特尔的新款芯片就像一个相当不错的计算器的内核。但深入了解之后，我发现它拥有一个真正的中央处理器（CPU）的所有数字电路，这是一切计算机的大脑。4004微处理器绝不是一个玩具。不像那些有具体用途的集成电路，这个处理器可以从外部存储器里运行一个程序。由于架构的限制，这个世界上第一款商用微处理器几乎算是一个芯片上的计算机，就像广告中所说的那样，它是计算机普及时代的第一个预言者。

四个月后，我仍在关注芯片的发展，这时我又看到了这个发展中必然的第二步。1972年3月，《电子学》杂志宣布，英特尔8008问世。这款处理器使用了8位架构（8位元处理器），比起4004，能处理更为复杂的问题，支持多达16千字节的存储空间——对一般程序来说，这已经足够用了。商业界将8008处理器视为一个低预算的控制器，可以用在交通信号灯或者传送带上（在这方面，我和比尔将它用在我们后来的刚起步的企业中，用于分析交通流量）。不过，我知道，只要有机会，这款第二代微芯片能做的绝非如此简单。

我的那些“大构想”都是按阶段性发展方式开始的，在这个方面，就像是英特尔的早期微处理芯片的升级。而后，我想到了几个基本的问题：这个前沿发现将去往何方？什么东西本该出现，却还未问世？我能发明一些什么东西，用于满足需求？这场改革运动，谁应投身其中？

无论何时，只要是我有所顿悟的时候，这些想法总是将两个甚至更多的因素结合在一起，孕育出一种新的技术，并将具有突破性的广泛的应用带给众多尚未被挖掘的用户。8008 微处理器面世几个月后，有一个灵感在我的头脑中一闪：如果一个微处理器可以运行高阶语言，运用通用计算机编程所必需的工具，那将会怎样？

显而易见，开始时我们需要使用的是 BASIC 语言①，这是相对简单的编程语言，比尔和我在湖畔中学初学电脑时就学会了。当时最新的微型计算机是数字设备公司的 PDP-11，它已经能在 16K 内存上运行更为复杂的 FORTRAN 语言了。使用 8008 处理器上的机器速度可能会慢一点儿，但我认为，它的费用只是 PDP-11 的一小部分，却能实现其大部分的功能。这样，普通人也就第一次实现了买得起计算机的梦想，他们可以给办公室配备计算机，甚至给家里买计算机。运行 BASIC 的 8008 处理器向大量应用程序打开了一扇门，为无数客户服务。

所以我问比尔："我们为什么不在 8008 处理器运行 BASIC 语言程序呢？"

他满脸疑惑地看着我，说："因为它又慢又差劲。仅 BASIC 语言程序就会用尽所有的内存，功率也就不足了——那只是浪费时间而已。"我稍微考虑了一下，觉得比尔说得或许有道理。他接着又说道："什么时候更快的芯片上市了，记得告诉我一声。"

我和比尔很早就形成了一种默契。我是那个"谋士"，那个在稿纸上描绘轮廓的人。而比尔会倾听我的设想，然后提出质疑，最后得出一个最佳的主意，接着付诸实施。我们的合作有种自然的张力，但大多数时候这种默契很有成效，运行良好。

在来到马萨诸塞州之前的很长时间，我就在琢磨新一代芯片，它的面市应该不会耽搁太久。我相信一定会有人用它来制作电脑——如微型计算机，但是会很便宜，并颠覆整个市场。我为交通流量分析机器寻找本地供

① BASIC 语言，即 Beginner's All-Purpose Symbolic Instruction Code，"初学者的全方位符式指令代码"的缩写。——译注

货商时给英特尔公司写了一封信，顺便询问了他们的未来计划。1972 年 7 月 10 日，一位名叫汉克·史密斯的经理给我回信：

> 我们未来打算要生产某种芯片，淘汰现有的 8008 微处理器。我们的计划是生产一种新的家庭设备，面向高端消费者（8008 微处理器止步于此，其他留给了微型计算机）。新型家庭设备的面市时间会在 1974 年年中。

我不知道伟大的芯片设计师费德里科·费金早就在敦促英特尔管理层着手研发“英特尔 8080”微处理器。直到 1974 年春季，这一消息才在《电子学》杂志上透露出来。这款最新的微处理器支持的内存将是上一代的 4 倍，运算能力是其 3 倍，并更加容易运行程序。汉克·史密斯错了，8008 很快就要被淘汰了。就像费金所说的那样：“8080 微处理器真正创造了微处理器市场。4004 和 8008 指出了微处理器市场的存在，但 8080 把它变成了现实。”

有一件事是肯定的：8080 微处理器符合运行 BASIC 语言的条件。因此，我一读到这则消息，就立刻告诉比尔：“这就是我们想要的芯片。”接着，我向他夸赞 8080 的优点，尤其是它的价格只有 360 美元。比尔也认为 8080 性能不错，价格合适。但从零开始编写全新的 BASIC 语言程序是一个浩大的工程，我们从来没干过——事实上，即使是编写出来了，也没有计算机可运行它。也就是说，不存在需求市场。“你是对的，这个主意的确不错。”比尔说，“什么时候有了可以运行它的计算机，再来告诉我吧。”

我不断催促比尔重新考虑一下，趁着别人还没动手，先编写一个 8080 的 BASIC 程序。“我们现在就开一家公司，”我说道，“一味地等待就太晚了，我们会错过良机的！”我在 1974 年 10 月 23 日的日志中，是这样写的：“周一晚上与比尔会面，对为 8080 编写基本编译程序/操作系统可能会达成一致意见。”但那只是我的一厢情愿而已，比尔还没作好准备，而我若离开了他也不会有什么进展。我之前来到波士顿的目的就是我们两人作为一个团队，要做出一些惊天动地的事。

我们都知道巨变就在眼前，但我们不知道这些变化会造成什么结果。直到这个寒冷的12月的一天，我们来到哈佛广场。

城外消息书店就在广场的中心位置，靠近哈佛合作社书店，我偶尔会到这里来找点儿书。街对面是布里格姆冰激凌店，比尔和我常到这里来吃巧克力奶昔。每个月我都会在书摊前稍稍停留，买《无线电电子学》和《大众科学》等杂志来看。我会忽略掉那些封面上大肆宣传自制无线电发射器的杂志，而买那些能吸引我眼球的来看。

跟大多数杂志一样，《大众电子学》出刊时间会提前一两个星期。我要找的是新出的1月份那一期，我就差这期还没有读过了。它的封面标题是这样的：

大突破！

世界首台微型计算机挑战商业计算机！

“牵牛星8800”可节省1000美元！

在这些大号字体下面有一幅照片，照片上是一个灰色的盒子，它的前端控制板上是一排排小灯和二进制交换开关——就像我事先预想的那种样子。① 考虑到这本杂志的读者大多喜爱价廉的自制设备，我认为它的内部一定是一个独立微处理器，因为大量的常规芯片过于昂贵。那么只有一个问题：里面的处理器究竟是能力有限的8008，还是增强版的8080呢？我猜——同时我也希望——它是8080。

① 我其实不知道，杂志封面上的这台“机器”其实是一个空心的模型，它的真正原型因为美国铁路快运的罢工事件而未能及时运达，所以在最后一刻用它滥竽充数了。——译注

我从书报摊的架子上抽出一本杂志快速翻阅。我的预感慢慢得到证实，在杂志第 33 页，牵牛星的另一幅照片旁边附有一句用于推销的大标题：

牵牛星 8800

有史以来最强大的微处理器

——只需 400 美元即可拥有！

正文的首句话是 H. 爱德华·罗伯特和威廉·叶慈写的，他们来自这部机器的制造商 MITS 公司（微型仪器与遥感系统公司），而这句话也正遂了我和比尔的梦想：家家户户拥有计算机的时代——曾是科幻小说家们的热点话题——已经成为现实！“牵牛星”代表着“一种成熟的计算机，足以与市场上的微型计算机相匹敌”，但“只是一台彩色电视信号接收器的价格”。

第二段文字更加确定：“在许多方面，（牵牛星）都代表了电子设计以及思想方面的革命性发展……它的中央处理器是个新型的大型集成电路（LSI）芯片，要比前一代的集成电路微处理器强大数倍。”这个中央处理器就是 8080。这就是比尔要的答复！我这样想道。

我甩下 75 美分买下杂志，一路小跑，经过 6 个泥泞的街区，跑到比尔住的哈佛大学卡瑞尔宿舍楼。他正在为期末考试突击复习，每年的这个时候都是如此。我突然出现在他的面前，“还记得你是怎么对我说的吗？”我说道，心里有些自豪，仍在气喘吁吁，“要是有人用 8080 做出了电脑，就告诉你！”

“是，我记得。”

“哈，现在有了！”我说。我把杂志拿出来，炫耀道：“自己看看吧！”

比尔一边读着杂志，一边在椅子上前后摇荡着，这是他陷入沉思的习惯动作。我能看出来，他也被打动了。“具有扩展性，就像微型计算机。”

他嘟囔着。一套“牵牛星”售价397美元，几乎跟8080处理器的零售价格差不多了，而基本款“牵牛星”只有256字节的内存，已经足够运行程序来控制灯泡的闪动。并且可以通过存储卡插槽进行拓展，加上一个输入/输出板和一个输入/输出盒式录音带①，或者一个租来的电传打字机。只花不到2000美元，就能拥有一台工作机器。合理的价格改变一切——不仅对业余爱好者如此，对科学家和生意人也是这样。并且，“牵牛星”好像是可运行BASIC这样的交互式语言的，这个主意在我的脑海中已经蹦跶3年了。

在我们眼前的，是第一台商用个人计算机。

比尔放下杂志，我们开始为下一步安排计划。好消息是：我们的火车终于出站了，坏消息是：不知道我们还能不能及时坐上这列火车。尽管杂志里的文章很含糊地提到了BASIC和FORTRAN两种语言，但MITS公司是否已经有了或正在开发基于8080的语言，我们无从知晓。不管是哪种结果，我们都会完蛋。

抱着一丝希望，我们用之前西雅图交通数据公司的商用信函给MITS公司总裁写了一封信，意思是说我们要推出基于8080的BASIC语言。没有得到回信，我们随即就给他打了电话。“你跟他们讲，因为你比我大。”比尔说。

“不，你来打电话。这种事情你在行。”我说。最后我们达成协议：比尔负责打电话，但在电话中冒充是我。可是，考虑到或许要与MITS面谈，我们的想法是，由我去见面。我留着胡子，看起来至少像个成年人；而比尔——虽说已经迈入20岁的门槛了，还是年轻得足以冒充高中学生。

“你好。我是爱德华·罗伯特。”

“我是波士顿的保罗·艾伦，”比尔说道，“我们为‘牵牛星’编写了

---

① 在纸带和后来普及的软盘之间，20世纪70年代中期，录音带是微型计算机使用的领先的存储设备。——译注

BASIC 语言，就要完成了，我们想把它带给您看一下。”对比尔虚张声势的水平，我十分钦佩，可又怕他过了火，毕竟我们一行编码都还没写呢。

罗伯特很感兴趣，但这样的电话他一天能接十来个。他告诉比尔，就像告诉其他给他打电话的人一样：第一个拿着 BASIC 程序走进他在阿尔伯克基市①办公室并能运行顺利的人，将会得到为“牵牛星”编程的合同。（爱德华后来再次谈起这个故事时，关于为何他最终选定 BASIC，他用其独特的风格说道：“因为这连傻子都能很快学会。”）暂时他什么都不能做，他说。由于 MITS 还在调试“牵牛星”的内部存储卡，他们需要在“牵牛星”上运行一个 BASIC 演示版程序。他们会在一个月后完成调试，也就是说，我们只有一个月的时间。

这次电话一共持续了 5 分钟。谈话结束后，我和比尔都看着对方。给微处理器编写一个语言，说起来是一回事，可做起来就是另一回事了。后来我得知，甚至连 MITS 自己的工程师对 8080 能否运行 BASIC 程序都心存怀疑。

如果我们当时没那么年轻，或者更明白事理，我和比尔也许就放弃眼前的这个挑战了。但是，那时我们正年轻，血气方刚的我们竟然坚信能够完成这项任务。

---

① 阿尔伯克基市，是美国新墨西哥州中部的城市。——译注

第二章 根

在1940年的《阿纳达科人》上，用两张1/4版的肖像照展示俄克拉荷马州中部的阿纳达科①高中的学生最高荣誉。“全优男生”肯尼斯·艾伦金色背头，镜头前的他有一个方形下巴，笑得很自信。“全优女生”埃德娜·法耶·加德纳卷曲的头发垂在瓜子脸旁，即使照片是黑白色，也能看出她的眼睛闪烁着光。

我熟知这个面庞。母亲如今88岁了，已不再是年轻时的样子，但她眼睛里闪烁的活力却从未稍减。

我父母的童年在艰难中度过，到成年时，却又赶上了世界大战。他们有头脑，有抱负，但命运给予他们的成就太少了。阿纳达科是一个仅有5579人口的小郡，距俄克拉荷马州西南70英里，他们从不同的地方搬到这里。母亲热情奔放，身材娇小，在学校时参加过各种音乐团体。她在阿纳达科的公共图书馆上夜班，这份工作圆了她少年时的梦想：把世界上所有著名作家的小说至少读一部。父亲“山姆”·艾伦是学生会主席，是学校橄榄球队的中锋，擅长奔跑（他的外号“山姆”就是来自当时一位著名的跨栏选手西林·山姆）。他是一个很合群的人，喜欢随大流。直到有一

① 阿纳达科，是美国俄克拉荷马州卡多县的县治所在地，是美国印第安人的聚集地之一。——译注

天，他开始在图书馆露面。父亲喜欢探险小说和西部小说，但他来图书馆的目的并非完全在文学上面。有一天，他来到母亲家门前，打算邀请她去参加毕业舞会。

可是他并未成功。当时的情景是这样的：父亲站在那里，帽子在两只大手之间传来递去，母亲则滔滔不绝地说着自己刚读完的一本书。母亲和四个兄弟一起长大，从来不会在男孩子面前感到害羞，她只是压根都没想到该问问父亲来访的目的。父亲慌里慌张地憋红了脸，转身溜回了家。他真是应该再聪明一点儿。

母亲对此一无所知，并且与朋友们一道去了毕业舞会，没有约一个男友。那天她过得很愉快。

3 年之后，父亲和母亲订婚了。

我第一次回阿纳达科探亲时，被当地人的口音吓了一跳。父母在近 30 岁时离开了这里，再也没有回来。我还从未在他们任何一人那里听过这么重的鼻音和拉长的音调。母亲曾告诉我："我们只是决心说规范的英语，我们就是那么做的。"他们跟随大批外出打工的人去了加利福尼亚，随后来到了西雅图，把原有的生活抛在了身后。我觉得他们是想实现更多的成就，为他们自己和未来的孩子而奋斗。

1953 年，我出生了。母亲回到西雅图北部的拉文纳学校担任四年级的教学工作。母亲求知欲强，对人友好，笑容天真朴实，她是那种学生毕业十年后还能在街上认出她、跟她拥抱的老师。她朗诵时音调规范优美，在最具悬念的高潮部分刹住，让学生们极度渴望第二天的课程。这一点我也深有体会，每当母亲给我讲睡前故事时，我总会求她多讲一章《海角乐园》。随后妹妹朱迪出生了，比我小 5 岁。此后母亲就辞去了工作。我觉得这对她是很不好受的一件事。"我喜欢教书，"她曾说过，"教书不像是工作，更像是生活。"

父亲通过军人贷款在韦奇伍德买了一座房子，这是一片位于华盛顿大学北部的新开发地区。韦奇伍德是一个典型的西雅图住宅区：绵延的山丘，郁郁葱葱、点缀着果实的樱桃树，木质结构的房子占据1/4英亩的土地。没有繁忙的交通，晚饭后很多父亲跟儿子就站在大街上互掷橄榄球。我们的邻居中有一个卡车司机，还有一对开餐馆的法国夫妻。我们家的房子是两层三居室，深灰色的墙板，尖尖的屋顶，一个小小的前院草坪，还有一个中等大小的后院。

我们家还有一个地下室，这里是我们全家人兴趣的缩影。地下室的一边是洗衣机；另一边是我稍稍长大后的化学实验室；靠着第三面墙的是父亲的工作台，墙上的木栓板挂着他的各种工具。母亲的书摆满了两个大书架，放不下的就堆在地上，跟成堆的《纽约客》杂志放在一起。当母亲开始从廉价二手书店——“聪慧的一分钱”里淘书，每次回家都有所斩获时，这种藏书泛滥的情况更加严重了。

母亲博览群书，从古典的到最新出版的都有涉猎：贝娄、巴尔扎克、简·奥斯汀、切努亚·阿契贝、内丁·戈迪默、林语堂……对整理家务一丝不苟的母亲来说，这个地下室是个例外。她数次答应清理地下室的藏书，却连一本《国家地理》杂志都舍不得丢弃。不过父亲还是赢了一把：有一次母亲把父亲叫醒，因为她不敢独自去卫生间。父亲抓住时机立下一个规矩：不准再买鬼故事书。

在上幼儿园之前，我就会认字了。我记得曾翻看绘图识字书，随着书页的图画进入视野，上面的字似乎都能理解得差不多。之后不久，在圣诞节时，我收到了一本超大的图画本，里面有4岁男孩都想了解的很多东西：蒸汽挖掘机、拖拉机、反铲挖土机、消防车……我每天都看这本书。母亲发现我的兴趣之后，请一个朋友教了我一些蒸汽机方面的知识，虽然很浅显，但我首次得到了一些模糊的概念：齿轮、传送带，以及其他所有使得机器运转的幕后元素。

这本书为我打开了一个新的世界。很快我就祈求一本关于汽油发动机的书，随后发展到蒸汽轮机，最后读核电站和火箭引擎的书。每本书我都读得极为认真，虽然没有领会所有细节，却充分满足了自己的好奇心。从一些基础层面来看，那些曾经充满“魔力”的东西，也已经变得有理可依。我开始明白这些东西的运行原理。

3 岁时，我就读于坐落在山脚下的帕金斯女士的音乐幼儿园，并且给她带去了一段悲惨的回忆。我讨厌亦步亦趋，若是发现了一本好看的图画书，即使是到了集体喝汤的时间，我也会丢下汤去看书。随后，我作为“自学成才”、严重缺乏管制的孩子转到了拉文纳学校。在幼儿园里，据我的成长报告记载，我需要“更加努力”地遵守学校纪律，避免乱动消防栓。上一年级时，我跟其他几个男生在衣帽间发现了一个巨大的金属转盘，我们不知道它是做什么用的，就互相怂恿着上前转它，每天都转动一点儿。直到有一天早上，我失去了耐心，说：“到底是什么玩意儿啊！”然后把它一转到底。

这一天对拉文纳学校来说是黑暗的一天：水槽坏了，马桶不冲水了，自动饮水机没水了，餐厅里的脏盘子堆成山。我先前那一转，把整栋大楼的总水阀关上了。而人们又找不到这座建于 1920 年左右的建筑的施工图，于是学校只好提前放学。

第二天早上，副校长来我们班，问道：“是谁把衣帽间的阀门关上的?”

我慢慢地举起手，说：“是我。”我觉得他一定很惊讶，竟然有人承认。

有些时候我会变得丢三落四。有一天下午，在躲避球比赛前，我放下了一本书。比赛完了，我就晃晃悠悠地回家了，忘了拿书。第二天校长把我找去问道：“保罗，你为什么把数学课本烧了?”这事当然不是我干的，是另一个孩子烧了我的课本，也许他很痛恨拖沓的除法算式吧。校长无视我的否认，把母亲叫到了学校。

母亲来了，表情严肃，正言道：“我们家里每个人都爱书，我的儿子绝不可能去烧书。”于是结案。我就知道母亲随时都是我的依靠。每天早上送我出门上学，她总用一种送儿子上战场的斯巴达母亲的语调对我说：“举起你的盾牌，前进！”每当我听到这句话，出门时腰杆都会挺直很多。

父亲的性格很像约翰·韦恩所饰演的角色：身高1米92，高大强壮，话很少，但有着一颗宽容的心，严格守信。他严肃、直率、慎重、行事理性。“（父亲）外表粗犷，内心温和，”我在高中时的一篇日记里这样描述他，“他的生命中有一个坚实的目标。”有时候父亲也令我们惊讶。有一年万圣节，我和妹妹在街区里玩够了“不招待就捣乱”的游戏，走回家里，突然有一个披着白床单、戴着非洲面具的东西一声怪吼跳了出来，就在我们面前。我们吓傻了，尖叫着跑进屋里。两天后，母亲告诉我那个“怪物”是父亲扮的，我惊讶不已。

8岁时，我用蜡笔给父亲画过一幅肖像画，画上的父亲握着扳手，衬衣口袋里装着一把螺丝刀——他是一个实干家，不是空谈者。当你跟一个沉默寡言的人生活在一起时，慢慢就会习惯依赖直觉并且懂得身体语言。当父亲因为一些事情不高兴时，我总能看得出来。

我们家的晚饭在6点钟准时开始。曾有一段时间，我们拿着书到饭桌上边吃边读。但后来饭桌上就“禁读”了，因为母亲、妹妹和我三个人边读书边吃饭，而父亲又是默默地吃他的牛排（经历过经济大萧条时期，父亲喜欢上了牛排，每周至少吃两次），气氛太过沉寂。父亲通常说话很温和，解决问题时用一种被我称为“命令语气”的腔调。若是你有一个好的理由，他会听信并宽容我们；但如果你没有在说好的时间里回家，那就没有宽限了。他对我们的要求标准很高，他教我们对人要真诚，要信守承诺。

父亲从没打过我们。他曾提到有那么一两次他要用皮带抽我，但在我真诚发誓会改正后，也就作罢了。这套服软的把戏在母亲那边就不管用了，她心肠软，但较情绪化。有一天晚上我求她做爆米花吃，她同意了，条件是我要整理自己凌乱的房间——这件事我已经答应了很多次，却从来没做。第二天早上，我的房间混乱依旧。母亲冲进我的房间，手拿一罐“快乐时光”牌爆米花，一下倒在我的身上，喊道：“这都是你的假话!”这件事对我的触动很大，但我整理房间的习惯还是没有养成。

还有一次，我到家时超了宵禁时间两个小时，母亲变得狂怒不已。当时我还很小，她抓住我的腿把我倒着提起来，摇晃着吼道：“再不许你到外面闲逛又不告诉我们去了哪儿!”现在我还能记起当时的情形，零钱硬币从裤子口袋里掉出来，从我的眼前经过，然后叮叮当当掉在地上。

母亲是个天性合群的人，可以跟食品杂货店的收银员一聊就是 10 分钟。但她的丈夫是不太凑热闹的，而我扳着手指头都能算出他们邀请别家夫妻来家作客的次数。我记得曾有过一两次家庭聚会，别的就没了印象。母亲尽力保持着社会交往，她会邀请女伴喝下午茶或者组织一个读书会，这时她可以和朋友尽情地聊个够。

1960 年，父亲成为西北地区最大的图书馆系统——华盛顿大学图书综合场馆的二把手——副主任。华盛顿大学挑选委员会要任命一个新的主任，最终由一位来自得克萨斯州州立大学、学历更高的人得到了这个职位。每当父亲下午 5:30 从单位回来，我会问他这一天过得怎样，而父亲的回答始终是——“还好。”

接着他就去花园，他是一个很懂得放松的人。在他的盆景松树、杜鹃花和移植的圣诞树（现在这棵树已经近 20 米高了）面前，父亲似乎总是最开心的。父亲会从后院开始他的园艺工作，一直到前院结束，这时院子里的草坪就全被割完了。父亲对园艺的热情是很令我开心的，因为我对草花粉过敏。星期天早上父亲会送我去幼儿园，回来的时候我们会买一棵日本枫树，还有新烤的苹果派。

跟父亲一起钓鱼，是我们最为亲密的时候。一次去太平洋海岸的旅行中，我钓到一条 25 磅重的大鳞大马哈鱼，父亲怕我被鱼拽到水里，不得不搂着我，把我“固定”在甲板上。每年的夏天，我们全家都会去双湖度假村过一周。在那里，我的工作是把鲑鱼的鳞刮掉，放到木柴炉上的平锅里烹饪。然后，我们一家玩皮纳克尔纸牌游戏，一直到夜里。

父亲的兴趣爱好不拘一格，但有所选择，他一生中真正的消遣方式有五六个，但也就这么几个而已。他给我讲拉丁爵士乐的代表人物史坦·盖兹、西班牙吉他演奏家安德烈斯·塞戈维亚、布尔克博物馆里的印度艺术。他有位朋友是当地的现代艺术家，而父亲最喜欢的客厅椅子位于一幅法国野兽派画家卢奥的作品下面，画上是一位手拿花朵的国王。中年时，父亲成了一个日本画和中国青瓷器的鉴赏家，他会在商店里逛来逛去，摆弄着一些精美的花瓶，嘴里嘟囔着：“真是太美了！”接着，他会把花瓶还给店主，半年后再杀过去把它买回家——如果不是太贵的话。

母亲可以同时阅读来自四个不同大洲的五本书，父亲读书则要花几个月时间来消化，比如《第三帝国兴亡史》和《八月枪火》。他总是读一些有关第二次世界大战的书，似乎要把它梳理清楚。父亲在二战最激烈的时候去过法国和德国，任 501 军需连的中尉，这段经历仍撕扯着他的回忆。母亲说，父亲曾是很活泼健谈的一个人，但戴着铜星奖章和对一位战死朋友的怀念从海外战场回来后，就变了样子。

父亲第一次问我的人生将怎样度过的时候，我还很小。有一句话就是他将自己精炼的智慧传达于我的：“当你长大了，有了工作，做你喜欢做的事。不论做什么，要喜欢。”以后几年里，他始终对我重复这句话，坚定不移。后来我明白了他的意思：按他说的做，别像他那样做。再后来，母亲告诉我父亲在事业选择上的矛盾挣扎。他一直认为，若是当初做了橄榄球教练，要比现在管理图书馆快乐很多。但他还是选择了后者，朝九晚五日光灯下的图书馆工作更保险、更实际。他的同龄人很多都是这样选择的。

但父亲希望我能作更好的选择。

1962 年西雅图世界博览会的官方目标是鼓励更多的年轻人从事科学事业，私下的目标是向外界展示——美国已经在科技和太空竞赛方面赶上了苏联。但对我这么一个刚刚接触科幻小说的 9 岁孩子来说，“21 世纪博览会”（1962 年西雅图世博会的官方称谓）包含的是另一层含义，也是我最喜欢的——未来。它就像是我醒来后发现自己那些最古怪的想法都变成了现实，而地点就在距离我家 4 英里的地方。

看着世博会的露天博览会场所慢慢成形，我像盼望圣诞节一样期盼着它的到来。我看见未来的交通，那银光闪闪的单轨铁路在 1 英里长的轨道上滑行；我看见未来的建筑太空针塔，在当时是密西西比河以西最高的建筑物，顶端有一个飞碟旋转餐厅。世博会一开幕，母亲就带着我跟妹妹朱迪作为首批观众游园。当天我还照了一张照片，照片上的我头戴着心爱的有耳罩的合成橡胶帽子（那顶帽子我戴了两年，直到它融化在暖气片上），当时的我简直高兴坏了。

我们在世博园里从上午 9 点一直玩到晚上 9 点，大多数时间里，母亲和妹妹在大片的场馆里游览，我却只是待在科技馆里不想离开。我四处跑着，就像打了鸡血一样兴奋——下一个看什么？在太空博物馆里畅游了银河系之后，我发现了美国航空航天局“水星计划”① 的太空舱，就是它把艾伦·谢泼德送入太空，让他成为首个进入太空的美国人。我上前仔细观察磁暴线圈②发出的 6 米长的紫色火花。在聚集了几千人的展厅前面，我看到一个身穿喷气飞行带的“宇航员”在巨大的嘶嘶声中离地 10 米多，向前飞行了近 100 米的距离，就像科幻小说家罗伯特·海因莱因③小说中

① 水星计划，是美国国家航空航天局（NASA）于 1959 年至 1963 年进行的航天飞行计划。——译注

② 磁暴线圈，又称特斯拉线圈。——译注

③ 罗伯特·安森·海因莱因，是美国著名的科幻小说家，被誉为“美国现代科幻小说之父”、“美国科幻空前绝后的优秀作家”、“美国科幻黄金时代四大才子之一”。他的代表作有《傀儡主人》、《异乡异客》、《双星》、《进入盛夏之门》、《星船伞兵》、《月亮是一个严厉的女人》等。——译注

的人物。那一天，现在与未来的界限似乎变得可以跨越。这只是个时间问题。

母亲后来找到了我，带我们兄妹俩去了“明日世界”，我们还乘坐了“泡泡电梯”（我喜欢泡泡电梯，只是喜欢它的创意），那是一个透明的球形电梯。在美食中心，我吃了日式天妇罗炸虾，那是一种串在木条上沾有酱料的炸虾；我还吃了比利时松饼，这似乎是我吃过的最具异国风味、也是最美味的食物了。在猫王主演的电影《猎艳情歌》里，有这种松饼的特写镜头：一个超大的、方形的、铺满奶油并点缀着草莓片和糖粉的酥脆松饼。后来，我曾数次去过比利时，却感觉松饼没有这次好吃了。

那天晚上离开世博园时，我还是全无睡意，脑袋瓜里满是奇思怪想。在停车场里，我们又激动了一回：一辆大众甲壳虫停在了我们的别克车后面，挡住我们的车，致使我们无法将车倒出去。突然间，出现了两个彪悍的伐木工样子的男人，把母亲吓慌了。后来发现他们只是过来帮忙的，为我们提供一些 19 世纪的“人力”帮助。他们搬起那辆小甲壳虫，挪到一边。我们随即开车回家了。

回想起来，从幼年时开始，我就不同寻常地接触到科学。我在周末开放参观日会去看大学的实验室，在那里，教授们和学生们展示着最新的实验成果。有一次，我们全家去我姑妈工作的加州大学洛杉矶分校，我见识到了他们是如何制作人造钻石、地震仪是如何记录地震情况的。碳定年法的先驱威拉德·利比将液态碳倒在我的手上，我没有被灼伤。利比解释说，这是因为一层薄薄的蒸汽缓冲了我手上每滴液碳的高热。

有一段时间里，大概是在四年级吧，化学成了我最大的爱好。圣云仙慈善会是一个充满宝藏的旧货商店，在这里我花 50 美分就能买到一件二手化学仪器。很快我地下实验室的书橱里就摆满了烧杯、试管和装着五颜六色化学试剂的容器。化学实验一直是很好很有教育意义的，直到有一次我差点儿害死家里的宠物。

我家的宠物名叫杰特·布莱克·艾伦，是一只活泼的曼彻斯特梗犬，狗中的王子——聪明、机敏、喜欢讨好人。父亲喜欢从餐桌上给它找食物吃，总是很小心地将牛排切成一小块一小块的。梗犬在英格兰是作为捕鼠犬被畜养的，个性极度活跃，一旦父亲不喂食物给它，它就会跳起来祈求。开始的时候，看着它的脑袋瓜从桌沿一下一下露出来还挺好玩的，但是后来它就厌倦了，我们以后就在吃饭时把它关到地下室去。

有一天，我正在地下室里做化学实验，用“高乐氏”牌漂白水制作氯气发电机，中途被叫去吃饭。我们吃饭时，突然听到一种奇怪的声音，像是呼哧呼哧的喘气声，又像被掐住脖子的窒息声。是什么东西？我们一边继续吃饭，一边随意交谈着，接着那个声音又出现了，比先前更大声，很明显是从地下室里发出的。我跟在父亲后面去地下室，他推开门，发现杰特躺在楼梯的最上层，颤抖着。而楼梯底下，就像是奥克弗诺基沼泽地的早晨一样雾蒙蒙的，半米多高的黄绿色氯气氤氲在地板上。杰特够聪明，它爬到楼梯高处，避开了这些有毒气体。

父亲打开地下室的窗户，使地下室的空气流通，说道：“以后做实验记得小心一点儿，保罗。”

但我还听出了他的话外之意：他没有阻止我做实验。在我们家里，孩子是被当成大人一样公平对待的。不论我们在尝试着做什么，都会得到父母的鼓励。他们还让我们接触巴赫、爵士乐和西班牙弗拉门戈舞。其中的意义远不止于此，父母尊重我们，把我们看成独立的个体，让我们在未来世界里寻找自己的位置。

不久之后，我就开始买回关于如何制作小型电路的书籍、扩音器、无线电接收器、闪光信号灯……我常提着一个鞋盒子四处走，盒子里面装着电池、灯泡、开关，以及一些零零碎碎的半成品。五年级的时候，我把能找到的科学书籍都读遍了，还有一本被装订起来的《大众机械》杂志，那是从大学图书馆里“拖”回来的，我一次能狂看 10 到 12 期那么多。这些杂志常常将未来的汽车和机器人作为封面，那时的科技文化充满着对未来科技的设想和猜测，有些设想和猜测最终能成为现实。

六年级时，我开始接触电子学。随后，我找到了一个真正志同道合的伙伴，这个爱好也就变得更加有趣了。道格·弗默是我同学，他戴着又大又重的角质框眼镜，他家的房子在半山腰上，离我家有一个半街区的距离。我俩都喜欢物理和天文，可以在一起狂聊几个小时。我们所处的年代正是模拟世界濒于没落、数字时代即将降临的时候，所以我们对这两种潮流都稍有涉猎。

我父亲送我一个范德格拉夫发电机装置，我与后来成为雷声电子器械公司电子工程师的道格都很是兴奋。这个装置有一个皮带驱动电机，能在铅球上面发出静电，发出 5 厘米的电火花。你还可以将手放在铅球上，使自己的头发根根倒立，变成蒲公英的样式。我的“试错法”曾带给我无尽的痛苦：有一次，我同时握住了变压器的两根导线，差点儿被电死——当时我的肌肉被电击粘住了有 10 秒钟之久，好不容易才摆脱开，这是我第一次接近死亡边缘的体验。但我还是喜欢电子学，因为它的用途广泛，我用电子元件制作东西时，甚至都不需要说明书的指导。很快，我的兴趣从化学方面转移开了，那些瓶瓶罐罐开始堆积灰尘。

我在班里是名列前茅的学生，但还是比不上斯蒂芬妮·海泽尔，因为我在体育和拼读两科上都得了 B，她却是全 A 的成绩。我在乐队里是小提琴的第三席，而她是首席，她为此自鸣得意。她聪明且超级自信，但我却觉得她是个小心眼的人。

有一天，我把一个粗制的变压器带到了学校。全班同学都排队来摸那个裸露的接头儿，在被轻轻电痛了一下后都发出咯咯的笑声。当轮到斯蒂芬妮时，我换了一条电线，还把电压从 1 伏升到了 5 伏。我知道这样不会伤着她，因为电流只有那么一刹那的时间，但这足以让她尖叫并让我挨老师的训。我心想，别的孩子都喜欢玩这个，怎么轮到你了就大惊小怪的？

但是转瞬之间，我的愧疚感就压过了满足感，持续了很长很长的时间。现在想起来还会心怀懊悔。

大自然的力量常常激起我的兴趣。当母亲给我讲她和父亲在俄克拉荷马大学就读期间从一场龙卷风中逃脱的经历时，我听得神魂颠倒。父亲在二战结束后退役，在俄克拉荷马大学读书并取得学士学位。当时，母亲让父亲把车停在一棵大树下的沟旁，但父亲没有听从她的建议，一路加大油门开到了阿纳达科。后来他们返回俄克拉荷马大学，发现那棵大树被龙卷风吹得不见了踪影。

上六年级时，有一次我坐在一个临时教室里，参加管弦乐队的排练。突然我发现有点古怪：用电缆悬挂在屋顶吊灯上的挂饰像钟摆一样来回晃动着。老师一直聚精会神看乐谱，直到她抬头看到我看的东西，然后大喊："大家快从活动室里出去!"我跑到了操场上，手里还拿着小提琴。看到柏油路面变得像大海的波浪一样弯曲起伏，我心想：这太诡异了。后来，我听说这次地震的震级达到了里氏 6.5 级。又有传言说，太空针塔的塔顶在这次地震中，以近 5 米的幅度来回晃动，这种晃法足以使旋转餐厅马桶里的水飞溅出来了。

我有一本 1960 年版《西尔斯圣诞愿望目录》①，那时我快要满 8 岁了。书上面满是令男孩们心跳加速的好东西：一套小手鼓；一个"揭示微观世界"的学生显微镜；一套七件套的莱昂内尔电动火车，包括用于炸掉车厢的"导弹"；只要 17.98 美元就能买到一套布莱尼克 K-30，这是一个"机械大脑"，可以计算、推理、做算术题、做逻辑题、解谜、玩游戏、编制代码，等等。

我从科幻小说上曾读到过一种叫"电子计算机"的大型机器，这种机

① 《西尔斯圣诞愿望目录》，是由百货零售商西尔斯商店在每年 9 月份发布的一本圣诞节购物目录册，供顾客在圣诞节购物季时使用。西尔斯在 1993 年终止在美国发行大型目录并缩小目录的内容量，并在 2005 年最终停止发行该目录。——译注

器能做很多奇妙的事。但这种印象一直是模糊的，直到我 11 岁时。当时，母亲在带我拔牙后，要奖励我，带我去了大学书店。我没去探险类书架，像《汤姆·斯威夫特和他的飞行实验室》① 这样的书我早就读完了。我选了一本有关电子计算机的初级读本，这本书用最简单的术语解释了基础的双稳态电路，配有一张插图，图上是连接两个晶体管的触发器。在模拟技术上，提高输入放大输出就像是拧开自来水的水龙头。但在真正的数字装置上面，触发器电路的状态只有 0 和 1，开或关。这本书剥去我对电子计算机的重重疑惑，开始教会我它们真正的运行原理。

几年之后，我随道格一起去了西雅图中心的一个科学工作室，也就是西雅图博览会场的前身。在这里，我协助他制作了一个有轮子的光控机器人，我们叫它“电子草履虫”。这个装置像极了一个缩小化的 R2D2，而那时《星球大战》这部电影还很遥远。虽然电子草履虫机器人从未成功运转，但这个想法——我们可以制作精密的东西——远比制作过程更令我激动。这次经历再一次拓展了我对“可能性”的认知。

我和道格在圣云仙慈善会旧货商店里寻找有真空管的坏电视机，我们把真空管一个一个取出来，插到用 1 美元买来的备件上面。对那些不能修理的电视机，我就用烙铁摘取可用的零部件。（这个活儿有危险性。有一次我听到嗞嗞的声音，低头一看，原来是一滴焊熔液滴在我裤子的膝盖部位上，烫穿了一个洞。）我们把一些烤箱大小的真空管收音机摆弄好，我还用它们听当地电台的摇滚和 R&B 音乐。这些 20 世纪 40 年代末的收音机成了我在流行音乐方面的引路人。

1964 年圣诞节，父母送给我一个三晶体管的索尼收音机，这是我的第

---

① 《汤姆·斯威夫特和他的飞行实验室》，属于美国青少年科幻小说探险小说系列。该系列共 100 多种。汤姆·斯威夫特是这个系列小说的主角，由爱德华·斯特拉特迈耶创作，并以维克多·阿普尔顿的假名发表。——译注

一个电晶体设备——娇小玲珑得不可思议，比一个香烟盒大不了多少。我是那种喜欢把东西拆开，看看它怎么运行的孩子。当我打开这个收音机的后盖，放进电池的时候，我盯着那些精致的电阻和电容，心想：哦，我得学点儿这个！收音机的内部构架充满了神秘感，我感觉自己正在着手解决一个问题，只要我能了解足够多的细节，就能搞清楚它到底是怎么回事。

之后不久，道格就给我讲了集成电路——在集成电路中，晶体管嵌入了芯片。我曾读过关于最新半导体工业的内容，知道得州仪器公司的杰克·基尔比①在1958年首次展示运行集成电路。即使如此，手里真正拿着一个集成电路时，感觉却截然不同，似乎在一个小型容器里面包容着所有的电子能力。

当时我还没有意识到，自己已经开始走上摩尔定律预言的发展道路。

① 杰克·基尔比（1923—2005），美国物理学家、2000年诺贝尔物理学奖获奖者、集成电路发明人之一，以及手持计算器和热敏打印机的发明人。他曾在1958年夏加入得州仪器公司，任工程师。——译注

第三章 湖畔中学

湖畔中学是西雅图最有声望的私立学校，最初，我并未想过来这里上学。我在拉文纳学校的朋友们都去了附近的埃克斯坦公立中学上七年级，我想当然地以为自己也会去那里。更糟糕的是，湖畔中学是一个男子学校，里面全是男生，对一个12岁的男孩来说，简直是前景暗淡。

当父母得知我的六年级几乎是在教室后面自学度过时，他们觉得该给我更多挑战。为此，他们要倾囊交纳湖畔中学的学费——1335美元，这对当时一个中产阶级家庭来说是笔不小的开支。不过，父母不希望他们在俄克拉荷马州错失机会的事在我身上重演。

"为什么我一定要去私立学校?"我一直在问。

"因为在那里你会学到更多东西。"母亲回答道，"而且，那里有很多聪明的孩子，这对你有好处。"

湖畔中学的入学考试之难是出了名的。我打算故意不及格，然后就可以不去了。这将是一个无比简单的计划，直到我坐下来开始答题：多项选择、物体旋转、模式匹配……就像某一类标准的智商测试题。"嗯，有点儿意思。"我想，"那么就让我见识一下这些题有多么难吧!"我打算先做完第一组题目——只是想看看自己能不能做出来，然后在后面的题目上写一堆错答案。

之后我就开始做题。接下来我知道的事就是时间到了——"把笔放下”。湖畔中学的入学考试题目是没人能全部做完的，而我只顾着往下做题，还没来得及把答案改成错误的。但我还是肯定自己不会被录取，因为录取率太低了。

结果却是，我被录取了。而且，我的父母是正确的，在这里上学真的对我有好处。

湖畔中学是模仿新英格兰的一所预备学校而建的，位于西雅图北部杰克逊公园高尔夫球场旁边，30 英亩的校园里林立着许多老式砖房。我被分到了一个有 48 名学生的班级，他们全是西雅图的精英之后，父母大都是银行家、商人、律师或华盛顿大学教授。除去几个零星的例外，他们大多数人在私立文法学校或西雅图网球俱乐部就互相认识了。

几乎每个湖畔中学的孩子都是聪明的，而他们身上的技能和学习习惯是我所欠缺的。老师们精力充沛，对学生的要求很高，他们习惯用问题来回答问题。（与众不同的是邓恩老师，一个反复无常的法语老师，他对你粗心的词形变化报以粉笔头或黑板擦。）曾有一段时间，我举手前都会犹犹豫豫的。我只是听着别的同学讨论，然后自己思考，在别人卡壳时我再插话。

我几乎花了整个七年级的时间来摸清门路，最终跟教我英语的斯波克老师达成了默契，他是世界著名儿科医生本杰明·斯波克的弟弟。“在我的课上，保罗一直是理解力最强、最善于思考的学生。”他在我的春季学期成绩单中写了如上评语。渐渐地，我习惯了接受挑战。我觉得，在智慧成长方面，在湖畔中学六年时间里所获得的超过了人生其他任何阶段。

八年级时，有两件事是值得回忆的。一个是在一次橄榄球赛的赛前动员上，我匆匆制作了一个热油器变压器，并把它放在了一个椅子下面，椅子上放着一个染着对方球队颜色的人像。时间一到，变压器就会点燃事先放在人像胳膊里的一串爆竹。那效果就像是在施电刑，正如我所计划的一样。

我的第二个伟大时刻，是被选去为湖畔中学初中部毕业典礼致辞。那是我第一次演讲，我在下面苦苦练习。当我站在同学、全体老师、家长、贵宾们面前时，感觉自己的腿有点儿怪——我的腿在瑟瑟发抖，就像卡通片里的场景一样。

1967 年，人工智能是科幻小说的热点主题。我曾读过艾萨克·阿西莫夫的《我，机器人》这本书，知道了“机器人第一定律”（机器人不得伤害人，也不得见人受伤害而袖手旁观）；我还读过《巨人福宾计划》，这是一部 1966 年的英国小说，描写了一台邪恶的大型计算机妄图统治世界的故事。那时的报纸上，头版标题充满了“计算机正在取代人类”或“机械化政府就在眼前”这样的字眼。

演讲一开始，我欢呼“计算机时代”和“带给我们光明的期望、更为非凡的事物即将出现”的未来。了解到这种恐怖之物最终将取代流水线上的工人，我对这些在数学运算上有超凡能力的机器，对它们在银行、医药、军事等领域的广泛应用钦佩不已。我指出，美国的月球探测器其实就是一个计算机控制的机器人。但与此同时，我还对计算机“不能做的事”感兴趣：它们没有创意，无法摆脱程序的限制。

可以思考的机器人就在眼前了吗？我以一个预测结束了演讲——“在未来的 50 年里，将会出现具有相当大脑细胞能力的机器人！”今天看起来，我这个预言有些过于乐观了。我演讲时所说的 50 年期限就要到了，2017 年就在眼前，而计算机仍无法匹敌复杂而无限的人脑能力。

最近重读这个演讲稿，我的眼前浮现的是一个对计算机着迷的男孩，而他除了触发器电路之外，对计算机没有任何其他实际知识。我所知道的一切都是来自阅读的二手知识，在我的成长岁月里，除去重点大学和大型公司，很少有人见过真正的计算机。很难想象我竟然能与它发生接触。

湖畔中学表面上看起来十分保守，但教学方面却很前沿。学校里规矩很少，机会却有很多，在校学生似乎都热心于某些事物。但是，学校里也有很多小团体：喜欢打高尔夫球的、喜欢打网球的，他们不管走到哪里都带着球拍；到了冬天，几乎所有学生都会去滑雪。我从没参加过这些活动，我的朋友们也都是些不适合这类团体的人。接着，十年级的那个秋天，我与兴趣不期而遇。

比尔·道格是让我的几何课获得优等成绩的老师，他也是湖畔中学科学与数学部的负责人。他曾是海军飞行员，参加过第二次世界大战，拥有航空工程学的高等学位，还在索邦神学院取得了法国文学学位。道格老师遵循着我们学校的优良传统，坚信只读书而没有亲身实践是不够的。他还意识到，我们在上大学之前需要了解一些计算机知识。当时一些高中正开始用传统大型计算机培训学生，但道格老师希望给我们一些更吸引人的东西。1968 年，他与湖畔中学母亲俱乐部交涉，后者同意用年度慈善义卖的收益为学校租一台电传打字机终端连接在分时计算机上，这在当时是全新的事物。

在去麦卡利斯特大厅上数学课的路上，我停下来想了想，我慢慢接近那个小房间，里面微弱的噼啪声在耳边渐渐响亮起来。我打开门，发现有三个男生挤在里面。房间里有一个书架、一个堆满手册的工作台、一些笔记本上撕下的纸页和一卷黄色的纸带。他们围在一个铝制托架底座旁，底座上面是一台大号的电子打字机——ASR-33 型电传打字机（可自动收发），它与一台通用电气公司的 GE-635 大型计算机相连，而后者被放置在某个遥远地方的办公室里。

一个高年级的学生弓着背趴在这台机器和它的卡其色键盘上面，另一个学生在一旁看着，偶尔说一两句我听不懂的话。键盘的右边是一个嵌入式旋转拨号盘，供拨号使用；左边是一台打孔器，“吐”出长长的 1 寸宽、8 列的纸带。每个字符都由纸带上 8 列针孔的不同配位代表不同的含义。（1 寸宽的纸带上可以表示出 8 个字符，一个小型程序可能要用半米到 1 米的长度。）打孔器前面有一台纸带阅读器，负责将程序翻译过来，传到通用电气的大型计算机上。

电传打字机发出的声音，听起来就像是几种声音的混合：低沉的嗡嗡声、打孔器发出的加特林机枪的枪声和打字机键发出的咔嚓声，喧哗而嘈杂。房间的墙壁和顶棚都镶着隔音用的软木板。然而，尽管 ASR-33 发出的噪音令人害怕，运行缓慢，同时也是一个哑巴远程终端——没有显示屏，也没有小写字母。但是，这台机器是当时的尖端水平。我呆住了，我觉得这台机器可以做很多的事。

那一年是数字时代的分水岭。1968 年 3 月，惠普公司推出了首台编程式台式计算机。6 月，罗伯特·登纳德的单晶体管元件——动态随机存取存储器，或称 DRAM，获得了专利。这是一种新型而便宜的暂存数据方式。7 月，罗伯特·诺伊斯①和戈登·摩尔共同创办了英特尔公司。12 月，在旧金山的传奇式“演示之母”展示会上，斯坦福研究所的道格拉斯·英格巴特展示了一个鼠标原型、一台文字处理器、电子邮件和超文本。在未来 20 年里，所有这些划时代的改变中，有几个非凡的变革已经在这一年的 10 个月里播下了种子：便宜可靠的存储器、图形用户界面、杀手级应用程序等。若是把这些事件串联起来，你就能预见计算机的革新和它们如何被迅速地使用。

我小时候见过的经典大型计算机，体积有牵引式挂车那么大，极为昂贵。那时的 IBM 和 UNIVAC（通用自动计算机）产品的计算能力比今天的小型便携计算器强不到哪里去，但它们会占据一整个房间，还发出过多热量，在晶体管取代真空管之后还是如此。它们由受过专业培训的操作员控制，昼夜不停地运行，而客户就在外面眼巴巴地等着。以下即是计算机的使用过程：首先是程序员用键控穿孔机将手写编码转换成一组穿孔卡片，一行编码一张卡，接着把这些卡片用橡皮筋绑起来，拿给操作员将卡片

① 罗伯特·诺伊斯（1927—1990），与杰克·基尔比共同成为了集成电路的发明人。同时，他被人称为“硅谷市长”，原因是他命名了“硅谷”一词。诺伊斯被认为是一代创业企业家的导师。——译注

读入。

然后程序员回自己的办公室等着，因为读卡的顺序是按操作员的日程安排来的，看你这项工作的优先性和重要性，打印输出可能需要几小时甚至几天的时间。如果有一张卡片被折了或排列顺序错了，或一个逗号点错了位置，读卡就会出错，那么什么都得不到。程序员只能去推断错误的缘由并从头再来。

“批量处理”，正如这个系统被称呼的那样，在处理一些大规模的信息管理任务时是很好用的，比如企业工资名单。但若是程序员们想更深一步进行互动，就无能为力了。1957 年，空想家约翰·麦卡锡曾设想过一种基本的软件模式：一种“兼容的分时系统”，麦卡锡这样称呼它，“允许每一位计算机使用者都独立控制使用的计算机”。用户不再被动等待读卡的过程，而是可以使用终端键盘与计算机进行交流。你可以与大型计算机“交谈”并立刻得到回应，然后把错误纠正过来。编程变得更像人机谈话。

“分时”使几百名用户共同分担费用，用户能负担得起计算机的运算时间。几十名用户同时共用一台计算机，中央处理器从一个人的任务瞬间转移到另一个人的任务。这种新的反复过程并非仅仅提高了效率，这是一个飞跃，程序员们不必再使用卡片组，计算机用户的工作也更加富有成效。1965 年，通用电气用原始的 Dartmouth BASIC 语言将麦卡锡的系统改良完成，并开设了商业版服务项目。3 年后，比尔·道格老师和湖畔中学母亲俱乐部把它带到了湖畔中学。

我很幸运，赶上了计算机工业发生根本变化的时代。计算机原本是只有政府、最富有的公司、大学才能接触到的资源，现在被按照小时率分成了小部分。新技术将这种计算功能分给了大大小小的办公室和学校。与往常一样，时间被证明是一种奇妙的东西：如果我早出生 5 年，身为少年的我很可能没有耐心去接触批处理系统的计算机；假如我晚生了 5 年，则会失去尝试新鲜事物的机会，因为那时分时系统已经司空见惯了。

湖畔中学没有将编程作为数学课的正式部分，而是将它设为独立的选修课，课上老师对我们的管理很松。教我们编程课的老师名叫弗雷德·赖特，是一个年轻的数学教师，在斯坦福大学上过打卡编程的暑期班。赖特老师给了我们一本 BASIC 语言的手册，扔给我们几个基础问题来激起我们的兴趣，然后就放手不管了。我们不懂得处理问题的正确方法，就自己想法子，迫不得已，我们都学会了随机应变。

学校提供给我们的文件材料也是粗略不堪的，BASIC 语言手册只有 55 页，我用了一两天时间就看完了。我记住了大约 20 个关键词，知道了电传打字机上键位的功用。开始的一两个小时里，BASIC 语言就像一门外语，然后就是——“哈，我明白了！”BASIC 比法语简单多了——始终如一的逻辑性，没有不规则动词变化，紧凑而简洁。我遇到不懂的问题，就去找一个高年级学生问：这个是怎么做的？怎么打出来的？他们比我早学了一个月左右，很乐意向我炫耀一下自己的本领。

我编的第一个程序是从手册里学来的：画一个正弦波。看着电传打字机的托架前后摆动，描绘出一个完美的星号图案，就像看着一只隐形的、被催眠的手在作画。几天之后，弗雷德·赖特老师就没什么可以教我们的了，他只是偶尔探个脑袋进来，笑道：“干得怎样了？”一些墨守成规的老师抱怨说我们太过自由了，但赖特老师乐于把握“控制”和“混乱”之间的界限，在最大限度内释放我们的热情。

当我坐在电传打字机前面时，那种激动之情是无法用言语表达的。看着写在笔记本纸页上的程序，再用键盘把它输入，接下来是打卡器打孔，然后拨号连接通用电气的大型计算机，等到它发出“哔”的一声，再用学校的密码登入，敲下“开始”按键，送入卡片开始读卡，这个过程要花几分钟的时间。

伟大的时刻最终来到了。我敲下“运行”的命令，很快我的成果就以每秒 10 个字符的速度被打出来——对今天的激光打印机来说，这个速度简直是老牛拉破车了，但在当时，是很令人振奋的。所编的程序是否正确很快就能有结果，如果错了，我会收到一个出错的信息。无论是正确还是错误，我都会立刻退出，以节省费用。然后我会循着纸带查找错误，再用键盘输入纠错，同时打一个新的纸卡——任何错误都是这样修正的。今天，这个微妙的过程只需点几下鼠标、敲几下键盘就可以了。每当得到一个运行良好的程序，我就用皮筋把那个卡片扎好，放在架子上，直到下个学期到来。

对今天的年轻人来说，这个过程看起来是极度烦琐的，就像用卢布·戈德堡机器①去打开一个核桃。但对20世纪60年代末的中学生来说，能从计算机那里得到回应是令人振奋的，哪怕需要等上好几秒钟才能使得它在“快艇骰子”游戏里走上一步。从某种意义上说，分时终端标志着我个人计算机应用的开始，而几年后个人计算机才真正出现。编程则与我的内驱力相契合：探索事物是否运行然后修改错误。我曾长期痴迷于研究事物的内部结构，从晶体管和集成电路到儿时的公路仪器读物。但是编制我自己的计算机代码所带来的创新感远超其他我曾尝试过的事情。我觉得这里总有东西需要学，一层又一层的知识、一层又一层的技术。

不久，我就将整个午饭时间和课后时间用在了与和我趣味相投的同学一起研究电传打字机上面。其他的同学也许觉得我们很怪异，但我不在乎。我已经找到了我自己的专业，我成为一名程序员了！

平时进出计算机房的学生大概有20个左右，但只有五六个人把这里当成了宇宙的中心。尽管从本质上讲，编程是一种孤独的冒险，但我们还是建立起年轻兄弟般的友情。没有老师的教导，我们就互相交换命令行和诀窍。我们当中有像罗伯特·麦考和哈维·莫图尔斯基几个年龄稍大的结成的党羽，而我跟另外3个稍小点儿的组成了一个核心。里克·维兰德是一位波音工程师的儿子，长得有点儿像《星际迷航》里的

① 卢布·戈德堡机器，指设计过于复杂的机械组合，用迂回曲折的方法去完成其实很简单的工作，如倒茶、打鸡蛋等。——译注

史波克，不过没有他的尖耳朵。他安静、善良，做事一丝不苟。里克在九年级时曾自制了一个井字游戏继电计算机，但没有引起注意，他也更乐得躲在幕后。肯特·埃文斯是一位部长的儿子，比我和里克大两岁，他有一头鬈发，穿结构复杂的背带裤，做事专心不松懈。他愿意尝试任何新事物。

那年早秋的一天，我看到一个身材瘦长、脸上长着雀斑的八年级男生从人群里挤到电传打字机跟前。他四肢修长、精力充沛，从外表看，他像是个邋遢的预科生：穿着套头衫、褐色休闲裤、巨大的鞍形鞋，头发乱蓬蓬的。对比尔·盖茨，只需很短时间你就能作出三点评价：第一，他很聪明；第二，他很好胜，总想把他的聪明表现给你看；第三，他真的真的很固执。第一次来过之后，比尔就不断出现在机房。有好些时候，我们是机房里仅剩的两个人。

比尔的家庭背景，即使是在湖畔中学里都算是很显赫的，他的父亲后来做了州律师协会的主席。比尔家的大房子位于距华盛顿湖约一个街区的地方，我第一次去他家时，感觉稍稍有些敬畏。他的父母订阅了《财富》杂志，比尔很虔诚地阅读它们。一天，比尔给我看《财富》的年度特刊，问我："你觉得经营一家五百强的公司应该怎样做？"我回答说不知道。比尔说："也许有一天，我们也会拥有自己的公司。"那时他才 13 岁，却已经萌生了成为企业家的野心。

我喜欢把眼前好奇的东西全都揽过来学习，而比尔某一段时间只将注意力放在一件事上。这个可以从他编程时的样子看出来——他坐在那里，嘴里咬着一支记号笔，脚掌轻拍着地面，身体摇晃着，丝毫不分心。他打字的方式也极为独特，就像长了六根手指，侧向一面胡乱敲打。曾有一张出名的照片，是我跟比尔初识不久在机房里拍的。在照片上，我穿着时髦的绿色条绒夹克和高翻领毛衣，坐在电传打字机前面的硬木椅子上；比尔则站在我旁边，身穿基本款的衬衫，竖着脑袋，在我打字时聚精会神地盯着打字机。他看上去比实际年龄还要小，我则更像一个兄长——而这恰恰是比尔所没有的。

像所有少年一样，我们喜欢游戏。哈维·莫图尔斯基制作了一个文本“大富翁”游戏，利用计算机的随机数字发生器“掷骰子”。鲍勃·麦考编写了一个有300行代码的虚拟赌博软件（包括骰子、21点、轮盘）。我们很自豪地把打印输出的纸带端挂在一面墙上，然后顺着天花板一直挂到另一面墙上。

这一个月时间里，我们用光了“母亲俱乐部”购买本年度运算时间的拨款，所以他们又划拨了一些钱过来。11月初，21点游戏也变得乏味起来。这时哈维带来了一个好消息：西雅图大学区新开了一家分时公司，他们需要验收测试人员，测试的机器是数字设备公司①刚刚发布的新型计算机PDP-10。

第二天晚上，我求父亲带我去距我家有10分钟车程的计算机中心公司。透过玻璃板能看到一间灯光长明的房间，我盯着里面摆放的那个“宠物”——一台黑色的大型计算机，一个又一个的机柜，还有好多装有闪灯的控制面板，仅是中央处理器就有约1.5米宽。这是我第一次亲眼见到“活生生”的计算机，而这样一个东西距离我家仅40个街区，我都不敢相信这是真的。当时我最想做的就是登录、连机，然后好好享受一把。

如今，一台普通笔记本电脑的运算速度都是我当初梦寐以求的这台大型计算机的3万倍，内存是它的1万倍。但在那时，PDP-10计算机是替代早期批处理设备的最先进型号。数字设备公司由肯·奥尔生和哈兰·安德森共同创办，在1960年首次发布PDP-1计算机，并引起轰动。PDP-1是第一台真正的交互式“人机对话”计算机，不到10年，它就成了国防部阿

① 数字设备公司，即后文出现的DEC公司。这是一家美国公司，从20世纪60年代至90年代销售计算机系统、软件和周边设备。DEC公司在1998年被康柏公司收购，而后者在2002年被惠普公司所收购。——译注

帕网①的主流设备，也是主流的分时设备。它的运行速度比湖畔中学机房里的通用电气产品更快，并且有更广泛的软件应用，包括 FORTRAN 和其他程序语言以及丰富的在线实用程序。

对我和湖畔中学的伙伴们来说，幸运来临了。这台神奇的机器运行一种新的操作系统 TOPSS-10，这个系统一旦遇到有太多用户共同使用的情况，就容易陷入瘫痪。计算机中心公司（我们都叫它 C-Cubed）已在 1968 年 10 月拿到了租用的 PDP-10，准备在新年时开始销售运算时间。同时，他们需要有人赶在付费客户进入之前对 TOPSS-10 系统进行调试。作为计算机中心公司的营销刺激手段，在他们的软件功能完好之前，用户可以不用缴纳租金。所以，计算机中心公司需要有人来将 TOPSS-10 系统蹂躏到极致。这样，我们的机会就来了。

计算机中心公司的合伙人之一恰好是湖畔中学的一位学生家长，她听说过我们这个小小的科技兄弟会。于是，在我“偷看”PDP-10 几天之后，弗雷德·赖特老师带我们走进这座大楼并作了介绍。一个负责的专家提出他们的要求：在非工作时间，我们可以无限使用他们的终端，前提是遵守他们的基本规定。“你们可以试着把系统弄瘫痪。”他说，“如果是由你们的操作让系统瘫痪了，你们必须告诉我是怎么做到的。并且，只有在我们告诉你们可以再试一次的情况下，你们才能进行同样的操作。”

周六，我们聚在计算机中心公司的终端室里，这个房间比我们湖畔中学的小机房大 3 倍。我们高兴地发现，终端室里有一堆ASR-33——不用再排队上机了。另一扇门后是“圣殿”——机房，机房由 3 组操作员一周 7 天三班倒轮流值守。四四方方的大房间里日光灯常亮，地上铺着垫高的活动地板，保护地板下面粗大的电源线和数据线不受损伤。每当安装庞大的

① 阿帕网，系 Advanced Research Projects Agency Network 的缩写，是美国国防部高级研究计划署开发的世界上第一个运营的封包交换网络，它是全球互联网的始祖。——译注

硬盘驱动器时，都要用工业级吸盘把地板提起来，然后铺新线。四周是空调系统和笨拙的计算机风扇，这地方噪音极其严重，一些操作员头上戴着护耳器，就像是工厂车间的工人那样。

对我们来说，从 GE-635 到 PDP-10 的升级，就像是换掉花冠，开上了法拉利。周六已经不够用了，我们有时放学就坐公交车来计算机中心公司，不上体育课也只为能早一点儿到达。来的时候，我们都手拿小公文包。（我特别喜欢自己的公文包，褐色皮质，拇指轻轻一挑就能打开。）我们正在成为黑客，是最原始意义上的、不做恶事的黑客——把自己的能力发挥到极限的狂热程序员。正如作家史蒂芬·列维所强调的那样，黑客文化是一种知识精华。你的身份地位与你的年龄或你父亲的职业无关，而取决于你的创造天赋和对编码的学习渴望。

每个新手都需要导师的指引。在计算机中心公司，这样的导师有 3 个，他们都是世界级的程序员，带着书呆子气、热忱和异国气息。他们不像公司里的管理人员那样将我们看做讨厌的小孩，我猜他们可能是在我们身上看到了小时候的自己。有时候我甚至觉得自己从中学一下子蹦到了研究生研讨会，研究的是高级的系统程序编辑。

史蒂夫·“鼻涕虫”·拉塞尔是公司的硬件总管，是个胖胖的矮个子，具有一种荒诞的幽默感。他那时刚 31 岁，跟随约翰·麦卡锡从达特默斯去了麻省理工。在麻省理工期间，他在 PDP-1 上开发出了首个真正的互动电脑游戏——太空大战。

比尔·维荷戴眼镜，身材较瘦，沉默寡言，因开发 SOS（是 Son of STOPAGP 的首字母缩略词，最早的文字编辑软件之一）而出名。他看上去就像是一个中世纪的抄写员。我常看到他坐在终端跟前，不知疲倦地精心构建复杂代码。

迪克·格伦曾是数字设备公司的顾问，在斯坦福大学认识了拉塞尔和维荷。他是这些人中最合群的一个，留着一头蓬松的鬈发，超喜欢吃垃圾食品，爱开玩笑。按格伦的说法，世界上还没出现他攻不破的操作系统。

他极聪明，所以这句话我相信。

对他们来说，我们是“湖畔小子”或“测试人员”。有时候他们让我们一起运行国际象棋程序，给系统加重任务负荷。我们的任务迎合了少年人从破坏中得到乐趣的欲望，同时又将结果引导到积极的方面。正如我后来告诉一个西雅图记者的那样，“最有成效的学习方式就是亲自动手操作当时最先进的机器，学会它的原理，了解怎样运行它、怎样攻破它”。

另一种方法就是对一款软件进行强度测试，直到它崩溃。接着我们会在一张纸上记下事情的经过，然后继续。而终极一击则是使整个操作系统崩溃。出现这种情况时，机器表现很明显：当你试着打字时，电传打字机会没有反应，只是嗡嗡作响。然后拉塞尔和格伦就兴高采烈地去排查故障的缘由——他们知道，因为先前的协议，他们对数字设备公司支付租金的起始时间又可以延后了。我们也很高兴，因为只要我们能不断发现系统的缺陷，就可以继续在这自由的“圣殿”里待下去。

每当有“导师”级的人物从我身旁经过，我总是吓得说不出话。我们也学会了他们的术语，比如说，“杂货”指的是很简单的编码修复工作。他们忍受我们的纠缠，时不时地扔给我们一点儿他们正在干的任务。对他们高超的编码水平，我们心怀敬畏，那个年代计算机的存储容量很有限，这种编码技术是一种必需的技能。

大多数时候，我们可以自由地专注于自己的小项目——比尔忙着做一个战争游戏，里克努力学习 FORTRAN 语言，我在写一个配对服务程序的编码。到了晚上，电传打印机室常常就是我们几个人的地盘。当需要去拿输出纸带时，我们就会到机房，敲敲门，讨好夜班操作员，然后收起输出纸带，再回到电传打印室。有时候我们会偷看几眼 PDP-10 计算机，这个距离已经是我们能接近它的极限了。

商业分时的关键是永久性高速数据存储，它提供的是一种便捷的工作接口。计算机中心公司在头几个月里的业务进展十分缓慢，因为他们用的是老式的硬盘驱动器，将客户的使用范围限制在几十个容量中等大小的文件内。所以，当拉塞尔取来一个 2.5 米长、1 米多高的盒子时，我们都满怀期待：一个新的活动磁头磁盘驱动器，由密歇根州沃德湖的布莱恩特计算机产品公司生产。这家公司的一位外勤服务代表是南方人，口音很重，他把这个新磁盘叫成“巨人布莱恩特”。这个名字一直保留着。

“巨人布莱恩特”有着超大的体积。一个巨大的电动马达驱动着位于中心位置的粗轴，而粗轴则支撑着十几片直径近一米的涂氧化层的钢盘。这些磁盘一同转动，一个顶端有磁头的液压悬臂借由气流的缓冲浮在磁盘表面，在上面移动、读数据。这个磁盘驱动器可以存储约 100M 个字符，超过其他任何同类产品的数量级。（今天随便一部笔记本电脑硬盘只需 0.002% 的容量就能存储 600 倍的数据。）

不幸的是，“巨人布莱恩特”稳定性很差，很容易出故障。有时甚至旁边一个脚步的轻微震动都会使得磁头碰上金属盘的表面，刮掉上面的氧化层——这种倒霉的磁头碰撞将造成数据丢失，无法恢复，还会损坏硬盘，导致无法修理。

在档案存储设备方面，C-Cubed 公司采用 DEC 存储盘，一种体积较小的设备。它只有 4 英寸大小——小到能放到衣服口袋里，但能容下大概 1M 字符。一个 260 英寸长的 DEC 存储盘有相当于 2500 英寸纸带的存储容量，略高于 5 年后 IBM 推出的 8 英寸软盘。即便受到机械化的“卷盘到卷盘”驱动器的限制，DEC 存储盘也还是比纸带存储更快，更结实，有双冗余结构、两层聚酯膜保护氧化层。在产品演示时，DEC 的销售人员甚至会在 DEC 存储盘上戳一个 0.5 厘米的孔，而后显示数据没有受损。

最为重要的是，DEC 存储盘采用了一种目录结构，与“巨人布莱恩特”和后来的软盘一样。传统的磁盘上，数据就像按序排列的水流，已存的信息不能安全地升级，如果你在磁盘的中间写下一些新数据，那么它后面的数据就全部丢失了。但 DEC 存储盘采用的是不连续的数据组织形式，每单元的数据都可以重写而不影响其他单元的数据。现在我们就能在一张磁盘上存下 6 个以上的程序，还能用名字查找，独立编辑或覆盖重写。直到我买了自己的家用终端，我的 DEC 存储盘才成为第一个真正属于我自己的计算机科技产品。我们都想要更多的 DEC 存储盘——那是身份的象征，这些小圆筒使我感觉自己的作品不再一瞬即逝，更加真实，好像具有了真正的和长久的价值。

第四章　伙　伴

冬天慢慢过去，我和比尔也证明了我们俩是在C-Cubed公司的湖畔学生中最有毅力的两个人。一般情况下，都是父亲开车接我回家吃晚饭，我总是恳求留下来，有时得到允许，有时则被父亲拒绝。父母担心我的学习成绩会退步——我有几门课成绩已经下滑了，而对于我的计算机热忱，老师们的意见也不一致。教我计算机编程课的梅斯卓第老师这样写道："保罗在计算机这门课上的表现是卓越的，他对计算机的运行原理表现出了极大的兴趣，并且已远远超过一般学生。"但他给我的物理课期中成绩打了C+（虽然我在春季学期得了一个A），他用惋惜的语气写道："保罗将所有的努力都放在了计算机上面，而以牺牲其他科目的成绩为代价。"

我的英语老师泰勒则为我在英语作业方面长期的不自信而沮丧，他的评语是哲学式的："（从古老的宗教意义方面而言）保罗是一个'狂热者'，当他被一种狂热情绪所占据时，就无心顾及其他方面。该怎么帮助这样一个学生意识到自己成长道路上的失误呢？我不知道。他的想法可能比我更正确，谁又知道呢？"其实，我正在一个专业领域茁壮成长，在我真正喜欢的事情上乐此不疲。对一个16岁的孩子来说，还有什么更好的经历能跟这个相比吗？

当仅剩我和比尔两个人时，我们会继续编写程序。饿坏了，就去街对面那家有嬉皮士风格的"早晨小镇比萨"店。它的隔壁是一家便利商店，门口常常停着警车，几个警察在后面房间里打牌。我们俩或者在这家比萨店里大吃一顿，或者把比萨带回 C-Cubed 公司，但吃的时候要防备着不把油滴到电传打字机上。我们一直这样忙碌着，一直到所有人都已经离开，只剩夜班操作员。有一次，我一个人待在计算机中心公司，忘了时间，公交车都停了，叫父亲开车接我又太晚，只好步行一个小时回家。一路上，有只流浪狗一直跟着我，最后，父母不得不在朋友家里给它找了个安身之所。

对我来说，操作系统就是软件中的“圣杯”，是计算机的神经系统。它负责逻辑工作，让中央处理器进行运算：从一个程序转到另一个程序，给文件分配存储空间，从调制解调器、磁盘或打字机上移动数据。而且，除非是出了故障导致系统崩溃，否则你注意不到它的存在。

那时，操作系统并不像今天这样是封装的，制造商将软件和硬件一起打包，任何购买 DEC 计算机的公司都可以按自己的想法对 TOPS-10 进行修改。比尔和我都知道，我们的“导师”有权接触 TOPS-10 的源代码，正在为它纠错，提高性能。我们还知道，我们俩是不被允许接触它的，不过，这个要求反而将 TOPS-10 的吸引力陡增十倍，远超我们正在进行的工作。周末的时候，等到别人都走了，比尔和我就会去公司院子里的垃圾车那里。我们掀开垃圾车的金属盖，我双手交叉把比尔托起来——那时比尔还不到 50 公斤重，他就俯身到车斗里，翻找一切感觉有价值的东西。去过几次之后，比尔终于找到了宝贝：一堆沾满油污的皱巴巴的打印纸。我还记得上面的咖啡渍散发出气味，心里想着是有点儿恶心，但我不在乎。

我们把这宝贝拿回终端室，花了几个小时仔细研读。没有“罗塞塔石碑”指引线索，10 行代码里，我只能读懂一两行，但我被这些源代码的精练和典雅震撼了。为了掌握像 TOP-10 这样的操作系统的结构，我知道自己必须对汇编代码烂熟于心，因为这是一种低级语言，可以直接与硬件进行“对话”。发现我的兴趣后，史蒂夫·拉塞尔把我叫到一旁，交给我一本汇编程序手册，这本书的塑料封面还泛着光泽。他对我说：“你得读这本书。”他再没有说别的话，在我们这个信仰“自己动手”的世界里，他无须多说。

我满心激动，把这本书捧回家细细阅读，直到彻底理解里面的内容。一周之后，150 页的书全读完了，我却还是碰壁——书里叙述了编写汇编代码的技术性细节，却对这些指令可以控制计算机做什么只字未提。于是我回到拉塞尔那里，说：“我还是没明白。”

有一道光在他的眼睛中一闪而过，他说道：“哦，那你最好读读这本书。”接着递给我一本又是 150 页厚、白色塑封的书——《系统参考手册》。读完这本书颇费了些力气。两周后，我觉得还是有些欠缺。尽管我不愿再去打扰拉塞尔，但还是再次去到他那儿，说：“我还是没明白，我怎样才能把字符传送到电传打字机上呢?”

他答道：“啊，你还要读一本书!”然后转身走了，回来时他的手里拿着一本像电话黄页那么厚的书——《操作系统手册》。直到今天我还不确定他到底是对我循循善诱呢，还是逗我玩，但是，我一直都需要这三本书。好几周之后，我才在汇编编程上迈出第一步，而几个月以后才对自己的汇编能力感到自信。“这东西太迷人了!”我告诉比尔和其他人。但他们还是专心于自己的高级语言，那些语言让他们的编程速度更快。所以，我只得自己坚持下去。

BASIC 语言或 FORTRAN 语言的每一个语句都包含很多指令，与其相反，汇编语言是一种直接的、符号化的一对一、二进制机器码表达法，能转换成文本或符号，比 1 跟 0 的模式要简单好记。比如说，一行 BASIC 语言这样写道：

```
A = B + C
```

若是用汇编语言，这条指令会写成这样：

Load B

Add C

Store in A

比起 BASIC 语言，汇编语言的表现力不强且更加烦琐，并且，用高级语言编写的程序只需稍作改动就能移植到不同的中央处理器上使用，多少有点儿像同根的方言。而汇编语言的程序在每一个硬件平台上都是独一无二的，彼此间像德语和葡萄牙语一样不同。而另一方面，一旦植入机器，汇编代码的运行速度将快上几百倍，因为汇编语言是在跟硬件直接对话，对象就是那些金属元件，还有什么语言能比这个快？

一个湖畔中学的同学曾说过："保罗能像别人读小说一样读汇编代码。"但我并不觉得汇编语言读起来容易，我只是更专注于此罢了，而汇编也是真正派上了用场。我终于开始明白在功能层面一台计算机是如何运作的了，我钻到了机器的"内脏"里。

任何事都有结束的时候。C-Cubed 公司结束 PDP-10 测试工作的那一天终于到来了，他们开始对我们使用计算机的时间收费。"母亲俱乐部"的拨款用光了，湖畔中学将协议合同转到了 C-Cubed 公司。那时，我们都有了自己的个人账号（我还记得我们的账号：我的是 3662634，比尔的是 3662635）。计算机中心公司用一套复杂的公式来计算费用，包括按千位数计算中央处理器时间和磁盘使用情况，我们常常担心用得太多了。每次在将月账单寄给我们的父母之前，弗雷德·赖特老师都会把一张表单贴在电传打字机的上面，我们的名字按费用从多到少的顺序排列。每当这个时候，我都会祈祷自己不要出现在前三名里面。当发现自己创下 78 美元的纪录时（合现在的近 500 美元），我该怎么解释才好？值得庆幸的是，父亲对此泰然处之，只是说："有点儿多了，保罗。我知道你是在学习，但你不能节省点儿吗？"父母还是把我的编程看做一种爱好，就像我的真空管收音机和摄影冲洗暗房一样，只是变得奢侈了一些。比尔的父母也是同样认为。不过，我们都能感到父母正渐渐失去耐心。

那年春末，比尔和我得到了一个 C-Cubed 公司管理员的密码，在湖畔中学我们用这个密码登录。很快我们就找到了要找的东西——公司的内部会计文件，文件名为 ACCT. SYS。文件是加密的，但我们知道文件记录了所有付费账号和免费账号的信息。我们的想法是要找到一个免费的账号来用，我们知道这样做不对，但还是铤而走险了。我们几次尝试找一个专门的程序来读出 ACCT. SYS 文件并进行更改，但都无功而返。于是我们就把这个文件复制到了我们的文件目录中，等着以后再试。

但我们再没有这个机会了。几天后，弗雷德·赖特老师把我们俩叫到他的办公室。当看到迪克·格伦跟另一个穿黑色西服、板着脸的 C-Cubed 公司代表也在那里时，我们吃了一惊。我们俩盼着只是受一点儿轻微的责罚就可以脱身，毕竟在严格意义上讲我们什么都没有做。但接着那个板着脸的人就说我们篡改商务账户的行为是“犯罪”。比尔和我不禁担忧起来，我们会被罚退学吗?

结果却比这个更严重。“你们窃取了账户文件，你们被公司开除了。”那个人说道。我们俩在 C-Cubed 公司的特殊权利被收回了，整个夏天我们俩都不知所措。

就在我几乎已经一无所有的时候，我遇见了一个朋友，他认识的一位华盛顿大学的教授拥有计算机中心公司的免费账号。湖畔中学的春季学期一结束，我几乎每天都去电气工程楼里操作终端机。我从停下的地方继续开始，在学生会中心边吃汉堡边读手册，这样的生活也蛮不错。整个夏天我都对这件事守口如瓶，没有告诉别人。这时我的身体已经发育完全，身高达到了 1.83 米，而比尔和肯特还像个中学生的样子，所以我不能冒险让他们也加入我在华盛顿大学的活动，这样会暴露我的身份。在我最终告诉比尔这一切时，他很是抓狂，我也心怀愧疚。但这就是编程的魅力，若是再选择一次，我还是会这样做。

在湖畔中学上三年级的那个秋季，我偷拿会计文件的过失被原谅了，计算机中心公司对我的封禁也结束了。史蒂夫·拉塞尔跟我达成一个协议——作为使用免费账号的回报，我要试着改进他们的BASIC编译程序。高级语言越来越普及，编译程序变成了不可缺少的中介，它们是“翻译官”，负责将高级语言源代码转成计算机能实际执行的二进制单位和字节的“目标代码”。像所有的DEC软件一样，PDP-10运行的BASIC编译程序也是开放可扩展的，你可以自由地往里面添加新的内容，这就是指派给我的任务。对一个从未真正上过计算机课程的人来说，这是一个高难度的挑战。打印出来的编译程序表能有简明词典那么厚，我花了好几天时间才对整体情况及它们怎样组合有所了解。不论我编写的汇编代码是什么，都必须符合这个程序的逻辑流程，每一个字符都是如此，艰苦费力。

有时，我都怀疑自己是不是揽得太多。而我又固执地不要人帮忙，只是用之前一个程序员的注解作为指引。每取得一些进展，都会花上几天时间，对眼前的源代码没有丝毫头绪。

在一个陷入爱好中的17岁男孩的字典里，“疲劳”这两个字是不存在的。只要我的眼睛睁着，就一直待在C-Cubed公司。一日复一日，一周复一周，我的努力终于有了收获。我发现，每当我的编程出了小错，都得重写整行代码，这实在痛苦。比尔·维荷的行编辑程序可以迅速查找且可以插入单个字符，我从他那里得到灵感，依照我们的导师所用的协议，对编程的每一步都一丝不苟地作了注释，方便后来者在我的程序基础上进行改进。

在以上所有的工作中，我又一次用了烦琐的汇编语言，就像一个钟表匠学徒观察那些精小的齿轮，研究它们的相互作用。到了最后，我可能成了C-Cubed公司里对这个编译程序最为了解的人。拉塞尔和格伦惊讶于我取得如此大的成果，并对我的行编辑器大为赞赏，因为它将成为客户们的得力工具。我已经成为一名真正的黑客。过去的两个月里我所学得的东西，构成了我面向微处理器编辑汇编程序的基础，而它对我的回报也将会更多。

那时跟现在一样，年轻人经常被轻视。而与比尔、里克和肯特一起，我们向所有人证明——一旦给予机会，年轻人也会迅速成长。虽然我们的水平距离 C-Cubed 公司的导师们还有好几年的差距，但我们已经很不错了，也正在变得更好。

尽管 C-Cubed 公司的工程技术和分时技术都是一流的，但它的商业模式却不稳固，公司发展迟缓。只有少数小业主有打算或有能力编写自己的程序，并且，可以给他们提供帮助的商业程序又太少。公司的业务颇有危险地单纯依赖波音公司这个客户。波音是西雅图最大的雇主，在那里，中层经理可以从费用分配表上中止分时费用。1970 年，波音公司受到了双重打击：一是航空业的衰退，二是美国航空航天局的阿波罗计划资金被大幅削减。波音开始解雇员工、削减费用——包括公司的外部计算机使用预算。更糟的是，波音公司开始推出了自己的合同制编程服务。几个月的时间，它的身份就从客户变成了竞争对手。

这一年春天刚开始，C-Cubed 公司撑不下去了，申请了破产保护。比尔和我一听到这件事，就冲进终端室里，求他们给我们一些时间，完成一些程序并用 DEC 存储盘做好备份。我们到后不久，就看到搬家公司的人来收回租赁的家具。我们疯狂地在电传打字机上忙碌着，他们就一个房间挨一个房间地将桌子搬到卡车上。最后他们来到我们俩这里，说道："好了，小伙子们，我们得搬走你们的椅子了。"然后我们就跪在终端跟前继续完成程序的保存工作。

几分钟后，我看到比尔瞅着窗户外面，张着嘴巴。原来是一个转椅绑得松了，从车上掉下来，沿着罗斯福路一路滚下去，一个搬家公司的人在后面紧紧追赶。我们大笑起来。不过这也只是苦中作乐罢了，我们生命中最重要的一段时光就要结束了，我期盼的暑假工作没了。父亲警告我，若是化学实验课成绩补不上去，就再不让我开车。更沉重的是，计算机中心公司的破产成了我恒久的警钟，提醒着我一个企业是怎样在一瞬间崩塌。尤其是比尔，他至今没有忘记这个教训。

回顾起来，见证 C-Cubed 公司的兴衰过程是我们的幸事。通过逼着我们这样的追随者争取使用计算机，它引领我们扩展了经验。那时，IBM 控制着 2/3 的大型计算机市场，与它较接近的竞争者被称为“七个小矮人”：宝来、Control Data、通用、霍尼韦尔、NCR、RCA 和 UNIVAC，还有数字设备公司这样的后起之秀。它们为拓展自己贫乏的市场份额，与 IBM 在价格、性能和创新等三个方面，甚至是三管齐下展开竞争。到了今天，在任何一个成熟的产业都经历过必然的动荡之后，基本上只留下了三种个人电脑操作系统：Windows、苹果的 Mac OS 和多样化的 Unix。而在 1970 年的大型计算机上，操作系统多达十几种，每条计算机生产线都是一个独立的软件王国。

在湖畔中学刚上高三时，一个放学后的晚上，我大着胆子穿过一扇门，走进华盛顿大学的研究生计算机科学实验室。我拿起一本手册坐在一台连着施乐数据系统 Sigma-5 的电传打字机跟前，很快就理清了头绪。然后，一个研究生走过来问了我一个问题，接着大家就传开了——这个家伙好像很在行。我自顾自继续忙碌着，直到一个教授助理把我叫到办公室，说道：“你看着很面生。你是我班上的学生吗?”

我答道：“不，老师。我不是。”

“其实，你都不是这个学校的，对吧?”我承认我不是。他笑着说：“好吧，我告诉你怎么办。只要你能继续辅导我的学生，就可以留在这里。”

此后，我就义无反顾地一路向前。我接触到宝来的 B5500 和一种强大的语言 ALGOL——这也是我第一次接触批处理，这在时代上是一种退步，却以退为进地加深了我对 PDP-10 的喜好。我还尝试了 Control Data 的

CDC-6400和一台 Imlac PDS-1——最早的图形微型计算机，在它上面我发现了史蒂夫·拉塞尔的《太空大战》游戏的一个版本。我就像一块海绵，到处吸收着知识。那时，我们都像海绵一样。

那年 11 月，一家位于俄勒冈州波特兰市的分时公司下属信息服务公司邀请我和其他三位“同事”与他们会面，商谈合作事宜。对我们而言，这是向前迈了一大步。在开车去俄勒冈州之前，我们将自己的小团体重组，并取名为“湖畔编程小组”，因为这听起来更成熟更正式。信息服务公司想让我们用一种适合商业应用的 COBOL 高级语言编辑一个工资计算程序。作为回报，我们可以免费使用他们的 PDP-10 计算机。我们略述了自己的经验，递呈了简历。比尔那时刚过 16 岁，他的简历是在一张画线的笔记本纸上用铅笔手写而成的。我们得到了这份工作。

但是结果证明，我们此次机会的意义不是很大。COBOL 是一种笨重而烦琐的程序语言，并且那个会计程序也令我们步履维艰。整个冬天我们都在忙这件事，使用华盛顿大学计算机实验室里的计算机，直到他们不再欢迎我们。在一封日期为 1971 年 3 月 17 日，由赫尔穆特·高尔德教授所写的信中，他抱怨我们的工作“扰乱了实验室的使用秩序”。他还在其后列举了我们的违例情况，包括我们“长时间持续使用电传打字机（有时甚至是他们几个人同时使用），偶尔趁无人注意时没完没了地打印清单”。我们的操作导致的噪声“影响了正常的学习活动，不符合远程控制台操作预期模式”。

“鉴于如上事件以及其他情况，”高尔德教授总结道，“我必须请你们交还实验室的钥匙，并立刻停止你们在实验室里的活动。”我们猜想是那些研究生们向老师抱怨了。后来我们在其他地方找到了电传打字机继续完成手里的工作。

尽管我们在这个工资计算程序上没有得到任何收入，但给人的感觉就像在重温 PDP-10 上的旧时光。并且，我们开始把自己看做可以用编写代码来谋生的人，而不仅仅是爱好者。

由于有一段时间泡在华盛顿大学计算机实验室的书库里，我自然成为了湖畔编程小组的研究主力。我花了数不清的时间阅读像《自动化资料处理》、《计算机设计》这样的杂志，把握最新的大型计算机潮流。我还投身到麻省理工学院和卡内基·梅隆大学深奥的科技报告中去，那都是些深度理论的东西，从人工智能到最新的算法都有涉及。每当我找到一些有趣的东西，就会调查核实它，然后与组里的伙伴们分享。

正如在高三同学录的照片上所看到的那样，我还阅读其他方面的书籍。照片上的我坐在书桌旁，一如既往地穿着绿色条绒夹克，还有一件近似于蓝色的牛津纺衬衫（可惜照片只有上半身，看不到我穿着披头士风格的皮靴）。我留着时髦的长发，鬓角密长，蓄着师爷须。我的下巴搁在一摞书的上面，这堆书有 11 本，包括乔伊斯的《都柏林人》，还有《现代大学物理》、《墨西哥战争》和《圣经》。我猜这幅照片是用来讽刺老师强加给我们多少阅读任务的吧。然而，它也证明了我的兴趣十分广泛。

我对好成绩的追求更多来自求知欲而非出于被强迫。说到美国内战或法语词“pouvoir”的词形变化，我连假装感兴趣都很难。“我同样在一些事情上变得心不在焉（此处用词不当）和懒惰（说得委婉一些），在那些事上我无法产生足够的热情或想要深入了解的兴趣。”这是我那时所写的心得体会。但若是遇上一位精力充沛的老师和引人入胜的材料，我就会变得难以满足。我还记得沉迷于法国象征主义诗人阿尔蒂尔·兰波的那段时间，我把自己淹没在充满深深的渴望和焦虑的诗作之中。我还喜欢亚述历史和高级哲学课，就是在一次与圣名女子高中的午餐交流会上讨论德国哲学家康德的时候，我结识了第一位真正意义上的女朋友——丽塔，一个机智而迷人的红发女孩。

麦卡利斯特大厅里晃荡着很多除了 BASIC 什么都不想的学生，但我不是这样的。我在课外爵士乐即兴演奏会上弹吉他；我喜欢文学和电影；我是学校国际象棋队的四号选手；我一直是华盛顿大学的橄榄球队和篮球队的支持者，这种忠诚遗传自我的父亲；我还参加一些社交团体，跟湖畔中学的嬉皮士和电脑迷们混在一起。我不是一个书呆子，我只是一个兴趣广泛并且碰巧爱上计算机的人。

在湖畔中学教过我和比尔的弗雷德·赖特老师，在30年后被问起他对我们在微软取得的成功有什么看法。他回答道："他们俩相处得很好，没有导致微软在起步的头一两年里分崩离析。这很了不起。"

我和比尔之间排斥和吸引并存。在湖畔编程小组，就有我们之间相互竞争的证明。一边是我和里克，另一边是比尔和肯特，他们俩比我们低两个年级，却总想证明自己。湖畔编程小组本质上是一个男孩俱乐部，气氛中弥漫着许多的争强好胜和雄性激素，而当我们专心于展示本领的时候，比尔毫无疑问总是最压人、最好胜的一个。从认识的那一天起我们就是朋友，但我们之间也蕴含着对抗。

十二年级的一天，我正在学校机房里考虑自己的事，这时比尔开始嘲弄我："保罗，这里藏了些东西，你应该知道。但我打赌你猜不出是什么。"比尔就是比尔，这种把戏继续了好一会儿。

我说道："哦，真的吗？是什么？"

他答道："我不能说。但那是你想要的东西。"然而，他不知道的是，我清楚他的秘密。几周之前，C-Cubed公司的剩余资产在一次拍卖中被廉价清仓，其中包括几十个DEC存储盘。比尔和肯特以便宜的价格把它们抢购下来，并对这件事绝口不提。但是里克发现他们把这些战利品藏在电传打字机的托架底座下面，并把这件事告诉了我。这一天晚些时候，等别人都走了，我把这些存储盘兜起来，装在盒子里带回了家，藏在床下面。

第二天，急了的兔子开始咬人。比尔狂怒不已，"一开始你就知道盘在那儿!"他说道，"你把它们弄哪儿去了?"

“比尔，真的吗？”我说，“你弄到了一些 DEC 的存储盘吗？你从哪儿弄来的？”

比尔开始抓狂，肯特说我是小偷，还威胁要控告我。我们的争吵声音太大，弗雷德·赖特老师走进来把我叫到了一旁。我同意归还那些存储盘。

尽管如此，但这种冲突在我和比尔之间还是比较罕见的。在一些我高三时的随笔里写到很多与我关系比较亲密的人，下面这段文字就是我对比尔的看法：

> 比尔比我矮，他聪明、机灵、幽默，笼统地说是个讨人喜欢的人。他觉得上学是小菜一碟。他在所有事情上都像我一样聪明（除了英语），即便只是二年级生，但已经非常出众。总体而言，我对科学和世界比他懂很多。他似乎在任何情况下都能自嘲一番，很不可思议。他跟我一样喜欢电脑和小发明。他很容易受到影响，时刻准备着抓住一切古怪的趣事。我们之间很默契。

在湖畔中学的毕业典礼上，一个名叫斯图·格德伯格的同学以大师级水准弹奏了钢琴。有段时间我一直在衡量两种可能的事业路线：一是摇滚吉他，二是计算机编程。斯图毕业的第二年就跟吉他大师约翰·麦克劳克林以及玛哈唯希努乐团同台演奏了，听到他在典礼上的表演，我再次肯定了自己对计算机的选择。

典礼结束后，我和父母一同离开。弗雷德·赖特老师手里拿着一张纸追上我们，那是我最后一张分时账单，稍稍超过 200 美元。父亲在写支票的时候略微抱怨了一下。我打算去华盛顿州立大学主修计算机科学专业，但我父母仍对这个领域的专业前景半信半疑。在他们眼里，计算机更像是我在找到真正事业之前的副业而已。

湖畔中学的 1971 届毕业生是最后一届男校学生，这一年的秋季，湖畔中学就跟圣尼古拉斯学校合并了，成了男女同校的学校。作为临别礼物，我们在校园里竖了一个碑，现在还在那里。上面用拼错的拉丁文写道：Vivat virgor virilis。翻译过来就是——“处男万岁”。

第五章　华盛顿州

我很高兴能一个人待在华盛顿州（或用我们对它的昵称：Wazzu），来到距家300英里的地方，不过，大学生活和我原先希望的并不相同。大学入门课程对我来讲没什么难度。我想家，想我的女朋友。我被社会的喧杂搞得心里很乱。有些人在第一次独自出门时会迅速成长，变得坚强，可我不是那样。

我还想念PDP-10。刚开始，我的夜晚都用在成批的卡片上，为IBM的大型计算机编写程序。"IBM的设备用起来的确很不同，但真的一点儿都不坏。"我在11月给里克·维兰德的信中这样写道，装作若无其事的样子。新的计算机，即使是复杂、缓慢、笨拙的类型的也能激起我的兴趣。我仔细阅读并尝试设计一些工具来改善IBM的编程体验。我的进展很慢。

大学赋予我的更多是眼界的开阔，特别是在大学生联谊会①。这是一个排在最后的小的冷门兄弟会，它坐落在一个斜坡上，这个斜坡是如此之陡，以至于修剪草坪的活儿都得两个人才能完成：一个推着割草机，另一个手里拽着绳子以防割草机掉下山去。房子的后面是一个火车转向车场，凌晨3点时火车都停在这里。在头两周里，我无法入睡，但习惯之后，睡觉时什么动静都不怕了。

① 大学生联谊会，又称兄弟会。——译注

不过，我还是喜欢上了这个地方。我所加入的学生联谊会是一个充满生气的混合体：有新潮的嬉皮士，有怪癖的人，还有预备役军校的学生，我几乎从他们所有人那里都能获得乐趣。麦克·弗拉德是学生联谊会的主席，一个喜欢作弄人的头领，他分派我去刷盘子洗碗。盖里·约翰逊为了省房租，竟然跟两只狗一起睡在停放在车道上的卡车里。西蒙·卡鲁姆，又被称为“叙利亚大个子”，是一个身材魁伟、心地善良的人。他暑假曾在一个波特兰的码头打工，他的英语因此被“毁”了，我们不得不帮他修改论文，把里面的粗话删掉，因为他不知道哪个是好词哪个是坏词。

我是学生联谊会里的计算机小伙，乐于助人。“调试”他们的计算机作业，我只需扫一眼 FORTRAN 代码，就能找出里面的错误。我们在车道上比赛篮球投篮，我久负盛名的“王牌投射”无人能挡。我在我们的夺旗橄榄球队里是中卫。我们的四分卫名叫杰瑞·莫尔斯，曾是纽约扬基队青年队的球员，能力超群。我跑得不快，所以杰瑞在赛前安排时对我说：“跑 10 码然后转身。”如果西蒙和麦克被防住了，他就会把球投给我，我几乎从未接球失误过。

干完编程的活儿回来是凌晨一两点钟，我会弹电吉他放松放松，这个习惯使我的联谊会伙伴们很是恼火。麦克·弗拉德会叫我不要再弹了，我就弹完最后一两个和弦，然后放下吉他。但是有一天晚上，大块头乔治·谢尔狂怒地闯进我的房间，一把将我抓起来，顶在墙上。我看着乔治和他攥紧的拳头，想着这顿揍是免不了了。我是在一个温暖平和的家庭长大的，这种体验简直把我的魂儿都吓没了。

“把他放下！”说话的是迈克·哈斯珀特，和我一起弹吉他的伙伴。迈克沉下腰，摆出的是空手道的预备式。有传言说他是空手道的黑带。乔治思量了一下，满是不屑地将我甩在地上，怒气冲冲地走了。

联谊会平常在一天里的活动很少有变动：无休止地打扑克和下棋、在地下室里看电视剧《星际迷航》、吃比萨或墨西哥食物。有时候我们开车越过州界去爱达荷州玩，因为这个州的法定饮酒年龄是 19 岁，啤酒也便宜很多。周六的时候，我会加入观看橄榄球比赛的人群之中，看哥伦比亚校队被南加利福尼亚校队狂虐。我一直过得无忧无虑，直到在1972年的抽签征兵中，我抽中了99号签。这个顺序足以把我送上越南战场，而那时的对越战争看起来极不值得去送死。但若是真的被征募入伍了，我就去服役，正如父亲在二战时所做的那样。

最后的结果却是，在我的学生入伍延期到期之前，他们就停止了征兵。

1972年5月28日，在一次华盛顿州立大学登山课上，我在湖畔中学的朋友肯特·埃文斯在越过舒克桑山的雪地时失足坠下。他没用绳子，也忘了检查，从200米高的山坡掉下，撞上了几块大岩石。他被一架海军直升机救起，但还未到达医院就死了。这一年，肯特17岁。

肯特的死让比尔心情烦乱，几近崩溃。在葬礼结束的几天后，肯特的父母叫我们过去，看看一些跟计算机相关的东西里面有没有我们想要的——只是几本手册，没什么重要的。他们很慈祥，但整理肯特的遗物让我们感觉很怪。我们没有久留，很快就离开了。

比尔跟湖畔中学签了份合同，在暑期里用FORTRAN语言给他们编写一个课程安排程序。“我原打算跟肯特一起干这个活儿，”比尔对我说，“我需要帮忙。你想跟我一起干吗?”尽管挣不了多少钱，我还是很高兴可以加入，重新熟悉PDP-10。比尔几个星期都心情沮丧，但随着我们专心致志地做手头的项目，他的情绪渐渐好转了，又变得像以前那样，在麦卡利斯特大厅里全力以赴编写程序。我们经常工作到半夜，然后在我们带到学校的行军床上睡觉。这个程序是一个挑战，有很多变化的部分：必修课程、班次交错、选修课、两节连排的实验课……我对比尔能够清晰地将这份工作分成独立的部分印象深刻，特别是他能用程序把自己“预先加载”到一个除了十多个女生和他之外再没有别的男生的英语课上。

这个暑期，比尔和我的关系亲近了许多。我们之间的年龄差距已不再是个问题，我们之间存在一种被我称为“高频道宽度”的交流。专注于一个问题时，我们就会开始使用“弹出堆栈”来表示中央处理器里连续的子任务——后进先出。在谈话时，这个词语的意思是：我们要从现在的话题转到先前那个话题，而不需要一个新的上下文提示。其他听到我们说话的人可能会不明白我们在说什么。

“那么我们就能把这个字符串挪到……”

“对。如果这个对了，那么那件事就不会再发生了……”

“太对了！这就是我们上次用的那个变量。”

比尔和我另一个较强的共性是荒诞感。一天晚上，我们忙得太晚，已经连续好几个小时没有睡觉，埋头编写调度代码——我们就是找不到一个故障在哪里。比尔一直盯着有问题的那个页面，突然他说道：“X!”然后失控一般不由自主地傻笑起来。我看了一眼，明白了他的意思：在一行代码的中间，我们留下了一个无意义的挂起的变量。“X!”我大喊道。接着我们俩就在地板上打着滚，在空荡荡的楼里筋疲力尽、歇斯底里地大喊着“X”!

我们休息的方式是一起去看电影，那几年时间里，我们一起看的电影一定超过了500部。我最喜欢去的电影院是西雅图国际区的Kokusai影院，那里有带英语字幕的两片连映，第二部往往是一部日本武士片。比尔对外国电影不大感冒，但有一个晚上他答应去看“只要不是里面有只小狗的傻瓜片”。然而，我们刚刚在座位上坐定，就看到一只聒噪的小狗从银幕上跑过……

“别再演狗了!”比尔大声抱怨着。

那个夏季我们过得很快乐，但也从未停止思考下一个商机。比尔从一个公司接了个数据处理的项目，通过计算汽车轮胎驶过压力感应橡皮管来测量交通流态。每隔15分钟，机器就在特制的16列纸带上打出一串孔，代表着驶过的汽车数量。纸带必须手工阅读，测量结果是普通书写的，然后转换成批量加载的卡片。这个过程单调而效率低，极其累眼。比尔把这部分工作分包了出去，他雇了一些湖畔中学的低年级学生作为“人工纸带阅读器”，每张纸带 50 美分。有一天比尔对我说：“再这么干下去，这些孩子的眼就瞎了。我们得想个办法把它自动化。”

对使用当时最先进的微处理器来干这项工作，我大声提出自己的疑虑。最新的得州仪器公司产品特别小巧，价格才几千美元，但对我们来说还是贵了很多。接着我有了另一个主意——英特尔的新型 8 位微处理器 8008 怎么样？据我读到的信息，8008 能够运行计算器、电梯，甚至是智能终端。从发布那个春季至今，把它用于数据分析的情况极少。若是它的功能像说明书上所写的那样，8008 应该可以胜任我们这个项目。“我们可以自己制作基于芯片的系统，这是最便宜的解决方法了。”我说道。比尔对我的建议也颇为心动。我又增加了一个重要前提：“我们必须找到一个人来制作这台机器。”硬件不是我俩所擅长的，所以我们需要找到第三个合伙人。

我们俩都认识的一个人给我们介绍了保罗·吉尔伯特，一名华盛顿大学的学生，学习电气工程专业。这一年夏末，我们找到了他。几次会面之后，保罗就设计了机器的草稿出来。这台机器起名为 Traf-O-Data，既是交通流量分析机器的名字，也是我们这个合伙企业的名字。（许久以后，我问起比尔怎么会想到这样一个名字，他说：“我把南瓜灯（Jack-O’-lantern）的名字改了一下。”我觉得很怪异。在第一次创办企业的兴奋冲击下，我们开始幻想财源滚滚而来。使用我们制作的易读的每小时流量数据表，市政府就知道该在哪里设置交通信号灯或及时关注道路整修了。世界上有哪个市政工程部不想要一台 Traf-O-Data 机器呢？

保罗·吉尔伯特弄到一个华盛顿大学的专有折扣价，从当地一家电子产品商店特别订购了一个 8008 芯片。比尔和我凑了 360 美元，开车去取货。售货员递给我们一个小纸箱子，打开后，我们第一次亲眼见到了微型处理器：在铝箔包装纸的里面，是一块小的炭黑橡胶绝缘板，上面插着一个细长的矩形芯片，不到 3 厘米长。对两个伴着大量的大型计算机成长起来的人来说，这是个见证奇迹的时刻。“那么多钱买这么点儿东西！”比尔说道。但我知道他在想什么：这个小盒子里装着一整个计算机的大脑。我们把芯片拿到物理楼，交给了保罗·吉尔伯特，他立刻开始干活。

在开发 Traf-O-Data 软件的过程中，比尔和我面临一个两难的问题。我们知道，即便不是徒劳无益，试着给 8008 编软件也是件很麻烦的任务。我们得从零开始设计一套开发工具软件，包括一个定制的汇编程序，用于将汇编语言指令翻译成可执行的字节。8008 可以支持 16K 的内存，我们只买得起 4K 的内存芯片，而这个容量对开发工具软件来说又太小了。

那么，我们怎么可能为一个还不存在的机器上的条件有限的微处理器编程呢？对我而言，答案是很清楚的——我要在一台大型计算机上面模拟 8008 的运行环境。“模拟器”这个词首次以文字形式出现是在 20 世纪 60 年代中期，一位名叫拉里·莫斯的工程师想出一个办法，用一台 IBM 360 来“模拟”较早型号的计算机，并运行上面的软件。莫斯的设计反映了一个科技界众所周知的理论，也是最早在 20 世纪 30 年代由艾伦·图灵提出的理论：任何计算机都可以通过编辑程序而模仿其他计算机。软件胜过硬件。尽管我还没说过有人模拟了微处理器，但我想应该不难——只是“诱使”一台大计算机表现得像小计算机而已。与此同时，我们还能利用大计算机的巨大内存来编写开发工具软件。

我们根本不知道面前是怎样的困境。使用华盛顿大学计算机科学实验室的设施和设备，保罗·吉尔伯特做出了一台精密而复杂的计算机：两个线路板上，十几个电镀的接线端上缠绕着一千多条铜线。计算机的设计和布局都很顺利，但保罗花了一年的时间才将噪声敏感存储芯片稳定下来。与此同时，在华盛顿大学里，我为 IBM 360 编写模拟程序包的进程也步履维艰。在一台批处理计算机上调试程序简直是一个永无止境的过程，每前进两步就又后退一步半。

比尔来华盛顿州立大学普尔曼校区的时候，一股可怕的寒流正在这里肆虐。我们俩步行 2 英里去校园的计算机中心。我们注意到，一家银行的布告栏里显示着当天的温度：摄氏零下13度。天气太冷了，走路都痛苦。到达目的地的时候，我的络腮胡子都结了冰霜。比尔哆嗦着说："普尔曼总是这么冷吗?"

从那以后，在我的记忆里，他再也没有在冬天出来过。

圣诞节期间，比尔接到布达·彭布罗克打来的电话，他就是雇我们给信息服务公司编辑工资计算程序的人。由于为博那维尔电力局电网设计一个大型程序项目的进度滞后，布达正搜遍整个华盛顿州，寻找精通PDP-10的程序员。那时我还不到20岁，比尔只有17岁，但年龄并不是问题。"并且你们会领到薪水。"布达说道。

比尔问："多少钱?"

布达回答："一周165美元。"

即便是在当时，对于一个有经验的程序员来说，每小时4美元的报酬也少了点儿，但比尔和我几乎不相信我们会遇上这等好事。眼前有个机会，可以操作PDP-10，还能赚钱！我乐得从华盛顿州立大学请了假，而比尔也已经完成了湖畔中学的必修课，被批准进行最后一学期的校外专题设计。我们告诉布达答应加入了。

我和比尔挤进他那辆1967年的敞篷福特野马，向南开，来到华盛顿州温哥华市。这里遍地是商业区、洗车场，还有一个古老的A&W草根啤酒免下车售货点，后来我们成了店里的常客。我们找到了一套便宜的两居室公寓，并于1973年1月的某个周一开始上班。我们的雇主是一家大型航天公司——TRW，他们与美国内政部签有合约，搭建一个实时操作与调度系统，称为RODS。我们被告知，这个系统是国内首款此类产品。政府很早就使用软件来控制在哥伦比亚河上的博纳维尔发电机，将其电力输送到西部8个州。RODS的目的在于将配电信息每秒钟更新一次，从而更加高效地调配电力供应。

TRW的管理层原先计划由几个软件工程师用两年时间完成这个项目，

但他们大大低估了它的难度。将数字设备公司的 PDP-10 转为即时处理系统，就像是把一个苹果变成橘子——还得是新品种的橘子，如此而已。项目开始一年多了，超限罚金大涨，而 TRW 的新软件却仍是遍身疮痍。情急时刻，管理层就在外征募所有能找得到的能干的程序员，来完成 RODS 并使它顺利运行。我们到达的时候，已经有 40 多个人日以继夜地忙着了。

博那维尔的地下控制设施是从波特兰延伸过来的，越河而过，大部分建在地下。他们甚至有用来洗去核尘的淋浴室，以备爆发核战时使用。比尔和我乘坐电梯下来，这里仿佛永远都在钢筋混凝土的下面。经过几扇密码锁把关的门，我们被带进一个有活动地板和冷气空调的机房，我们就要在这里进行编码的测试和运行工作。看到屋里还有两台 PDP-10，我很激动，因为我从没在工作时跟一台计算机如此靠近。

走廊的一头是一个控制室，有四个篮球场大小。一个巨大的背光式格网盖住了两面墙，就像电影《奇爱博士》里的场景，它显示着西北地区每个水坝的状态。任何地方出了岔子，对应的灯泡就会从绿色变成红色。博纳维尔的操作员在配有巨大键盘的彩色显示器控制台前工作，他可以呼叫任何一个变电站，并将它显示在屏幕上。这里有显示大坝输出电量的仪表，单位竟然是百万瓦特，我觉得太不可思议了。

这里的程序员们是聚在一起的乌合之众，有穿白色短袖衬衫打着领结的传统公司职员，还有像鲍勃·巴奈特这样的自由主义者。鲍勃是一个越南老兵，他给我们展示绳子的用法，就像疯狂大叔。比尔被分派了一些小活，我得到一个中等大小的工作——恢复模块，功能是使新的自动化模块进行故障保护。（当你要控制的是百万人的用电量时，机器是不可以出故障的。）如果当前的 PDP-10 死机了，我的系统可以启动备用计算机接管工作。

为确保万无一失，TRW 进行了各种极端测试，例如判断一次大规模的对地短路将会对地下控制室的计算机产生怎样的影响：将一根 6 毫米粗的钢丝一端连上 250 千伏的电线，另一端拴到竖在地面的柱子上，然后我们所有人都跑出去，看着有人扳动开关。一声猛烈的爆裂声让我们不禁为之震撼。电缆变成金属蒸汽，然后消失了。很幸运，计算机安然无恙。

“哇塞——”我惊叫道，“这真是太绝了！”

一个 TRW 的经理说：“才不是呢！乔忘了放下车斗，开着修理车撞上电缆的那次才叫绝。”

“那他怎么着了？”

“骇人的火花四处飞溅，把车胎都熔化了。”那位经理说道，“乔都快被吓死了，但他没事，因为卡车成了‘法拉第笼子’①。”TRW 的员工们都大笑起来。我在想：我的妈呀，电可不是闹着玩的！怪诞的员工，不见天日的地下设施，RODS 偶尔看起来很怪异。

比尔和我是这里年龄最小的员工，当然也是薪水最低的，不过，鲍勃和其他经理对我们的要求一点儿都不低。在 RODS 项目上，我们发现竟能跟得上身边一些顶级的程序员。我得编写 1000 行汇编代码——不算重的工作量，但比较棘手。在我之前曾有两个程序员干过这个活儿，但他们的代码不能应对“极端状况”，比如说两个或更多的设备同时出现故障的状况。我选择从头开始，重写这些代码，用我在 C-Cubed 公司学到的方法，条理清楚并带上注释。我无数次地检查自己的程序，一定要让它满足故障保护的要求。这是我第一次直接在一个运行着的系统上写程序，我乐此不疲。

没有学校的束缚和家长的制约，比尔和我乐得埋头于程序编码和测试周期之中，而测试周期通常要达到 12 个小时甚至更长。我们俩都是天生的夜猫子，到晚上 10 点、11 点时状态达到巅峰，之后还能将这种最佳状态保持相当长一段时间。不管要花多长时间，我们都不停忙碌直到找出最后一个故障。比尔感觉要瞌睡时，就抓起一罐橘子粉，倒在另一只手的掌心里，然后舔个干净，借这些糖粉的刺激，他又能振奋起来。（那个夏天他

---

① 在 19 世纪 30 年代，英国物理学家迈克尔·法拉第展示了一个良导体笼子，通电后电流只在它的外表传导，而其内部丝毫无损。——译注

的手心一直是橘黄色的。）我们经常一忙就是两天，然后连续睡上 18 或 20 个小时，比尔把这叫“睡个好觉”。

但睡觉也是最后才能想的事。我们还要完成湖畔中学下个学期的课程安排程序，而在 RODS 上值夜班的时候似乎是做这个工作的最佳时机。课程安排程序是一个中央处理器高负荷程序，有时候鲍勃·巴奈特晚些时候过来，发现 PDP-10 计算机慢得像在蠕动，他就大踏步地走过来，走廊里回响着他浑厚的假装生气的声音，“盖茨！艾伦！你们在哪儿？把你们那该死的课程安排程序关掉！”

不写代码的时候，我就在公寓里弹木吉他，或看看水门事件最新进展的新闻。在温哥华市，我们的午夜娱乐基本是固定在丹尼斯连锁餐厅吃“经典早餐”。这是我们凌晨 3 点的主餐：鸡蛋、腌肉、煎饼、炸土豆饼。为寻找更多的刺激，比尔跟着鲍勃去格雷舍姆赌赛狗，他们根据停车场的车牌号码来押注赛狗。我去过几次波特兰草地①。鲍勃能得到有关一匹名叫红罗比的夸特马②内部消息，这匹夸特马在 1/4 英里的比赛上从来没有什么惊人的成绩。有一天晚上他们把红罗比带到长距离赛道上，鲍勃鼓动我们把血汗钱都押在这匹马身上。比赛开始了，红罗比慢悠悠地出了栏门，像往常一样跑在最后一名。然而，在赛道过半之后，它就撒开蹄子，一路遥遥领先，直达终点，赢得了比赛。

比尔和我是一家位于波特兰西北的影院的常客，这里放映黑人主演的电影。我们看《贩毒者》这一类的电影，很是享受。直到有一天晚上，电影结束，播放演职员表的时候，一个人走到我们跟前说：“你们两个白人小孩怎么在这儿?”我们都蒙了，但两周之后我们俩又回去看电影了。我们就是觉得这些电影很吸引人。

---

① 波特兰草地，美国俄勒冈州波特兰市的一座赛马场，由威廉·P. 凯恩修建，在 1946 年 9 月对外开外。——译注

② 夸特马，美国驯养的一种善于冲刺的短距离竞赛用马，竞赛距离通常为 1/4 英里。——译注

跟比尔住在一起时，我发现了他的另一面。我的母亲对那些喜欢找刺激的人有一个称呼——“那个人，”她会这样说，“是个滚刀尖儿的。”比尔·盖茨就是一个滚刀尖儿的。他曾在深夜狂踩着他那辆福特野马的油门，用两个小时开完西雅图到温哥华市165英里的路程，并为此自豪不已。我总是担心人身危险，而比尔似乎乐得去冒这个险。有一天当他走进公寓时，腿上打满石膏，我问他发生了什么事。

“我跟巴奈特滑水去了。”他说。那天下午，他们俩跑去拉卡默斯湖玩，就像巴奈特所讲的那样，他滑完最后一圈，打算回RODS，但比尔坚持再单独滑一次。这一次，比尔甚至偷懒没有调整设备，而且是在船的尾波里跳跃，这样可能会带来危险。比尔摔断了腿以后，公司放了他6周假，让他回西雅图养伤。3周刚过，他就回来了，淤青的腿上没有了石膏。他对我说道：“我要跟巴奈特滑水去。”我劝不了他，也不知道他的腿是怎么扛住的。

这个春天和夏天里的大多数时候，我们俩相处得不错。但比尔偶尔会容易发怒，特别是当我们俩下棋的时候。我的棋风比较有条理，开局组织得更好，比尔则是偏向进攻的冲动型棋风。有一天他下输了，就变得怒气冲冲的，还把棋子都拂到了地板上。

“这是我走得最臭的一步棋了！”比尔吼道。这种事几次三番地发生过之后，我们就不再下棋了。

·

决定了解决问题的方向后，我迅速地完成了系统控制信号板。系统的薄弱环节是一个有漏洞的联络模块，它妨碍了我编写的程序进行实时检测。直到那年秋天我回到华盛顿州之后，我的程序才审核通过。（而一年多之后的1974年12月，RODS才正式投入使用，TRW的违约金数目未予透露。）在离开之前，我得到了约翰·诺顿的肯定。他是一个具有传奇色彩的系统程序员，突然被指派来负责审核工作。他会拿起一本3厘米厚的清单，一天之内就翻看完，然后“啪”的一声合上。当你去他那里问问题时，他就会闭上眼睛然后答道："看 57 页，你要找的子程序就在那里。"我的程序通过他审查的那天是我值得骄傲的一天。

在不上班的时候，我就忙着赶 Traf-O-Data 模拟器编程进度。PDP-10 的中央处理器有近一吨重，但我的程序要让它表现得像半包口香糖那么大点儿的芯片一样。我的第一个任务是编写一套 30 个左右宏的命令，这些是一种符号指令，用于为 Intel 8008 生成字节。几天后，我快速有效地完成了一个"大脑移植"：PDP-10 编译器还不知道，它现在已经是 8008 的编辑器了。

下一步是创建一个模拟器，这个程序可以使上面的"异形"编辑器实际运行起来。模拟器程序用 PDP-10 的汇编语言写成，模拟微型电路芯片的结构。代码编写进展很顺利，仿佛是我在 C-Cubed 公司和信息服务公司所学到的全部知识把我一路带到这里。幸运的是，我能够在大约 20 个小时的时间里完成鲍勃·巴奈特交代的一周工作任务，接着转头去忙 Traf-O-Data。就这样辛苦了一周之后，我将它搞定了。

第三步也是最后一步，是修改 PDP-10 的调试程序，从而能让比尔在执行过程中中止程序，查找问题的所在。调试程序是一段令人厌恶、难以理解的编码，到处都是"天窗"和"死胡同"。但是 3 周之后，我们就做成了一套无与伦比的 8008 芯片开发工具程序。（我的编程规范快捷有效，微软在 20 世纪 80 年代里都在用，直到微处理器变得更快，能承担微软自己的开发工具程序。）就在我们各自返校之前，比尔完成了交通流量分析程序。我们用假设数据在PDP-10上作测试，用模拟器制成了一个相当好的条线图。剩下的所有工作就是看看比尔的程序能否在保罗·吉尔伯特的 Traf-O-Data 硬件上运行了。

我们的梦想在膨胀，比尔开始大谈开办一家真正的公司，我也有相同的想法，但我更关注于技术层面。我很清楚，价格低廉的计算机将改变未来。但我们能做什么新颖而独特的事呢？它们通往哪个方向？有一次丽塔来温哥华市玩，我带她去了 TRW 公司的微波发射塔，给她解释它的数据传输能力以及它意味着什么。那时我说，很快，全世界的人们都将被高速地连接在一起。

还有一次，我跟比尔在当地一家比萨店吃饭，我有了一个想法，说："如果你能在计算机终端上读新闻，而不是买一份报纸来读，将会怎样？你甚至可以给计算机编程，找到自己想读的文章。听起来很厉害吧？"

比尔答道："算了吧，保罗！一台电传打字机的月租是 75 美元，买份报纸只要 15 美分。哪能比啊？"我被问住了。但我还是止不住幻想将人们通过数字连接起来，可以随时得到信息、即时得到服务的情形。我和比尔后来明确了我们的目标：让每张办公桌，每个家庭都拥有计算机。此时离我们喊出口号还有一段时间，但它的种子——以及我对连接所有计算机构成一个全球网络的想法——就在这个夏天、在华盛顿州温哥华市的商业区和快餐店里种下了。

当我们在 RODS 的工作进行到一半的时候，比尔打电话回家，得知自己被哈佛大学录取了。他对此并不惊讶——他曾参加普特南数学竞赛，与全国的大学生比赛数学技能，他的分数接近最高，从那以后比尔就一直趾高气扬的。我提醒了这位聪明人一下："比尔，你知道的，去了哈佛之后，会遇上一些数学比你好得多的人。"

"不可能，"他说，"绝不可能！"

我答道："那就走着瞧好了。"

我的数学还不错，比尔的数学相当好，而我是凭在华盛顿的经验说的。有一天，我看到一个教授在黑板上写满了谜一般的微偏分方程，看起来就像是埃及第二王朝的象形文字。这是那些你意识到"我真的不懂"的时刻之一。当时我觉得很沮丧，但我承认自己水平有限，做一个通才也不错。

但对比尔来说，就不一样了。在圣诞假期时，我再次见到他，他看起来很郁闷。我问他第一个学期过得怎么样，他闷闷不乐地答道："我的一个数学教授在16岁就拿到了博士学位。”他的课程是纯理论的，作业量多达每周30个小时，比尔竭尽全力却只得了个B。在高等数学上，比尔可能是每十万人里最好的一个，但还有人是百万或千万人里最好的呢，而哈佛就有这样一些人。在哈佛的课堂上，比尔永远都不会是最厉害的。我觉得这件事打击了他的学习动力，最后比尔转去学应用数学了。

那时我们的抱负远在学校之外。12月，比尔和我重新制作了自己的简历。我还不到20岁，却列了下面这些强大的专业经验：熟悉10种计算机、10种高级语言、9种机器语言、3种操作系统。我把自己的职业目标定为“系统程序员”，期望的薪金水平是“无要求”（尽管在后面用括号写上了15000美元），工作地点“不限”。我注明自己可以开始工作的时间是1974年6月1日，这意味着我准备再次离开校园奔赴理想的道路了。我知道自己想要干什么，只是缺少达到目标的切实计划。

当描述我们在Traf-O-Data方面的工作时，我在简历上这样写道：“设计并编写系统，供交通工程师研究交通流量。系统基于Intel MCS-8008微型计算机。软件和硬件设施已经过样机全面测试，将于1974年5月向客户展示产品。”

这个总结是乐观的。是的，保罗·吉尔伯特终于使得喧闹的内存芯片安稳了下来，Traf-O-Data机器看起来相当可靠，在1500美元的预算空间内，这是非常杰出的作品。保罗·吉尔伯特把机器按照PDP-8的样子设计完成，开关和发光二极管的布局都与其相似（内部凌乱而复杂的接线柱和电线就另当别论了）。我们借了学生联谊会伙伴的皮卡把一台电传打字机拉到斯诺夸尔米山口，我在普尔曼把Traf-O-Data固定在厨房洗菜盆旁，接着用前面板上的按键加载了一个小的测试程序，运行成功。但是，我们还无法确定它是否能够运行比尔的交通流态分析程序，因为我们找不到一台合适的读数器来读大尺寸的16列纸带。

在万般无奈之下，我们找到一个当地的发明家，请他设计了一个新型的机械装置，要有一个传导橡胶压送轮，能读纸带的孔。这台装置需要经常上紧，而且很少能够按直线传送纸带，但我们能做的只有这么多了。这年5月，在给西雅图国王郡工程部做演示的过程中，纸带读数器发生了故障，把整个演示弄得一团糟。比尔终于受不了了，花重金从 Enviro-Labs 买了一台更可靠的读数器。“交通流量分析器终于能用了！”我在 1974 年 8 月给里克·维兰德的信中写道。

我们把数据收集的价格定为每天 2 美元，一共找到 3 个客户：2 个靠近西雅图的小县，还有加拿大不列颠哥伦比亚省的一个区。他们把交通流量纸带邮寄到保罗·吉尔伯格家，他把每小时的交通流量打成图表。可是我们的事业刚刚起步，华盛顿州与其他很多州就开始免费为各市提供这项服务。我们并没有轻易放弃，甚至试着把产品推销到南美去（未成功）。根据从 1974 至 1980 年 6 年的税单来看，Traf-O-Data 的总收入是 6631 美元，净亏损 3494 美元。1982 年我们注销了这个活期存款账户，我分到 794.31 美元。那时我跟比尔正在西雅图忙着经营另一家公司①。

现在回头去看，Traf-O-Data 是一个很好的创意，不过商业模式存在缺陷，我们事先都没有做过市场调查。我们没有预见到从市政府手里获取基建费用的难度，也没有预见到他们是多么不情愿从学生手里购买仪器。对比尔而言，Traf-O-Data 的失败起到了另一个“警世恒言”的作用。总而言之，我们的教训是——跟“免费”的东西竞争是艰难的。（比尔把这个教训牢记于心，几年之后他就迷上了一个开源的操作系统 Linux。）

但这失败之中也有积极的一面。Traf-O-Data 坚定了我的信念：微型处理器会很快能够运行与大型计算机相同的程序，而价格更加低廉。展望未来，我为 8008 编辑的开发工具程序为我们的将来打下了极其坚实的基础，迎接下一代芯片的到来。2002 年，我从保罗·吉尔伯特那里买下了那台唯一的 Traf-O-Data 机器，把它安装在阿尔伯克基市的新墨西哥州自然历史科学博物馆的创业馆里。我想向这台不起眼的机器表示敬意，它在微处理器

① 即微软。——译注

软件革新中起到了决定性的作用。

根据我的经验，每一次失败都暗含着下一次成功的种子——只要你愿意从中吸取教训。比尔和我不得不承认，我们的未来不在硬件和交通流量纸带上。我们得找到其他出路。

第六章 2+2=4!

1974年的春季学期里，比尔一直在鼓动我去波士顿。他说，我们可以一起找程序员的工作，波士顿当地有些公司看起来很不错，我们会想出一些激动人心的项目——或是 Traf-O-Data 的拓展或是其他什么新东西；无论怎样，我们都会过得很开心的——为什么不试一下呢？

那时我还在华盛顿州晃荡着，于是打算冒险尝试一下。我将自己的简历投给波士顿地区的十几家计算机公司，并在霍尼韦尔公司得到了一份薪金12500美元的工作。比尔也在这里得到了一份工作。看起来这是最理想的安排了，我们可以一边谋得一份相当好的生活，一边忙自己的事情。然而，在我接受了这份工作准备再次向华盛顿大学请假时，比尔改变了主意回哈佛去了。我猜他可能是受到了来自父母的沉重压力，他的父母传统观念较强。在一封写给里克的信中，比尔说道："他们更赞成我去从事商业或法律工作——即便他们没有明说。"

我还是决定去波士顿了。如果在那里没有结果，我依然能回学校上学。同时，我还能体验一下美国另一个地区的生活，丽塔也答应与我会合。我们的关系变得更正式了，想先同居，预演结婚生活。再说，比尔也在那里，至少我们可以在周末聚一聚。

父亲对此反应不那么热烈。"这份软件工作看起来是件分心的事。"他说，"我不太同意你的决定，但你已经长大了，可以自己拿主意。"8月，在我和丽塔离开的那天，父亲把家里的克莱斯勒擦洗得干干净净，还加满了油。不论父母有怎样的想法，他们总是尽最大努力给我支持。

开车带着女友横跨美国是件冒险的事。我还记得，我们花了很长时间才穿过蒙大拿州，在见过的最大的一场雾里到达新英格兰，最后在波士顿的迂回公路上迷了路。我们在廷斯波罗找到一间便宜的公寓，靠近新罕布什尔州界。丽塔在附近一家半导体工厂找了份工作，我开始在霍尼韦尔上班。巧的是，这家公司在我儿时是生产恒温器的。

如果说数字设备公司是IBM竞争者中的佼佼者的话，霍尼韦尔就是一个大蚕茧，这里的人们打卡上下班，仿佛是在给电话公司工作。霍尼韦尔公司工作压力小、不拘礼节的公司文化是出了名的：不需打领带，午饭时间可以玩桥牌。管理人员的办公室在房子的边缘，安着玻璃窗。房子中间被围起来的大空间是程序员们工作的地方，两个人一个格子间。我的同事们是些好伙计，大都正值30多岁的壮年。他们是真正的软件工程师，但一点儿都不像C-Cubed公司的精英，也不像TRW里的一流雇员。他们没有黑客精神。

我负责做有关通讯协议的活儿，要用通讯协议将霍尼韦尔的多个微型计算机连起来，这是主导运行环境里的一个大项目中的小部件。我坐在浅褐色的隔间里，给一个小众市场的机器编写着缺乏个性的汇编代码，很快就感觉乏味了。相比工作的时候，我在闲暇时间更为快乐，我会用比尔的密码在哈佛大学里到处闲逛，并第一次见到了Unix。这是一个多任务操作系统，源自贝尔实验室并迅速征服了各个大学校园。它用短指令和根目录、子目录文件系统，为Unix提供了一个简易的文件结构方式。它还可以在仅1万美元的硬件上运行。这里是一个平行的计算宇宙，充满了新奇的创意，而它更令我在霍尼韦尔的工作显得陈腐无趣了。

丽塔和我来到新英格兰，只认识两个人。一个是巴特·约翰逊，一个聪明但常惹麻烦的湖畔中学同学，他常向我们暗示自己在给黑手党干活。巴特对付违规停车罚单有一套不寻常的方法：他去买一辆破车，然后到后湾区①里随意停车，直到汽车仪表盘上的小柜里塞满了罚单，当汽车被拖走后（这是免不了的），他就再去买一辆。

另一个人是比尔。10月里，我们把他叫到廷斯波罗一起吃饭，给他和丽塔过生日。丽塔经常发现比尔的有趣之处。在普尔曼，一天晚饭时丽塔烤了一只鸡，她一直瞅着比尔吃。“你看到了吗?”比尔走后，丽塔对我说，“他用勺子吃鸡肉。这辈子我都没见过用勺子吃鸡肉的人。”比尔在一件事上陷入沉思的时候，脑子里就没有了社会礼俗。有一次他向丽塔传授自己的穿衣经——基本上所有衣服都买同一种样式同一种颜色的，这样就可以省去搭配的时间了。对比尔来说，那就是任何套头衫都可以搭配褐色裤子。

这一年11月，我和丽塔搬到了剑桥的林芝小区，这是一片补助住房区，有油布地毯、铁门和大量蟑螂。克莱斯勒汽车开始费油了，我就花290美元买了一辆二手黄色敞篷福特野马。一天早晨，我钻进车里拧动钥匙，没有动静，原来是车的蓄电池被偷了。几天之后，我去西尔斯百货买了一个新的蓄电池回来。我再次打开车盖，这次是发动机没了。鉴于在嗖嗖的东北风里开敞篷车也不合适，我就扔下车不再管它。几周后，停在街上的汽车就被拆得干干净净。

感恩节前，丽塔辞职回西雅图了，她要回华盛顿大学完成学位。丽塔是我的初恋，这也是我第一次真正的恋爱，她走了我很孤独。我更多时间是待在比尔的卡瑞尔宿舍楼里，比尔每晚跟当地的老千们打扑克，从骗局中得到代价很高的教训：第一个晚上赢300美元，第二个晚上输600美元。那年秋天他输了好几千美元，却一直跟我说：“我就要转运了。”我知道他在想什么：我比那些家伙聪明多了，怎么会输?

不工作的时候，我就去思考微处理器的问题。那时已经制造了一些基于Intel 8008的低成本计算机，但没有明显的进展。法国的Micral N在

---

① 后湾区，波士顿上层社会住宅区。——译注。

1973 年以“微型计算机”为品牌投入市场，但只能使用二进制编程且只用于高速公路收费站或海外农业项目。Scelbi-8H 是一个只有 DIY 狂人才能驾驭的机器装备。随着 1974 年 4 月功能更加强大的 Intel 8080 芯片的到来，科技领域似乎准备好一次飞跃了。但作为跳板的通用计算机还没制造出来。

我猜想是否可以利用 Traf-O-Data 的设计来做一台以 8080 为核心的计算机，就能与 PDP-8 匹敌，但比尔发现那行不通。我反驳道：“若是我们能把 100 个芯片串联起来，做出一个比当时的微型计算机便宜但性能更强的机器呢？或者，我们把一堆四位处理器芯片汇合来模拟 IBM 360 的功能却只需其高昂价格的一小部分呢?”

每次我向比尔提出新的想法，都会被他泼冷水。“那需要一大帮人，还得花很多钱。”他会这样回答我，要不就是“听起来真复杂”。他对我们在 Traf-O-Data 的惨痛教训仍然记忆犹新。“保罗，我们不是硬件专家，”他提醒我道，“我们的强项是软件。”他说得对，我的那些想法过于超前，也超出了我们的能力范围，甚至两者都有。两个波士顿的年轻人要在 IBM 的地盘上把 IBM 打败，听起来的确荒谬。比尔对现实的审视防止了我们在胜率很小的事情上浪费时间。

所以，本书开始时所描述的那个 12 月，真正的时机到来时，我的注意力一下子抓住了它。

有人曾说，我们为“牵牛星”编辑的 BASIC 程序很了不起，因为我们没有看见过“牵牛星”，甚至连英特尔 8080 的样品也没见过，而这个微处理器是在“牵牛星”上运转的。我们所做的绝对是空前的。但很少有人知道，我们这样做也是迫不得已。“牵牛星”仅仅是一个简单的盒子，里面有个装了中央处理器的芯片而已。它没有硬盘驱动器，没有软盘，没有地方编辑或储存程序。即使这台计算机符合以上要求，在极耗内存的 8080 上调试程序也会非常慢、非常困难。

其他争着把 8080 BASIC 带到 MITS 来的程序员们都面临一个艰难的

问题，对一些新手来说，他们首先要认识到自己需要一个模拟器，而接下来就是必须在一台大型计算机或微型计算机上把它从头做出来。在Traf-O-Data开发工具软件的帮助下，比尔和我在速度和产出上有着巨大的优势。但我们真的能写出一个 BASIC 解释器吗？

我们的工作分工与做 Traf-O-Data 时一样，我负责编写工具软件、宏汇编程序和模拟器，比尔则主导解释器的设计。编译器是一个将整个文件的源代码转换成汇编语言或机器语言的程序，是内存的吞噬者。与其相比，解释器一次只实时地执行一段代码，把“牵牛星”用户的花费降至最低。那时，4K 内存的零售价格近 300 美元，在 1975 年来说是很昂贵的价格了，但对狂热的计算机爱好者来说，还不至于为此打退堂鼓。这点儿存储空间似乎很局促，但我们相信自己能把一个缩减的解释器塞到这 4K 内存里面去，还要为用户编写的程序留下足够的空间。

我们的 BASIC 程序中还有一大块没有着落——浮点数字代码。这是在用科学计数法①处理较大数值的数字或十进制小数时必须使用的程序。一天晚上，我和比尔在哈佛卡瑞尔宿舍楼的自助餐厅吃饭，那里经常有学高等数学的学生谈论超立方体和五维几何。我正在发牢骚，觉得我得自己去写这个数学程式了。这时一个鬈发的大一新生走过我们身边，尖声说道：“我以前在 PDP-8 上面写过这个。”我们迅速把他“抓”到比尔的宿舍里，讨论我们需要什么样的东西。这就是我们认识蒙特·大卫杜夫的经过。（蒙特商议的费用是 400 美元，以及在 MITS 后续工作的好几千美元。）

难题解决了。我们搬到了位于牛津大街的哈佛大学艾肯计算机实验室。这是一个单层混凝土建筑，里面有一个未被充分利用起来的分时系统。从一开始时间就很紧——原先比尔告诉爱德华·罗伯特我们的 BASIC 程序已经接近完成了，所以爱德华说，他希望在一个月左右的时间里见到

---

① 科学计数法是一种用系数和指数来处理数值很小或很大的数字时的简化方式。比如：$83700000 = 8.37 \times 10^{7}$；$0.0072 = 7.2 \times 10^{-3}$。——译注

成品。而实际上那时我们连一本8080的说明手册都没有。我们随后买了一本手册，马上开工。8080比8008的指令多两倍有余，这就意味着我必须多编写大量的宏命令。但是这两种芯片是基于同一种架构的，所以我的工作流程也无须改变。我要再一次为微处理器芯片把PDP-10软件变成汇编程序。过了一两天的时间，宏命令部分完成了。

我编写的8080模拟器比原先Traf-O-Data上用的那个要大，但从概念上说，它们两个是相同的。跟之前一样，我把PDP-10的调试程序调整了，这样就能在我们的BASIC程序运行过程中中止它并进行检查。在一个程序员的工作历程中，有很多时候，一切都进展得极其顺利，这时你的大脑也会全速转动。对我来说，编写8080模拟器就是这样的一个时刻。我从艾肯的新型视频显示器（当时的行话把它叫“玻璃电传”）——DEC VT05上得到动力。有了高速打字机的帮助，还能在PDP-10的硬盘上存储我们的程序，一个月的时间里，我们就做出了8080芯片的开发工具软件，这是绝无仅有的。8080开发工具程序包又快又好用，一切尽如人意。到现在我仍为这些代码而自豪。

如果说我的开发工具程序给了我们一个很大的优势，那么比尔作为一个程序员的概念性思维就使得我们一直快速向前。我完成开发工具软件的时候，他早已彻底摸清了解释器的结构。我还能想起这样的情形：他一会儿踱步，一会儿坐在椅子上摇晃，很长时间过后，在一张黄色的纸笺上胡乱记下什么，他的手指头被记号笔染得五颜六色的。我的模拟器完成后，比尔就能用PDP-10了。他挪到一台终端跟前，一边摇晃一边凝视着那些纸笺，然后他会疾风一般用他奇怪的指法编写代码，接着重复以上过程。他能一连好几个小时保持这种工作状态。

在编写我们自己的BASIC程序时，我们从以往的设计中借鉴了一些零零碎碎的经验。这是软件界一个不变的传统。语言在发展，思想在融合，在计算机技术领域，我们都是站在别人的肩膀上。几个星期的时间里，我们一直沉浸在工作之中。就目前所知，我们是在编写首个在微处理器上运行的高级程序语言。有时候我们也在怀疑麻省理工学院和斯坦福大学里是不是也有人在做这个，并且将会把我们击败，但很快我们的注意力就从这上面转回编程中来。我们能行吗？我们能把程序做完，完成与 MITS 的协议吗？是的，我们能！我们有活力、有技术，我们正在不顾一切地抓住时机！

我们全天不停地忙碌，到了周末就两班倒。比尔基本上不去上课了；蒙特则在 1 点钟的法语课上睡过头；我也不顾在霍尼韦尔的工作了，只是在下午拖着身子去办公室，在那里待到 5 点，然后回艾肯，一直干到凌晨 3 点左右，接着我把文件保存，睡上五六个小时，然后继续。我们休息的时候会去“哈佛比萨屋”，或去锯南町一家类似于垂德维克餐厅的当地饭馆吃饭。我最爱吃他们的蛋卷和蝶形烹虾。

在深夜编程的时候，我有时会撞上比尔睡在终端机前。他正打着一行编码，接着身子渐渐向前倾倒，直到鼻子碰上键盘。睡上一两个小时以后，他睁开眼睛，斜着眼看看屏幕，眨巴眨巴眼，再从他刚刚停下的地方继续下去——超凡的专注力。

我们 3 个人在如此紧密的工作过程中渐渐培养了深厚的友情。我们的程序是在多用户的 TOPS-10 操作系统上运行的，所以我们可以同时进行操作。我们各自拿着记事本走到房间角落里在上面涂写，比赛看谁能把一个子程序精简到最少的指令。接着一个人会说：“我用 9 行就行。”另一个人回应道：“我用 5 行就行。”曾有一度，在蒙特把他的浮点数学程序铺在地上之后，比尔就趴在这一长条折叠记录纸的旁边，检查是否还能再减少一点。我们明白，每省下一个字节，就能为用户多留一点空间添加他们自己的应用。（今天我们生活在一个与那时不同的世界里，一部普通款的 iPhone 手机就有 16G 的内存——是我们给“牵牛星”编写 BASIC 程序时存储空间的 400 万倍。手写编码也基本上变成了失传的技艺，人们仍在试着让程序更高效便捷，但他们不再在乎一个字节甚至是一兆字节的增减。）

几年之后，当我和蒙特共同回忆起这段往事的时候，他把编程比成小说创作。我想，就我们给“牵牛星”编写 BASIC 程序来看，这是个很恰当的比喻。编程开始时，我们先把情节勾勒出来——编程的方案设计阶段；接下来是把大的问题分成独立的组件，从几百个子程序到它们的相关数据结构，最后还得再合起来，如果有一行代码不合适，我们就得重新编辑草稿。整个过程的核心是，你得一边从整体上把握程序的架构，另一边为每一个小的子程序设计出细节，在总体和细枝末节之间来回往返。这是我曾面对的最苛求、最刺激的脑力挑战。

随着进度的推进，我们的自信心也在增长。有一天，我们准备给“牵牛星”编写输入输出程序，就打电话给 MITS 公司询问电传打字机的信号交换子程序。比尔·叶茨，也就是爱德华·罗伯特的合伙人和首席工程师，对我们说，我们是第一个问这个问题的人。那时我们知道，我们的方向是对的。同时，我们也猜到这份工作一定是我们的了。

一天晚上，在快餐店吃完饭准备回艾肯时，哈佛的校园警卫把我们叫住，要核查我们的身份证件。我们思量着自己的工作对机房里的设备没有造成伤害，再说机房的 PDP-10 也没有被充分利用起来，应该没什么大不了的。不过，我们不知道的是，哈佛大学在跟美国国防部基于机器的使用情况分担它的维护费用。我一直用比尔的账号和密码在这台机器上编写模拟器，消耗了大量的处理器时间。1 月份的账单出来后，哈佛的分担费用显著暴增，对此结果作出最大贡献的学生就是威廉·亨利·盖茨三世（比尔的账号名）。这年夏天比尔前去哈佛的行政委员会接受处分，仅仅得了个轻微的处罚。

2 月底，也就是我们跟 MITS 取得联系的 8 周之后，解释器完成了。这个程序被精简到 3200 字节大小，只有 200 行代码，是一个精致的 BASIC 程序——在如此小的存储空间下，它的功能和速度是无可匹敌的。最近比尔还对我说起，这个程序是“我们最好的作品”。而且，它是一个协作的成果，我估计比尔在其中占了 45%，蒙特占了 30%，我占 25%——但不包括我编写的开发工具软件。①

总的来看，对我们这个年纪的3个年轻人来说，这是个了不起的成就。即使今天再看看这个软件，我相信它也能比得过我们计算机中心公司的导师们所编写的任何软件。比尔和我已经成长为一流的程序员了。

而我们才刚刚上路呢！

在我准备前往阿尔伯克基市时，比尔却担心起来——万一我的宏汇编程序弄错了一个代表8080指令的数怎么办？在PDP-10的模拟器上面，我们的BASIC程序运行良好，但我们不敢肯定模拟器就是完美的。万一有一个字节出了错，都会导致在真正的芯片上运行时发生故障。出发之前的那天晚上，我停下手里的工作睡了几个小时的觉，比尔熬夜拿着8080的操作手册再三检查我的宏汇编程序。第二天早上，在去洛根机场的路上，我停下来拿比尔刚刚打出的纸带，他一副睡眼蒙眬的样子。“代码没问题。”比尔说。据他所知，我的程序是无错的。

飞机起飞了，一路平静无事。就在即将降落时，我突然想起来忘了什么东西：一个引导装入程序。它是一小段指令，引导“牵牛星”读取BASIC解释器并加载到内存。在没有只读存储器的年代，引导装入程序是微处理器必需的东西。没有了它，我公文包里的黄色纸带就毫无价值。我觉得自己很蠢，在艾肯时竟然没想到这一点，在那里我可以从容地在PDP-10上编写一个引导装入程序并进行模拟和纠错。

时间紧迫。离降落只有几分钟了，我抓起一张纸笺，开始用机器语言在上面潦草地写着引导装入程序的代码——没有标注，没有符号，只是一系列八进制的三位数字（Intel芯片的通用语言），每个数字都代表一个字节。这是一个8080的简单指令，是我熟记于心的东西。“手写编码”是一

---

① 在我们嵌入BASIC程序的初始声明中这样描述道：保罗·艾伦编写了非运行时部分，比尔·盖茨编写了运行时部分，蒙特·大卫杜夫编写了数学软件包。——译注

个非常费力的过程，即使编码数量不多也很累人。我用了21个指令把程序写完——不是我最简洁的作品，但我过于仓促了，没时间去追求精致。

我汗淋淋地从机场里走出来，穿着我最正经的商务装——褐色超麂皮夹克，打着领带。爱德华·罗伯特说好来接我，所以我就在那儿站了有10分钟左右，以为会见到一个身穿商务正装的人。一辆皮卡在机场入口公路边停了下来，一个人从车里下来——高大、结实、宽下巴，1.9米多，大概两百五六十斤，他穿着牛仔裤和短袖衬衫，打着蝶形领结——这是我第一次在西部电影之外见到有人这副打扮。他走上前来，用浑厚的声音问道："你是保罗·艾伦?"我看到他黑色的头发在前额上打着卷。

我回答道："是我。你是爱德华?"

他说："来吧，上车。"

在阳光下的公路上穿过这座城市，我心里纳闷这一切是怎么回事。按我原先的想象，爱德华的形象应该是一个来自前沿性企业的高级主管，就像波士顿128号环形公路上高新企业的人们一样，现实却是完全不同的景象。(后来有一次我去阿尔伯克基市，刚下飞机走在柏油路上就被风卷来的草扬了一脸。我后来就没有再去过马萨诸塞州。)

爱德华对我说："我们先去MITS，让你看看'牵牛星'吧。"他开车进入一个靠近州集市广场的低租金商业区，在一个单层的购物商场门前停了下来。考林大楼的正面是砖墙和平板玻璃窗，在1955年还是很现代的样式。一个漂亮的大厅占据了拐角处的一个店面。我跟着爱德华穿过一扇玻璃门，进入一个轻工业场区，里面是MITS的工程和制造部门。经过一条装配线的时候，我看到十几个满脸倦容的工人在将电容和聚酯薄膜电路板装箱。我明白为什么爱德华如此迫切地想要一个BASIC程序了——他对软件兴趣不大，把它看做是"多变的硬件"，但是他也明白，若是"牵牛星"没有一些有用的功能的话，它的销量就不会提升。

我到达的时候，整个车间里有两三台组装的计算机，其他所有工作都是在公司之外完成的。爱德华把我带到一个凌乱的工作台前，台子上有一个天蓝色的金属盒子，深灰色的前面板上印刷着“牵牛星 8800”的字样。“牵牛星 8800”的结构模仿了流行的计算机设计样式，成排的拨动开关用来做输入装置，红色的发光二极管用来做输出装置。它有近 20 厘米高、近半米宽，看起来就像是小一号的 Traf-O-Data 机。如此小的盒子里就装着标准中央处理器的通用型计算机，这实在有点儿不可思议。但我肯定这台“牵牛星”就是货真价实的计算机，唯一的疑虑就是它能否运行我公文包里的纸带了。

在“牵牛星”跟前忙碌的人就是比尔·叶茨，他是一个脸色苍白、沉默的瘦高个儿，戴着金属丝架框眼镜。他跟爱德华站在一起，就像是喜剧二人组的瘦劳莱与胖哈代。叶茨正忙着进行内存检测，以确保为我的程序作好准备。机器的盖子是打开的，所以我看到了它的内部结构。爱德华的“牵牛星”总线后来成了行业标准（即后来的 IEEE 696 总线标准），我眼前就是这个总线，在它的插槽上插着 7 根静态存储卡。这恐怕是当时世界上拥有最多随机存取存储器的计算机了，远远超过我的演示程序所需要的存储空间。计算机连在有纸带读数器的电传打字机上。看起来一切准备都已就绪了。

天色已经很晚了，爱德华建议把 BASIC 程序的演示推迟到明天早上。“一起去吃饭吧？”他说，接着把我带到一家名叫“潘丘”的 3 美元墨西哥风味餐厅，吃了 3 美元的晚饭。吃过晚饭坐回皮卡上时，一只黄蜂飞了进来螫了我的脖子一下。我想，这也太离奇了！随后爱德华说要送我去订好的旅馆住宿，我猜可能是一家汽车旅馆之类的。我只带了 40 美元——一直以来我身上的现金就不多，而好几年以后我才有了自己的信用卡。所以，当他把我带到城里最好的谢拉顿酒店并一路把我领到前台时，我的脸都白了。

“登记吗？”前台的接待员问道，“一晚 50 美元。”

这是我一辈子当中最尴尬的时刻之一。“爱德华，真不好意思，”我结结巴巴地说，“我没那么多钱。”

他只是看了我一眼。我猜，在我来之前，我在他想象中的形象也是另一副样子吧。接着他说道："没事，算在我账上。"

在房间里，我给比尔打电话："他们的计算机已经准备就绪了。"我们既激动又紧张，因为明天一切都将尘埃落定。

第二天早上，我坐在"牵牛星"的操作台前，爱德华和比尔·叶茨胳膊搭在我的肩膀上，我一个字节一个字节地用"牵牛星"前面板的开关加载上引导装入程序。"牵牛星"的开关跟 PDP-8 的不同，PDP-8 是塑料扁平键，而"牵牛星"是细的金属开关，手指的触感很硬。引导装入程序用了大概 5 分钟时间，其间我祈祷着别被人看出我的紧张。"不会成功的。"我不断这样想。

我输入第 21 个指令，然后设置好起始地址，按下"运行"开关。8080 执行引导装入程序的多个步骤时，机器上的灯泡发出扩散状的红光——至少这样看起来像是在运行中。我打开纸带读数器，电传打字机咔咔作响，把我们的 BASIC 解释器传送进去。按照每秒钟 10 个字符的速度，纸带读取过程大概要用 7 分钟。（那个年代，人们会借纸带读取的这段时间去喝点咖啡。）MITS 的人都静静地站在那里。最后，我按下"停止"按钮，把地址重设为 0，把食指再次伸到"运行"开关上面……

那一刻，我心中全无把握。即使比尔进行了再三核查，模拟器程序和解释器也可能存在 1/1000 的纰漏。我按下"运行"开关。不可能一下就成功的，我想。

电传打字机咔咔地动了起来。我呆呆地看着打出的大写字母，简直不敢相信这是真的。

但这行字就在那里：内存大小？

"嘿，"比尔·叶茨说道，"打出字来了！"这是他或爱德华第一次看见"牵牛星"做出内存检测之外的事情，他们都呆住了。我也愣在那里。我们张口结舌地看着机器，过了几秒钟，我把全部 7 条存储卡的容量输入：7168。

“牵牛星”回复道：OK.

到此为止，我肯定我们的 BASIC 程序前 5% 是顺利的，但离最终目标还远。决定性的考验是我们在剑桥期间作为软件期中考试的一个标准指令。这就要靠比尔的核心编码、蒙特的浮点数学程序甚至我的“精简”代码了，作用是将一些单词（如“打印”）用一个字符代替。如果这一步能成功，那么我们的 BASIC 程序大部分就是完美的。若是不行，我们就失败了。

我输入了指令：

打印 2 +2

机器立刻作出回应：

4

这是一个不可思议的时刻。爱德华惊叫道：“天啊，它打的是 4!”爱德华已经负债累累，为这台多功能微型计算机赌上了一切，现在看起来他的梦想就要实现了。他无法相信这个事实：比尔和我没有碰过“牵牛星”的任何硬件，竟然编出了程序！他对此惊讶不已。但爱德华的吃惊程度还比不上我，我都不敢相信我们的 8080 BASIC 程序第一次在真机上运行就如此完美。“牵牛星”的单字节回应，那道经典的初级计算题，都证明了我的模拟器软件是成功的。我狂喜不已，也深深地、深深地松了口气。

“我们拿一个程序来试试看。”我说道，尽量作出若无其事的样子。叶茨拿出一本名为《101 个 BASIC 计算机游戏》的书。这本小手册是数字设备公司在 1973 年出版的。在计算机拥有图形处理能力很久之前，就有了一个基于文本的“登月计划”程序，只有 35 行代码。我们选了这个程序作为测试，我觉得这样会巩固爱德华的信心。我把程序输入进去，叶茨发射“登月舱”，几次尝试之后，成功在“月球”着陆。我们的 BASIC 程序一切顺利。

爱德华说道：“咱们去我的办公室吧。”穿过一个粗糙的门道，我坐在了他的办公桌前。桌子上有一个我见过的最大的橙色玻璃烟灰缸。爱德华是老烟枪，他吸烟时会猛地抽上两三口，然后把烟熄掉，再点上另一支。一次简单的谈话过程中他就能抽掉半盒烟。

“你们是第一个把程序拿给我们的人，”他说，“我想让你们签一个许可，这样我们就能把软件跟‘牵牛星’一起卖出去。合同的条款我们稍后再商量。”听他说着，我止不住咧着嘴笑。一回到酒店，我就打电话告诉了比尔，他对这个消息也是激动万分。我们在做生意，真的。按哈佛的说法，我们有出息了。那一次我归心似箭，只想立刻飞回波士顿去。

在霍尼韦尔，我定期给爱德华打电话联系软件的升级事宜。有一天他突然打断我：“打住，打住。你觉得来新墨西哥州加入我的软件小组怎么样?”阿尔伯克基市对我来说很陌生，我只是最近才知道它不在亚利桑那州。但爱德华开出的薪水是1.6万美元，比我在霍尼韦尔的薪水高很多，而且，我很难拒绝在自己编写的代码上工作的诱惑。另外，比尔和我曾商量过，我们之中应该有个人去那里，一边给客户提供服务，一边监视软件的配送情况。我的来去比较自由，并且是我接到了邀请，所以该我去。

于是我给爱德华回电话说：“我什么时候开始上班?”

我在霍尼韦尔的同事们无一例外地断言我犯了一个大错。他们说，抛弃一个在行业里稳定的公司去一家不够可靠的新兴企业，去遍是沙漠的新墨西哥州卖业余爱好者用的设备，这太疯狂了。“你在霍尼韦尔的工作很保险。”他们不断劝我道，“可以再干好多年。”

我知道这个选择是在冒险，但我对霍尼韦尔的同事们很是失望。我希望听到他们说“祝你好运，年轻人，加油”这样的话。在为我举办的送行聚会上发言时，我恐怕有些失礼了，我是这样说的：“我猜，除了我自己以外，是没有人为我祝贺了。”

第七章　MITS

爱德华·罗伯特比我大 12 岁。这个年龄使他拥有得以第一次见到计算机的优势。20 世纪 60 年代，当他在位于阿尔伯克基市的科特兰空军基地服役时，基地的武器实验室里装备着当时世界上最强大的计算机设备之一——两台数据控制公司生产的 CDC 6600，这是当时运行速度最快的大型计算机。但是爱德华从没有接触过它们，他必须把卡片组转交给别人来处理。“我总是在想，这样不好。”他后来解释道，“我觉得每个人都应该有自己的计算机，我想了好多好多年。”

1969 年，当我在计算机中心公司工作时，爱德华在自己家的车库里创办了一个新公司——微型仪器和遥感系统公司，即 MITS。开始时，公司的业务是火箭模型电子产品，后来转去生产掌上电子计算器。当得州仪器开始大量抛售价格低廉的同类产品时，MITS 几乎要破产。爱德华想到了那个在科特兰空军基地时就一直萦绕于耳的想法：一台真正的、全面运转的（个人）计算机——具有和当时的多用途微型计算机一样的功能。他的“终极设备”——他自编的称呼——一旦完成，将立刻引起轰动，因为市场上没有任何类似产品。

与我一样，爱德华关注着芯片的发展进程。当他得到 8080 微处理器的风声时，马上想办法，在发布日期之前从一个英特尔公司代表手里弄来一些手写的数据单表。通过说明书，爱德华能够看出，这款微处理器的运行速度和能力都足以支持他曾设想过的计算机，并且能够以低于400美元的单价整套出售。为了获得贷款，他向银行吹嘘说能够在第一年里卖出800台机器，这是他个人估计数字的4倍。

《大众电子学》报道了“牵牛星”上市轰动消息的几周之内，来自两千多名客户的预付款订单就涌进了MITS。有人甚至汇款来买这台基本上还属于“概念验证”阶段的机器原型：一个简单的机器，没有键盘，没有显示器，内存只有256个字节。因为那时比尔·叶茨还没有为电传打字机或盒式录音带联合装置设计出接口插件，往“牵牛星”里传送数据的唯一方式就是通过前面板上的开关，一个简单的50字节指令需要几百次毫无差错的设定。但是有些人不在乎，他们想着先把机器买到手，以后再考虑用它干什么。

爱德华办公室里堆放的信快顶到天花板了。在6个星期里，他的银行账户增加了50万美元，公司扭亏为盈。自从MITS的掌上计算器业务溃败之后，公司的职员就从90人裁减到不足20个人，而现在人手已经严重短缺。爱德华发现自己正站在一波浪潮的浪尖上，带给人们长久期盼的科技产品。用MITS的副总裁大卫·邦耐尔的话说，“‘牵牛星’把一种科技解放出来，送到一切有头脑的人手中”。

1975年4月刚过复活节，我就回到阿尔伯克基市，我的身份已经是MITS的“软件开发主管”。在提前支取了两周的薪水之后，我搬到了66号公路上的中央大道旁的“沙子和鼠尾草旅馆”，就在考林大楼对面——这是旅馆的一个“卖点”，因为我没有汽车。（我把克莱斯勒留给了比尔，他后来借给了一个熟人，再后来汽车就杳无音讯了。）

MITS的软件部位于大楼的最边上，与一家真空吸尘器维修点相邻。软件部占地大概100平方米，沿着一面墙的是我们的散客接待处，还有终端机。另一面是一排没有门的小单间，每个单间几乎放不下一张桌子和两把椅子。我选了前面的一间——我有权选择，再说我也没有员工。一个月后，软件部的第二个人来了——盖里·鲁彦，爱德华雇他来编写一个内部会计系统。又过了一个月，我有了秘书。为了避免办公室嘈杂，盖里在打清单时都会把电传打字机推到卫生间去。

我身处一个狂热的时期，所有的人员都忙着接客户电话和整理不断增长的订货单。我来后几天，公司出版了第一期《电脑概述》，主编是大卫·邦耐尔。这是第一本面向微型计算机的期刊。在头版编者寄语上，大卫为软件的到来而欢呼："'牵牛星'BASIC——已经投入使用。"尽管离产品装运还有好几个月的时间，爱德华·罗伯特知道，我们的软件给了"牵牛星"一个战略优势，以压倒那些肯定会随后而来的竞争者们。我们之间的关系是完美共生的——比尔和我从爱德华的配货和营销网络获益；而MITS作为一个经典的创新先行者，因我们的程序员互动型编程语言、专注的技术支持和产品升级而保持领先。

比尔在哈佛为我们的BASIC编辑更为强大的8K和12K版本，我则把时间用在与比尔·叶茨协商或者回答不断增长的客户群提出的技术性问题上面。我为来访的推销员演示机器的运行步骤，还接听数不清的受挫买家打来的电话。要装配一台"牵牛星"计算机很难，在给机器通电之前需要进行一千多次焊接工作。我们的顾客中有一些是工程师，而其他人则是律师、牙医、汽车修理工，没有计算机技术背景。花上几个月时间把机器装配好，又在一个小演示程序上受挫，接着他们就得给我打电话。

顾客：我的"牵牛星"好像不能运行。

我：前面板上的灯都亮了吗？

顾客：是，都亮着。但就是不运行啊。

我：哦，那你得去买点内存。

顾客：啊，对，内存。内存是什么？

这就是问题所在：MITS 的第一批 398 美元的“牵牛星”套件里捆绑了一个小的 256 字节内存卡，而为了增加利润，在以后批次的套件中内存卡没有了。你要是在没有内存卡的情况下启动机器，前面板上的灯就会全亮起来，这可是个不好的信号。我告诉那些可怜的顾客们，他们需要买至少 1K 的静态存储器（一套 176 美元），或一个 4K 的动态存储板（264 美元）。听到我的回答，很少有顾客会生气。他们很高兴有了自己的计算机，不计较这点儿小事，我了解他们的感受。当爱德华送给我一台“牵牛星”让我在家里使用时，我也是激动不已。

有些打电话来的顾客很古怪，一开始就会说：“我的机器有问题，你听——”接下来我听到的就是调制解调器开始拨号，那可怕的尖啸声简直快要刺穿我的耳膜。电话那头继续说：“你听着像是 RS-232 的问题吗?”我告诉他，我的耳朵不能听出机器的故障，接着一步一步帮他分析解决。

艾迪·科里是爱德华·罗伯特的总经理，也是他性情温和的至交。有一次艾迪遇上一个顾客，后者坚持说他的“牵牛星”不能正常运行，因为他跟计算机之间有“个性冲突”。艾迪回答说：“好吧。你觉得我们怎么才能解决您的问题呢?”

顾客答道：“给我换一台跟我更投脾气的计算机。”

哈佛放暑假后，比尔和蒙特也到阿尔伯克基跟我会合。我们在珀特斯公寓楼一楼租了一套两居室的房子，离 MITS 有 15 分钟车程。这是一个中等大小的标准房，地上铺着蓬松的地毯。院子里还有个游泳池，不过我们从来没用过。后来我们又把克里斯·拉森拉进来，他是一个比我们小的湖畔中学学生，最初参与过我们的 Traf-O-Data 项目。比尔和我各占了一间卧室，蒙特和拉森就在客厅的沙发或地板上凑合。

为解决交通问题，我买了自己的第一辆新车——金属蓝色的雪佛兰蒙札两厢车。取车的时候是比尔和我一起去的，我们把它开回家，一路上滑稽透顶。我从没开过手动挡汽车，离合松得太快，于是汽车每走五六米就熄火。换比尔来开，他也好不到哪里去。蒙札是一辆高功率的快车，有V-8发动机和一个小离合器，我每年都烧坏一个离合器。

我整天忙 MITS 的工作，比尔、蒙特和克里斯则慢慢做着我们的 BASIC 程序。我跟本地的学区达成了一笔合算的交易，下午使用他们的 PDP-10，分担分时费用。每当在可靠的 ASR-33 电传打字机上完成当天的编程工作，我们就派一个人去学校办公室，在他们的快速行式打字机上打出程序清单。后来，我们租了一台 DEC 编辑终端设备，将它安装在客厅里。

我们一天之中最热闹的事情是吃饭：弗斯自助餐厅的炸鸡式牛排；鲍德雷尔先生烧烤餐厅的牛肉汉堡，那个时候老鲍德雷尔先生还在掌管烤炉；在怀念西雅图的海鲜时就去海滋客。下班后，我们经常聚在丹尼斯连锁餐厅，有时候我们被编程工作压得实在厉害，经常会吓到餐厅的服务员。我记得有一天晚上，其中一个服务员看着我们一个个脸色苍白，问道："你们是不是在飙车？"

"不。"蒙特回答，"我们编程。"

吃完饭，在回办公室连续几小时编程之前，我们经常去看最新的动作片电影。最后回了家，我就把芬达电吉他插上电源开始弹奏，放松一下。我尝试跟着唱片弹，常常是史密斯飞船乐队或吉米·亨德里克斯。（蒙特喜欢英国的"爱默生、雷克与帕玛"摇滚乐队；比尔演奏 R & B，或扯着嗓子唱弗兰克·西纳特拉的《我的路》。）一天晚上，我在黑暗中躺在床上，有个人推开窗户进了房间，我大喊起来，他逃走了。几天之后，我心爱的芬达吉他不见了。

随着夏天的过去，比尔和蒙特养成了通宵工作的习惯，他们会一直工作到早晨，除非轮到学区那边使用 PDP-10 了，通知他们停下来。我可以想象出比尔在角落里的电传打字机上给 BASIC 程序纠错的情形：草草地翻看着膝盖上的输出清单，噼噼啪啪敲打着键盘。他的生活是二元的，要么是一天喝十几瓶可乐能量大爆发地工作，要么是睡得不省人事。他会一口气干到再也支撑不下去，然后蜷在办公室的地板上，15 秒钟之内睡过去。有时候我早晨回到 MITS，看见比尔一双大脚从他办公室的门道里伸出来，脚上穿着磨旧了的懒人鞋。

同时干着两份同类型的编程工作，周末也要忙，我的日程安排是疯狂的，一天天混成一团，就像下面日记里曾记录的：

> 早上 7:30 下班回家。吃鸡蛋饼。睡觉。
>
> 晚上 4:00 工作。与艾迪和张伯伦会面。想知道专利税的情况。
>
> 6:00 晚饭。
>
> 7:00 工作——整体的东西。找不到笔记本了，在哪儿呢？
>
> 9:45 回家待一会儿。睡觉。
>
> 2:00 睡醒。去工作。往 BAISC 里添加运算表。

这就是我在阿尔伯克基的生活：数不尽的代码，永不够的时间。

1975 年 7 月，我们的 4K 和 8K 版本 BASIC 程序已经能够推出上市了。用手动的复卷机整理订货单时，我需要装进纸带，用手指头勾住复卷机的孔，然后旋转，一不小心就会把手碾进去。看到这些纸带被装箱运走，我们都很激动——我们的智慧结晶，走向全世界了。

在波士顿和湾区，在实验室和霍尼韦尔这样的公司里，微型计算机仅仅被视作一种时尚潮流。但这些怀疑态度并没有影响我们，我们深知这些科技公司是错的，我们是对的，从每天暴增的邮袋就可以证明——那里面装满了“牵牛星”和 BASIC 程序的订单。在阿尔伯克基这栋小而陈旧的楼里，似乎一切都是可能的。

我们唯一的产品是 8080 BASIC 程序，而 MITS 是我们唯一的客户——我们的利益是相关的。几个月了，我们跟爱德华的交易都是基于当初的握手协议，但现在我们想让这种关系正式化。反复计算之后，比尔找到一个当地的律师起草了合同。MITS 拥有为期 10 年的“专属许可权”，可在全世界范围内销售我们 BASIC 程序。作为回报，MITS 需要预先支付给我们 3000 美元，再根据程序版本的不同，每份程序支付 30 到 60 美元不等的专利费。若是客户没有购买机器而只是购买了 BASIC 程序，我们两家五五分成。当我们把 BASIC 许可给 MITS 之外的第三方自主生产的原始设备制造商时（OEM），收益也是五五分成。比尔和我保有我们软件的所有权，所以我们可以自由进行这些交易。

我们的律师在合同中加入了一个条款来保护我们的利益——第 5 款，条目是“公司责任义务”，这样写道：“乙方公司同意尽最大努力将本程序发放许可、推广及商业化，若未尽到以上义务，许可证持有人有足够理由依据终止本合同……”

那年 7 月的一天，爱德华走了进来，手里挥动着合同说：“合同不用看了。我信任你们，马上就签！”

比尔和我面面相觑，尽管我们觉得没有太占他便宜，但这份合同明显是偏向我们这边的。比尔对他说：“你不找个律师帮你看看吗？”

爱德华答道：“不用，肯定没事儿！”

在一个公司的发展历程中，有一些时刻是决定性的。签下这份售卖原始版本 BASIC 程序的合同，对比尔和我来说是重大的转折。接下来需要给我们的合伙公司起个名字。开始的时候，我们考虑用“艾伦和盖茨”，但听起来太像一家法律事务所。我又想出一个“微软”，是微型处理器和软件的组合。尽管微软的写法在后来的一年左右时间里有所变化（包括为期很短的 Micro Soft），但我们立刻感觉到，这就是我们要的名字。“微软”听起来直接了当，字面上就传达出我们所从事的行业内容。

从我们在马萨诸塞州合作开始，我就想当然地认为我跟比尔的合伙人关系应该是五五平分的。但比尔对此有不同想法。“你拿一半是不对的，”他说道，“你在 MITS 有薪水，我在波士顿做 BASIC 时没有薪水可领。我应该拿得多一些。我觉得应该是六四分成。”

乍一听到这个说法，我很惊愕。但我考虑了一下，觉得比尔的提议也不是没有道理。我在业余时间尽自己所能地参与编程，并对自己没能多做一些而心怀歉意。但比尔的付出更有助于使我们的软件“比起我们所知道的其他任何 BASIC 程序而言，每个字节里都有更多的特色”——正如我在《电脑概述》中所写的那样。总而言之，六四分成的提议也许是公平的。

一天，当我路过 MITS 的装货码头时，看到装有 8 英寸软盘驱动器的箱子高高地堆在那里，这是 IBM 出品的最新的存储设备，每个都有 243K（接近 1/4 兆字节）的容量。它可以“让‘牵牛星 8800’运行一个真正的复杂而精致的计算机系统”，7 月份的《电脑概述》上如此评论它。在功能方面，软盘驱动器是个人计算机与微型计算机竞赛过程中向前迈出的一大步——用纸带加载一个 8K 的程序需要 13 分钟，用盒式录音带需要 5 分钟，用软盘只需几秒钟。

但在比尔编写出我们独一无二的 Disk BASIC 程序（名字源自它的初级内部文件系统）之前，用户无缘使用这种新的存储设备。我很着急。暑假就要结束了，我一直在提醒他快点儿开始：“比尔，你返校的时间快要到了，可你一行代码还没写啊!”

“知道，我正在想着呢，”他回答，“我一直在脑子里构思。”

接着又是：“比尔，还有 10 天你就要回去了。你真能完成吗?”

“能，我能。急什么呀!”

马上就是美国劳动节了，比尔抓起 3 本纸笺和 10 支铅笔住进了旅馆。5 天后他带着几千个字节的汇编语言代码回来了，并把它们输入到终端里面。他把写有程序代码的纸笺递给我，说：“行了。纠错的活你们几个干吧，我要走了。”然后他就回哈佛了。

后来，随着公司的发展和成倍增加的管理职责，比尔很少有机会作这样高强度的程序创作，太可惜了——在编程上他有着无与伦比的天分。

1975年9月，我坐飞机去东部视察爱德华·罗伯特的最新市场推广活动。一个名叫迈克·汉特的大学生准备开一辆道奇房车在6个城市间进行为期6个月的产品巡展，名为“移动MITS”。目的是向人们宣传新奇的“牵牛星”。我在亚拉巴马州亨茨维尔市的假日酒店与他会合。迈克在那里支起一个折叠桌，上面摆着3台计算机。6点钟时，60个座位基本上都坐满了。迈克展览的票价是每人10美元，这在当时是电影票价的5倍。观展的人们大都是彻头彻尾的计算机爱好者和工程师，几乎都是同一种形象：口袋保护袋、计算尺、角质架眼镜、平头。我感觉好像穿越回了1962年。

迈克长达3个小时的展示会开始了，整个过程使用的是爱德华公司自己制作的幻灯片：一小时的计算机硬件历史，一小时我们公司的软件介绍，一小时给“牵牛星”。在问答时间结束后，那些工程师们开始亲自试用计算机。“这是个假的模型吗？”一个人问道。迈克立刻运行引导装入程序，在我们4K的BASIC上加载“登月计划”游戏，以此作为回答。心存怀疑的人还会检查我们的桌子底下，看是不是有电缆连着他们想象中藏在隔板后面的微型计算机。他们很难理解这么一个小盒子能运行真正的程序，也不相信竟然可以用一台高端科学计算器的价格买到一台真正的计算机。但当发现一切都是真的时，他们立刻被狂热冲昏了头脑。迈克当天晚上就得到了很多客户。

回到阿尔伯克基市，随着“牵牛星”在投放市场第一年的销售总额达到了轰动性的100万美元，它的雇员总数也扩充到了近100人。我继续调整我们的BASIC程序，尽心尽力地编写用户手册。一位来自华盛顿州的情绪激动的用户给我来信：

> 我曾见过，也用过其他的BASIC程序，但准确地说，“牵牛星”的BASIC程序是我见过的最强大的……你们随机器提供的文件材料，在我看来是顶级的。有对计算机一无所知的用户的部分，有对计算机非常了解的用户的部分，还有针对一般用户的部分，保证各层次的用

户都能理解。

我给比尔打了很多电话，催促他帮我把微软提升到更高的层次。按我的计划，我们的专利税很快就可以在阿尔伯克基给他支持。于是，在 11 月，比尔说服了他的父母允许他从大学里休学。但当 1975 年我们的结算单出来时，我们很是失望——总收入才刚刚16005美元。根据比尔的计算，购买“牵牛星”的客户中只有 1/10 的人购买了我们的 BASIC 程序。这很难理解，因为没了我们的 BASIC 程序，“牵牛星”几乎毫无用处。

最后我们明白了销量如此低的原因。人们有足够理由不买我们的程序。

——他们很多人免费弄到了程序。

这个问题开始于爱德华·罗伯特的价格策略。“牵牛星”的基本套件费用在 400 美元左右，单靠售卖机器仅仅能保证不破产而已。MITS 的钱赚在周边设备上，比如插入“牵牛星”插槽里的内存卡。当 Intel 和得州仪器的内存芯片缺货时，他就找了另一家名为西格尼蒂克的杂牌供货商，而他们提供的芯片相当不可靠。我开始接到客户电话，客户与先前的比起来就不那么友好了。他们买了 4K 的内存卡，可是机器还是不能加载 BASIC 程序。我常看到比尔·叶茨在工程部里因劣质的西格尼蒂克芯片而抓狂不已。大卫·邦耐尔和艾迪·科里在《电脑概述》里讲道：“……在‘牵牛星’上装（这种）4K 内存卡后能正常启动的概率很低，而能继续进行程序运行的概率为零。”

与此同时，在“移动 MITS”和《电脑概述》的鼓动宣传下，一股新的计算机俱乐部潮流来到了。在硅谷的“家酿计算机俱乐部”里，一位名叫史蒂夫·杜皮尔的木匠使“牵牛星”对一台邻近的在电台间调谐的收音机产生电磁干扰而让它“演奏”了一首歌。（杜皮尔的开场曲目是披头士的《山上的傻瓜》。）但“牵牛星”的用户很快就不满足于只是演奏一点儿流行乐了，他们想要我们的 BASIC 程序。然而，既然能大量免费复制，为什么还要去花 75 美元买它呢？

计算机爱好者们经历了一段磨合的时期才接受了“软件是知识财产”这个观点，因为之前几乎没有先例。直到“牵牛星”发售那一年，一个国家委员会才发表声明说，计算机程序“将作者的原创具体化，是受著作权保护的”。那时“家酿计算机俱乐部”还没完全从海特阿希伯里①的嬉皮风气中摆脱出来，俱乐部成员之间免费分享像出自斯坦福大学的极简的“Tiny BASIC”这样的程序，凭什么你们的 BASIC 就收钱呢？“移动 MITS”活动在帕洛·阿尔托市举办时，一个“家酿计算机俱乐部”的成员擅自把我们的 BASIC 解释器复制了 50 份，并在下一次聚会上分发出去。而这仅仅是个开始。

大卫·邦耐尔之前是反战活动家，来自内布拉斯加州的一个报业家族，从不担心搅起一场论战。（后来他成了一位卓越的个人计算机类杂志的发行商，拥有《个人电脑》、《电脑世界》和《苹果世界》杂志。）1975 年 9 月，大卫在《电脑概述》上发文警告：“某些自大，而我认为是愚蠢的客户……在盗用 MITS 的软件”。第二个月的《电脑概述》上，爱德华·罗伯特写道：“任何使用盗版的 MITS BASIC 程序的人，你们的行为使自己等同于一个贼！”但是似乎没有人把他们的警告当真，到这一年结束，我们的版权税收入继续萎靡着。②

“这是不对的！”比尔说，“我们那么辛苦编出的程序，他们这是抢劫！”我也这样认为——一天 18 个小时的付出就这么白费了？恼怒的比尔在 1976 年 1 月的《电脑概述》上写了《致计算机爱好者的一封公开信》，他称自己是“微软的普通合伙人”（这可能是“微软”这个名字首

---

① 海特阿希伯里，嬉皮士的圣地。——译注

② “牵牛星”BASIC 的盗版预兆了今天困扰娱乐业的受版权保护的产品遭到大规模盗版的情况。一旦一首歌、一部电影或一个软件有了数字化版本，就变得易于复制，在今日互联网发达的情况下更是如此。——译注

次以印刷形式出现），解释了我们编写 BASIC 程序的历程，用我们编程所花时间来计算，我们所收取的版权税只相当于每小时不到 2 美元的报酬。

> 为什么会这样？广大计算机爱好者必须明白，你们大多数人偷了我们的软件。硬件是必须花钱买的，软件是拿来共享的。谁在乎编写软件的人能不能得到报酬？
>
> 这样公平吗？……你们的所作所为（使用盗版软件）扼杀了好软件的生机！谁愿意白费力气去做专业工作？……事实是，除了我们没有人在编写个人计算机软件上投入这么多……直接地说，你们的行为就是偷盗！

与大卫或爱德华的警告相比，比尔的言辞并不算过分，尽管如此，他的这些文字还是激起了更愤怒的反应。可能是因为他尖酸的讽刺，或是因为大卫将比尔的这封信在 6 种计算机类杂志上刊行了。南加州计算机协会威胁说要起诉比尔，告他诽谤。《窦卜大夫的电脑健身操与整齿学报》的编辑吉姆·沃伦写道：

> 对比尔·盖茨在信中所提出的担心爱好者们“偷盗”软件这个问题，有一个可行的解决办法。假如软件是免费的，或便宜到不值得人们费心去复制一份，就不会被“偷盗”了。

我们还是没收到来自悔改的侵权者送来的支票，但这次争论已成为氛围渐渐转变的一部分。尽管盗版仍然存在，但终端客户和商业公司都开始接受一个事实：软件就像硬件一样，是有内在价值的。

比尔的《致计算机爱好者的一封公开信》未经爱德华授权就用了印有 MITS 的信纸，爱德华为此大怒。他坚持在两个月后的《电脑概述》上刊登一篇后续文章，文章中比尔坚持“仍然存在的软件偷盗行为”情况的观点，但澄清了自己并非 MITS 的员工。（早先，在比尔向爱德华施压，要求为自己“牵牛星”的软件工作加薪时，后者把他加入了 MITS 的薪工表里。根据 1975 年 9 月 19 日的一份工资存根，比尔一周工作了 40 个小时，得到 90 美元的薪水，合每小时 2.25 美元。）

一段时间里，爱德华和比尔的矛盾似乎一触即发。爱德华尽管只有 30 多岁，却像我们父辈那样。他的 5 个儿子称呼他“先生”，他常以一种父亲般的口吻来威逼你。但没有人能威逼得了比尔，他不会在他认为错的人面前装出一副谦逊的样子。当比尔要拓展许可期限或苛刻地批评西格尼蒂克劣质的存储卡时，爱德华就认为比尔是不顺从的。你能听到他们争吵的声音在整个车间里回荡，这绝对是一个奇观——一个是魁梧的前军官，一个是体重不到他一半的板着脸的天才，两个人针锋相对，谁也不肯让步。

爱德华也很苦恼，他看不惯软件部门那种不断增长的反传统的文化氛围。我们会听亨德里克斯或蓝牡蛎乐队的音乐来刺激神经。除了在阿尔伯克基市留起来的长胡子，我的打扮还是比较传统的：黑色长裤、蓝色衬衫、平底鞋。但是我手下的职员们有相当一部分喜欢随意穿鞋，对胡子、发型和个人卫生也是自有其主张。“你可以把客户带去见保罗。”爱德华常常这样告诉他的手下人，“不过，离软件部的其他人远点儿。”

其实，爱德华和比尔有很多相似的地方。他们都很有紧迫感、很固执，都自认为自己比别人更聪明（这一点常常是对的）。爱德华敬重那些懂革新有创意的人，也知道我们对 MITS 的价值。有一天他把一个老朋友带到我们办公室说：“我管不了这帮家伙，但他们太厉害了，我得留住他们。他们对自己的专业太擅长了！”

就在比尔写《致计算机爱好者的一封公开信》那个时间里，借着“牵牛星”的火暴销售，MITS 搬到了机场附近一个更大的地方，我也升职了，头衔是“软件副总经理”，却不记得曾有过加薪。一个月后，MITS 在玛丽娜机场酒店举办了“世界牵牛星计算机大会”。在这 3 天时间里，阿尔伯克基市无可争议地变成了个人计算机文化的圣地。几乎每个州都有人来参会——甚至有来自日本、中国台湾和澳大利亚等国家和地区的人。他们在这里交换想法，分享快乐。参会的明星人物是泰德·尼尔森，他是一位激进的作家，自行出版了轰动一时的《计算机解放》一书。（尼尔森还是超文本系统的共同发明者。通过超文本系统，一篇文章里的字词可连接到另一个相关页面，在今天的网络上得到了普遍流行的使用。）他把自己激进的哲学思想总结为四句格言：大多数人是傻瓜；大多数权威都是恶毒的；上帝不存在；什么都是错的。

这次大会的成功举办是爱德华·罗伯特事业上的辉煌成就，然而自硅谷传来一个不好的消息：处理器技术公司在酒店里租下一个套房，推广他们更为可靠的静态存储卡，该存储卡可以完美地用在“牵牛星”的开放式总线上。当看到大卫·邦耐尔撕掉处理器技术公司在酒店大堂里的广告宣传时，我意识到，MITS 的竞争对手要比他们预先认为的强大得多。早期的创新者很少能够一路领先，每个人都看到了你的成功之路，也都想复制，有些时候反而是后来者居上。就在《大众电子学》爆出“牵牛星”之后，IMS Associates 公司开始推出他们的 IMSAI 8080 计算机。这台机器是铝制外壳，样式与“牵牛星”相仿，装有商用级的塑料闸门开关、嵌入式前面板，还有一个超好的 20 安培电源。在夏天里，又出现了一些竞争者，如处理技术器公司推出了 Sol 计算机，它有整合键盘和漂亮的胡桃木外壳。除了它们以外，还有十多个竞争者已近在眼前。

爱德华·罗伯特已经不是在独享整个微型计算机市场了。在 1976 年 2 月，一个 MITS 的广告宣称“有更多的‘牵牛星’投产，超过所有其他通用微型计算机的总和”。但当这一年春天 MITS 推出了他们的升级版“牵牛星 8800b”时，已经丢失了很多宝贵的阵地。这一年的年末，MITS 的市场占有率降到了 25%，后面紧跟着的是 IMSAI 的 17%、处理器技术公司和西南技术产品公司各自占8%。对爱德华来说，这个趋势不容乐观，而在我和比尔两个软件业的年轻人看来，机会正在敲门。

1976年4月，微软雇用了公司的首个付薪职员——马克·麦克唐纳，他也是我们在湖畔中学的老朋友了。他也住进了我们在珀特斯的公寓楼里，随后是里克·维兰德。这一年暑假，比尔从学校里回来。一天晚上，他把我的汽车借走了。我正熟睡时，他一个电话把我吵醒："他们把我关在拘留室里，你是我的联系人。"他说，"你能把我弄出去吗？这里太吓人了！"他是在中央大道上超速行驶而被拘留的，执行逮捕的警察费了好些劲才抓住他，把他跟一些醉汉关在了一起。他被这些同屋的人吓坏了，特别是那个坐在他旁边烂醉如泥大吐特吐的人。我要保释他出来，但身上的现金不够，我就去了比尔的房间，在他的梳妆台上抓了一大把零钱，刚好够保释他的。

有时候我纳闷为什么比尔要把车开得那么快，我想这可能是他宣泄的方式吧。他在工作上弦绷得太紧了，需要有一些事来使他暂时停止思考生意和编程。他飙车的行为与高额扑克赌博或极限滑水没什么不同，都是必要的宣泄方式。

"这边的天气很独特，"我在春天时写给家里的信中说道，"天上有太阳，吹的微风却很凉爽——所有的植物都开始发芽了。爸爸一定会喜欢这里的！"但父母若是看到我的肤色，就会知道我其实是没怎么晒太阳的。我的工作既费时又费力，生活里的其他事都耽搁了。我和丽塔决定取消结婚的计划，我才23岁，我还没作好成家的准备。

个人计算机市场正在膨胀，这个月里新的机型不断出现。这一年的后期，我们第一次把软件卖给了第三方制造商：数据技术集团、国家收银机公司、花旗银行、通用电气。所有的交易都是一次性付费，这让我们成为他们机器的BASIC程序独家供应商。我们的策略是，将程序价格压低，低得让硬件制造商不考虑自己开发BASIC程序，这样尤其可以延缓他们进入软件制造业的时机。但在一笔交易中卖给通用电气 5 万美元的软件后，比尔有些后悔了，他在信中这样对我说：

> 我觉得在与通用电气的交易上，我们的价格压得过低了，除非能得到（版权税）保护，否则我觉得对 MITS、对我们都是不利的……我的意思是，我们要做合算的买卖，不需要太多的工作而获得足够多的报酬，同时不与其他 BASIC 程序的买卖显得太不一致。

不久之后，我们把 BASIC 的使用许可卖给了国家收银机公司，获得了 17.5 万美元。即使按照合同，我们跟爱德华·罗伯特平分了这笔钱，我们所收的费用也已足够支付五六个程序员一年的薪水。尽管我们还在依赖 MITS 的市场部门帮忙推广第三方软件，但我们的生意规模正在扩大。随着时间的流逝，当微软成为个人计算机业语言开发公司的龙头，公司的合伙人也开始分工合作，把各自的强项发挥到了极致。比尔专注于法律和合同事宜，兜揽新生意，控制我们的专利许可买卖。无论何时，只要我告知他一种新的微型计算机，他就会大展身手去销售我们的软件。

而我的工作是领导公司的程序员给越来越多的 OEM 客户编写 BASIC 程序，加入功能并负责修改程序。我自己也做了很多繁重的工作，以保证我们软件的出品、使用正常和售后升级。但我最大的责任是为公司把握未来的方向。比尔关注的是未来的市场，我则看得更远一些。从现在算起，半年后甚至是一年后，我们的客户希望得到什么？我们怎么做才能抢在别的公司之前首先到达这个目标？

公司的首要任务是调整我们的“饭碗产品”BASIC 程序去适应那些新的微型处理器，打败那些英特尔 8080 的对手们。这项工作在上一年的秋季，MITS 发布一款基于摩托罗拉公司的新型 8 位芯片的“牵牛星”时就已经开始了。当摩斯太克公司以前所未闻的 25 美元低价发售 6502 芯片时引发了软件开发高潮。对于每一款新型的微处理器，我都在 PDP-10 上编辑一套新的开发工具包，里克则用 BASIC 解释器进行重写。尽管工作很苦，但我很高兴能把公司业务的范围拓展开去。比尔和我的目标是为市场上的所有微处理器提供语言软件。而这些 BASIC 程序的改编版本将成为接下来几年里我们的主要收入来源。

我还不断地将我们的工作推入到其他编程语言范围里去。8 月，我们雇用了史蒂夫·伍德来为 8080 开发一个 FORTRAN 语言编译程序，扩大我们在科学界和工程界的客户群。第二年 4 月份，当我们的 FORTRAN-80 推出的时候，我们就不再是一家 BASIC 程序公司了。我们有了第二条生产线。

1976 年 10 月，我们的公寓里已经容不下迅速成长的微软公司了。我们从一家折扣商店里买来转椅和办公桌，搬到了微软公司的第一个真正的总部——位于中央大街上的一个租用的套房，有 4 个办公室。办公室不大，装修很朴素，但透过窗户经常可以看到壮丽的景观——雷暴从沙漠的峡谷中呼啸而过。

爱德华的 MITS 公司生意越做越难，我们两家的利益互补性也越来越少。为了使微软的收入实现最大化，我们需要将软件尽可能地广泛散布。而在爱德华看来，最完美的方式是只卖给“牵牛星”的用户。当他催促我抓紧把一个落后于日程安排的 BASIC 版本推向市场时，我们的关系变得紧张起来。

“但是软件还有缺陷啊！”我告诉他说，“你不能推出一个有那么多问题的软件，客户会杀了我们的！”我们可能发布得晚了些，但我始终想把我们的软件质量保持在最高水准，然后再推出去。我曾见过杂牌的存储卡给 MITS 带来了什么样的影响，我知道一款劣质产品将永远成为公司声誉上的污点。在一场争吵之后，爱德华让步了。11 月，我从 MITS 辞职，全心投入到微软中来。大概在那个时候，我们在新墨西哥州注册成立了公司，名称使用的是 Microsoft 这种写法。这时，比尔即将真正从哈佛退学，克里斯·拉尔森也回来了。1977 年刚刚开始，公司又租用了 4 间办公室。现在，我们人员齐备、众心凝聚，准备大干一场。

第八章 合伙人

比尔的倔傲不会改变，我也没有办法与他既在一起工作又在一起生活了。是到了离开珀特斯公寓的时候，我跟里克和马克在市郊租了一栋布局不规则的三居室房子，比尔和克里斯·拉尔森在空军基地旁边租了一套公寓。一天，比尔约我出去散步，我猜他肯定是有什么事。果然，在走过一个街区的距离之后，比尔开始谈正题了："BASIC 程序的工作大部分都是我做的，离开哈佛我放弃了太多。"他继续说道，"我该拿得比 60% 多一些才对。"

"多多少？"

"我考虑咱们的分成是 64%∶36% 。"

我又一次纳闷起来。我是一个凡事按逻辑思考的人，所以我试着客观地考虑比尔的提议。他的才能对 BASIC 来说的确是决定性的，他也是我们继续向前发展的有力保障，这些是显而易见的。但我的灵感——将高级语言和微型处理器相结合，或我是多么固执地让比尔也意识到这个想法的前景——这些价值又该怎么计算呢？对我们合伙关系的"财产值"来说，我编写的开发工具软件值多少？我对产品线的管理工作、我日以继夜跟程序员们动脑筋想主意这种种付出又值多少？我本能地想跟比尔杀杀价，只多给他 2 个百分点而不是 4 个。但当时我的心思根本不在这上面，所以我同意了。至少先把这事了结了放一边去，我想。

1977年2月3日，我们签署了正式的合伙协议，里面添加了两个附属条款。第8条内容允许“一个全日制的学生合伙人”享有工作职责的豁免权，设置这个条款是因为比尔可能再回学校上学。另一个是第12条，当合伙人之间的“差异已经无可弥补”时，比尔有权要求我离开合伙公司。

后来，我们之间的关系发生改变之后，我曾想过比尔当初是怎么算出他那时所提出的64%这个数字的。我试着换位思考，重建他的思维模式，然后得到了一个简单的答案，那就是：“我最多能要多少”。我想比尔一定心知肚明，若是他提出二比一的分成比例，我一定不会同意。64%就是他能得到的最多份额了。他也许申明了这个数字是我们各自贡献的反映，但这也暴露了一个图书管理员的儿子和一个律师的儿子的不同。父母教育我的是一诺千金，你说出的话就是对你的约束；而比尔则是更灵活变通的。根据我的经验，他认为一个协议只要还没有签字盖章就是可以重新谈的。在任何商业交易中都存在一定弹性，在双方的底线之间存在一个看起来公平的范围空间，而比尔就是尽量在这个范围里谋求对自己最有利的位置。

1977年个人计算机的发展势头升级了，渐渐远离了那些自制的公司如MITS和IMSAI，转而聚焦在大的名牌公司身上。被称为“1977三巨头”的三个第二代机器在半年时间里被先后推出：苹果公司的Apple Ⅱ、Commodore公司的PET和坦迪公司的TRS-80。它们全都是装配好的开箱即用型计算机，配有嵌入式键盘。Commodore和坦迪还加上了整合的单色显示器和盒式录音带，并以600美元的特价发售。高端的Apple Ⅱ售价是1298美元，易于拓展且具有彩色图形处理能力。（相比之下，一台装配好的“牵牛星8800b”——没有显示器，没有键盘，没有内存卡或数据存储装置——售价是1070美元。）

新型计算机都是塑料构造，带有仿太空时代的设计风格，但这三种机器都没能令我感到欣喜。PET的“孤岛式”键盘很不好用；TRS-80拓展性不好；Apple Ⅱ设计很好，但价格太高且没有显示器。并且，这三台机器发售时都没有将软盘驱动器打包在内。尽管有以上缺点，但它们为消费者提供了更多的机器选择，而且比之前任何计算机都便宜，因而它们的销量都不错。我想，离成套系统机器——更好的成套系统机器的普及已经不远了。同时，随着计算机硬件不断地变得更小、更快、更便宜，它们就需要更好的软件来配合。

我一边追踪着一个月里的计算机趋势，一边也没停止思考即将到来的发展前景以及人们将如何使用其功能。我在 1977 年 1 月的《个人计算》专栏中写道："我认为个人计算机将变成一种人们可以随身携带的东西，一种用于记笔记、做计算、计划提醒、处理成百的个人事务的随身物品。"而此时距离第一款便携式计算机 Osborne I 的出现还有 4 年时间。

几个月后，在一次《微型计算机接口》的访谈中，我的设想更远了一些。在万维网出现前 15 年，我就设想了一个分布广泛而亲密连接的数字化社会：

> 像（Commodore）PET 这样不能连接任何中央网络的计算机，我觉得没什么太大的前途。我觉得家庭主妇们不可能去正儿八经地学 BASIC 编程。我能预想到的是一个家用终端设备，它通过电话线、光纤或其他通信系统连接到一个集中式的网络。在这个系统上，你可以卖车、在别的城市里找房子、查看最近的菜市场里芦笋的价格、查看股票价格……

这种技术还很遥远，我也没有明确使用"连线世界"这个词语，但这是我首次公开提到它。

"1977 三巨头"实际上宣告了"牵牛星"的末日。爱德华·罗伯特是一个有远见的人，但在执行中却存在缺陷：他开创了一种革新却没能让自己的公司保持领导者的地位。更重要的是，爱德华缺少在一个巨大市场里销售时必须具备的冷酷的价格战思维。然而，即使他没有过错，MITS 的寿命也从一开始就注定不能长久。随着微型计算机的功能变得越来越多，爱好者们不断寻找新的应用方式，将微型计算机用在他们的工作当中，如股票经纪人、科研人员、工程师等。并且，随着微型计算机市场变得更有利可图，大公司就开始插手其中了，就像得州仪器公司在便携式计算器产品上所做的那样。苹果的创新能力、坦迪的经济规模、Commodore 的销售网络，这些 MITS 无一可以匹敌。爱德华很快被击败了。

另一方面，对年轻的微软公司里的比尔和我及同事们来说，现在恐怕是最好的时机。三巨头制造商明白自己无法足够迅速地开发出自己的 BASIC程序，当然也不如微软的好。苹果用的是自己开发的版本，但客户抱怨它缺少浮点数学程序，公司最终选择了购买我们的 12K 大的 BASIC 解释器，嵌入计算机的只读存储器中，名为 Applesoft。（随机存取存储器 RAM 可反复使用并且能适应于许多程序，而只读存储器 ROM 只是一个计算机主板上的固定存储芯片。）刚刚入行两年时间，微软已经在微处理器语言上制定了行业标准。在阿尔伯克基市的 KOB-TV 电视台那年春季的一期新闻报道中，一位当地专家惊异于“软件将跟硬件一样值钱了”。我们公司似乎就要兴盛了。直到遇到了威胁，换句话说，我们突然面临丢失主流产品的危险。

随着 MITS 的市场份额渐渐枯萎，爱德华·罗伯特为了保有自己的竞争优势，开始停止对“牵牛星”的竞争者们发放我们的 BASIC 程序使用许可。他宣称自己没有义务把我们的源代码提供给竞争者使用。这对微软来说是个很大的问题，因为爱德华把任何微型计算机公司都视为竞争者。当爱德华决定把 MITS 卖给南加利福尼亚州的一家名为佩特克公司的制造商时，这个问题变得尤其尖锐了，因为在购买 MITS 时，佩特克公司以为自己拥有了我们 BASIC 的所有权。1977 年 4 月，佩特克与 MITS 的收购完成后，爱德华取消了我们两笔第三方销售生意。我们威胁要终止与 MITS 的合同，而 MITS 和佩特克提起仲裁。法官禁止我们在仲裁结束前进行任何关于 BASIC 的销售活动。我们收入的主要来源被切断了。

6 月，微软的流动资金基本耗竭了，比尔和我在律师波尔·曼斯那里准备打官司的材料。每次休庭后，比尔和我就冲到车库里，看看谁能在不被开罚单的前提下首先回到办公室。我的蒙札车速度很快，但比不过比尔的保时捷。我只好用计赢他，比如走像小巷子、停车场之类的捷径。即便如此，每四次比赛我也只能赢一次而已。有一天，开庭前我曾到比尔的车里拿过一份文件。下午休庭后，比尔和我互相望了一眼，点点头——这是我们比赛开始的信号。我从车库里飞驰而出，轻松赢得比赛，却感觉很奇怪，因为整个过程中都没见到过比尔的保时捷。然后我摸了一下身上的口袋，发现他的车钥匙还在我这里。我又回到律师事务所，把车钥匙还给他。比尔摇摇头厌恶地说："你也只能用这招才会赢。"

听证会是很折磨人的。看到佩特克公司的 3 名律师对阵我们这边的 1 个，看到爱德华在我们的对立面作证，这都令我心中不安。仲裁人的倾向每天都摇摆，我渐渐明白，这个人对软件一无所知啊。在诉讼领域，我们的案子确实是一个新事物。在进行了 10 天的听证之后，他决定仔细考虑一下，而没有告知我们何时进行最终裁决。

这个案子的结果将决定很多事情的走向：若是佩特克公司赢得了我们源代码的所有权，微软的 BASIC 就从此结束，我们还将失去最大的收入来源，我们必须重新编写一个 BASIC 程序，或者转到别的软件上去。我们的未来将危机重重。

与此同时，法官对我们 BASIC 程序在仲裁期间的禁制令也使得我们油尽灯枯。到了这一年秋天，我们已经支付不了职员薪水、租金和分时费用了。最惨的时候，我们从比尔的哈佛同学鲍勃·格林伯格那里借了 7000 美元，他得到了德州仪器公司一种新的芯片编写 BASIC 程序。我们欠着律师费，若是官司输了，还要负担诉讼费用。而对方似乎算准要利用他们的资金优势把我们拖垮。我开始考虑他们的策略是否真的会奏效。"我们没有钱了，"一天晚饭时我告诉比尔，"跟他们和解吧。"

比尔答道："这次你一定要听我的。我跟父亲谈过了，他认为我们有很好的机会赢得官司。"我去劝波尔·曼斯律师，他也跟比尔的看法是一样的。所以我就尽量忍住，咬牙坚持。这是比尔反对我的建议时结果最好的一个。11 月，我们的案子已经 7 个月了，仲裁人终于宣布了一份 12 页纸的裁决。我们合同里的那条特别条款，也就是爱德华从未检查过的那些内容，使一切变得大不相同。"证词毫无疑义地表明，MITS 从未真正履行可以看做尽最大努力推销源代码的义务。"裁决中这样说道。MITS 和佩特克公司拒绝我们向第三方发放许可的行为"实质上违背了他们的责任义务……不论在合同的字面上还是理性解释上，都构成了侵权行为"。

仲裁结果对微软是个彻底的胜利。我们与 MITS 的合同被终止了，而佩特克公司负责偿还我们未付的版税。更重要的是，比尔和我重新拥有了我们 BASIC 解释器的所有权。我们想把它卖给谁就卖给谁，不用再跟 MITS 平分收入。我们最大的障碍被铲除了。

不久之后，爱德华从佩特克公司辞职，他向佩特克公司提出一个便携式计算机的设计方案，被否决了。一个公司主管告诉他："我们不是很肯定人们是不是需要桌子上的计算机，但我们万分肯定，人们一定不想要放在膝盖上的计算机。"（像我一样，爱德华的想法虽然很好，但总是过于超前了。）1978 年，TRS-80 卖出 10 万台，Commodore PET 卖出 2.5 万台，Apple Ⅱ卖出 2 万台，IMSAI 卖出 5000 台，而"牵牛星"只卖出了 3000 台。不久之后，佩特克公司为了自己品牌的需要，停止了"牵牛星"的销售。1980 年，佩特克公司关闭了位于阿尔伯克基市的工厂，把生产线挪到了加利福尼亚州。

爱德华找到了另外的事情来干。他在佐治亚州买下一个蔬菜农场，40 多岁时开始去医学院学医，最后成了一名乡村医生。尽管在离开 MITS 之后仍然过着富裕的生活，但他总认为自己被历史遗忘了，因而心怀悲伤。在 1996 年的纪录片《书呆子的胜利——微软发家史》中，他说："我们创造了一个产业，之后却完全被人们遗忘。"但他并未完全正确。爱德华的确推出了第一台真正的商业个人计算机，第一个人们买得起的通用型机器。他曾在微型计算机市场的每个方面都独占鳌头，从出版发行到行业大会到零售网络都是如此。他的思维是无限的，“牵牛星”甚至早在1976年时就设有数码相机接口。

更重要的是，他给两个从大学里退学的年轻人提供了改变人生的契机。

爱德华觉得自己被人们遗忘了，这一点是错的。2010年4月他去世时，《纽约时报》在头版刊登了他的讣告。（照片上的爱德华身穿医生的白大褂，斜靠在一台“牵牛星8800”上。）很久之前我就跟爱德华和好了，他跟比尔也早已摈弃前嫌。爱德华去世前几天，比尔坐飞机过去看他，爱德华还谈起了最新的纳米技术以及他将怎么利用这项技术。直到最后一刻，他的眼光还是看着前方。

仲裁获胜之后，我们连本带息把钱还给了鲍勃·格林伯格，也停止了与 Commodore PET 和 TRS-80 的许可交易。软件许可的固定费用标价是市场无论如何能够承受的，因为没有人确切知道个人计算机将发展成什么样子。我坐飞机到沃思堡市，跟比尔在坦迪公司会合做产品演示。坦迪公司的 TRS-80 在投产前试运行 Tiny BASIC 时很不顺利。我们被带进一间宽敞的办公室去见约翰·罗奇。他是一个直率的得克萨斯州大个子，即将成为坦迪公司的总裁兼首席执行官（CEO），不是个容易对付的人。

“那么，”罗奇慢吞吞地说，“你们两个真能给我的机器提供一个 BASIC 解释器吗？”

“能。”比尔回答，接着他飞快地给罗奇介绍了我们软件的一些独特功能。

罗奇点点头，说道：“那么我得花多少钱呢？”

比尔尽量从容不迫地说道：“5万美元。”

“你还真能吹牛，”罗奇脱口而出，“这是我听过的最大一坨狗屎。”

比尔和我面面相觑，眼珠子瞪得老大。我们曾见识过不少谈判的议价手段，但这个绝对是空前绝后的。后来比尔对我说："是，我的口气是大了点儿，不过不至于用'狗屎'吧?"

尽管如此，我们还是没有让步，最后我们也以这个价格成交了。我经常为比尔唬人的水平而惊讶，他表现得无比自信，连像约翰·罗奇这样的人都无法看出，我们是多么害怕把生意谈崩了。我们在仲裁案上的起死回生就是另一个最好的教训。我们的目标是在进入的任何领域都获得最高的市场占有率，拥有再多的客户都不会嫌多。

无论如何，签下合同后，坦迪公司的生意一直不错。内置了我们的 BASIC 程序的 TRS-80 成了全世界最畅销的计算机，直到坦迪被苹果打败。但我们已经习惯了硬件市场的风云变幻，机器来来去去，好的软件屹立不倒。

没有了 MITS 的工作约束，我感觉自己又回到了程序员的作息规律，经常编程到深夜，分心的事很少，我可以深深地钻到问题里去。然后我会睡上五六个小时，直到第二天接近中午的时候才醒过来。我们办公室的氛围更像是在 MITS，大家听摇滚音乐，随意着装。我们对职员的仪表没那么讲究。有一天当得州仪器公司派人来会面协商时，我们不得不临时找人去外面买了两把会客椅放在接待区里。

"希望你不要工作得太辛苦，"父亲给我写信说道，"你该稍稍悠着点儿，休个假什么的，不然你会累垮的。你该决定买那件漂亮的皮衣了。"实际情况是，我当时既没有时间也没有钱。我继续领着 1.6 万美元的薪水，还有作为合伙人的很低的五位数分成，但跟大多数刚起步的公司一样，我们把这些钱又投到公司运营中去了。距离上次爱德华为我付酒店钱已经 3 年，我还是没领到信用卡。1978 年 2 月，阿尔伯克基国家银行拒绝了我的万事达信用卡的申请，理由是"信用档案不足"。我申诉反驳道："你们一再以这个理由拒绝给我办理信用卡，我特别感兴趣的是，我的宗教信仰到底占多大部分的因素?”(在申请表上的宗教一栏，我总是选择“无”。)

不过基本上钱对我来说不是个大问题，因为需要花钱的地方太少。正如我常常半开玩笑地说的那样，在阿尔伯克基市，我过的是“7-Eleven便利店、加油站、电影院、快餐店”四点一线的生活模式。比尔和我从未错过任何一场大片首映，我还记得《超人》，还有第一部《星球大战》——特别是它史诗般的开场战斗场景。偶尔会有音乐会，像泰德·纽金特或马歇尔塔克乐队，那时我喜欢观察乐队的吉他手的手法，看看自己能跟上多少。也就是这些了。

在租下一间只需步行就能上班的房子之后，我挥霍了一次，给自己添了个家当——Advent牌的投影式电视机，这是此类电视的首款产品，屏幕有24英寸大。比尔常常过来看电视，拳王阿里的拳赛他一场都没落下，边看边跟着电视学拳。其他人则跟我一起看《周六夜现场》①。有时我去找马克玩，他买了一个跟“牵牛星”相仿的前卫产品——Betamax牌的盒式磁带录像机，把挑选的电影和《周六夜现场》都录了下来。我们看史蒂夫·马丁和丹·艾克罗伊德演的《捷克兄弟》，从不觉得闷，丹·艾克罗伊德后来成了我的好朋友。

为了招募人才，我们在爱好者杂志上刊登了招聘广告：微软公司诚聘熟悉APL、BASIC、COBOL和FORTRAN等语言的系统程序员，微软公司是一家微型计算机系统程序界的领头羊公司……

1978年6月，英特尔公司发布了8086芯片，这是当时最快的16位微处理器芯片之一，也是个人计算机技术突破革新的一步。我跟英特尔保持着定期联系，在8086正式推出前就拿到了一份数据表和指令集。那时，在未见到真机只看到工程说明书的情况下编写开发工具程序对我来说已经是老把戏了。

---

① 《周六夜现场》，开播于1975年的娱乐节目。——译注

8080 支持 65535 字节的内存，而 8086 可以支持的内存达到了 1 兆。1 兆——那时，这个数字看起来就是无限大。我看到了强大的文字处理软件的发展潜力，还有大量的动态余量可供改进的视频图形和全功能的操作系统在下面运行。对我来说，未来的微型计算机将变得如此有用且可用，不可避免地将在公司企业里被普遍使用。

尽管尚未有 16 位的计算机，我还是决定不等它出现就提前下手，就像当初针对“牵牛星”一样。我开始在 PDP-10 上模拟 8086 并给这个大的指令集重新编写宏命令。这样，下一代计算机出现了，我们的软件也准备好了。

我们的 8 位程序生意兴旺起来，新的工作不断涌入，我们的供货日期不断延后。比尔总是担心应付不了开支，我们就不断接生意，而忽略了自己的产能无法应付这么多的订单量。大家别无选择，只好更辛苦、更长时间地工作——甚至连比尔的秘书米莉亚·卢博也在周末瞒着丈夫偷偷到办公室里来加班。我们把学区的那台 PDP-10 用到了极致，又换到了丹佛市一台更快的大型计算机上。微处理器控制监控程序（CP/M）是数字研究公司的加里·基尔代尔开发的一种操作系统，现已经渐渐成为事实上的行业标准，在它的帮助下，我的工作变得容易些了。一旦把 BASIC 改编进去，就不需要再为每个新型芯片都定制软件了。

比尔自觉地立志要做“中坚”，这是一个他在哈佛时喜欢用的词。他会大口喝着可乐，在办公室里忙到深夜，第二天上班时身体虚弱、眼睛充血。当他真的撑不下去时，就瞌睡一会儿。米莉亚刚工作那会儿，一个周一的早上来上班，却发现她的老板四肢伸展躺在地毯上。她吓坏了，跑到史蒂夫·伍德那里（史蒂夫从里克手中接任了办公室总经理的职务）大喊大叫：“快来帮忙！比尔躺在地上，好像不省人事了！”

史蒂夫从容地抽着烟斗，说：“哦，他可能是周末在这儿加班了。不用担心，回去工作吧。”

“但是，要是有人找盖茨先生该怎么办？我怎么跟他们说？”

“就说比尔不在，”史蒂夫答道，“这么说也不算撒谎。”

微软的氛围是高压的，因为比尔像催迫自己一样给别人施压。他正在变成一个监工，那种周末潜伏在停车场里看看哪些员工来加班的人。大家已经很辛苦了，所以当比尔再逼迫他们的时候，就会把他们惹毛了。鲍勃·格林伯格有一次从周一忙到周四，4 天时间里工作了 81 个小时，完成为得州仪器公司编写的 BASIC 的一部分程序。当鲍勃这艰苦的 4 天就要熬到头时，比尔跟他交流工作的事，问他：“你明天打算干什么?”

鲍勃回答：“我想明天休息一天。”

比尔说：“你怎么会想要休息呢?”其实比尔真的不明白是怎么回事，他似乎从来都不需要休息充电的。

1978 年时，我们的公司还很小，比尔和我作为公司的决策层也相得益彰。我的风格是尽量听取所有信息，然后作出最周全的决定，有时候甚至是多虑了。比尔喜欢通过激烈的一对一的讨论来明晰问题，他从不羞于激起矛盾和分歧，而在冲突中将问题越辩越明。对他贬损别人，逼着对方为自己辩解的方式，我们有些人很是反感。若是他听到了不爱听的话，就会摇着头挖苦道：“哦，这么说我们要失掉这个合同了，然后呢?”要是有人进度慢了，他常用的口头禅就是：“我一个周末就能编出来!”

若是你的理由不是很充分或碰上比尔心情很差，他就会说出那句经典的损话：“这是我听过的最蠢、最操蛋的事了!”

聪明点儿的程序员会事先找好理由并死死守住，于是他们摆出阵势为程序的编码结构大吵一顿也是很常见的。但在比尔面前，很少有人会坚持到底，因为他聪明，在争吵时还伴有跺脚和身体摇晃，给人的印象是——这就是他的天性。有讽刺意味的是，比尔喜欢别人反驳他，并跟他一直辩论出最好的解决办法。他不会专横地中止争吵，他希望你能打破他的怀疑，他敬重那些能辩倒他的人。因此，即使相对消极被动的人，比如鲍勃·华莱士，也学会了坚持己见，跟老板高声辩论。他们会毫不退让地反驳：“比尔，你说什么？我得给一个语言写出编译器，这是咱们从没做过的，这需要一套新的运行例程！你说你觉得我一个周末就要做出来？你要谁呢！”

这种场景我见过很多次。如果你摆出有力的证据并坚定不移，而且有了数据的支持，那么比尔就会像牌桌上虚张声势的人被戳穿了一样。他会低下头咕哝道：“好吧，我知道你的意思了。”然后他会尝试着跟你和好如初。比尔从不想失去有天分的员工。“要是他们离开了，”他常对我说，“我们的干劲就全没了。”

有些争吵是发生在比尔和我之间，在深夜，一对一的。有个说法是，我们把所有的办公室都安上了门，就是想让我们的争吵声传不到外面。要真是为了这个，那是没有作用的，你能听见我们的争吵声在 8 楼回荡。作为长时间的合伙人，我们的功力是不分伯仲的。比尔在智力上压不倒我，他知道我在科技方面的才能是顶尖的，甚至比他懂得更多，因为科研在我的职责范围内。并且，不同于那些程序员们，我可以在更高的策略点上挑战他。我会先听他说 10 分钟，然后直视着他的眼睛说：“比尔，这是说不通的。你没有考虑到某某、某某和某某。”

我的处事原则是，只要我不同意就不会屈服。于是我们就几个小时不休息地争来争去，直到我也提高嗓门跟比尔一样憋足了气。我讨厌这种感觉。而我的脾气又是除非真正把我说服，否则就不会让步。所以，有时候累坏了，不得不停下来。我记得有一次，我们激烈的争吵似乎没有尽头了，直到我说：“比尔，再吵下去也没什么用，我回家了。”

比尔说：“你不能就这么走了，我们还没商量出头绪啊！”

“不，比尔，你不明白。我很烦，我不想再说了，我得静一静。我要走了。”

比尔跟在我后面出了办公室，穿过走廊，一直走到电梯门前。他还是在说着刚才那句话，“我们还没商量出头绪啊！”电梯门在我们之间关上。

我是一个怒气来去很慢的人，就像沃尔特·马修，而比尔则更像是杰克·莱蒙。我一旦生了气，就会持续几周时间。我不知道比尔是否注意到了我身上的张力，但别人注意到了。有人说比尔的管理风格是微软早期取得成功的关键因素，但我觉得这话说得没有道理——更客气一点、更理智一点的讨论不是更有成效吗？为什么我们非得吵个你死我活呢？为什么不能心平气和地把问题解决了，再往前走呢？

微软就要达到第一个销售额过百万的年度了，我们的公司也扩大了很多，租来的办公室已经不够用了。比尔和我面临一个选择：是留还是走？在新墨西哥州已经3年了，我准备好了离开。我们很难把一流的程序员招到阿尔伯克基市来，这不是一个研究科技的温床。在MITS被卖给佩特克公司之后，留下来的真正意义上的商业原因都没有了。

就我个人来说，阿尔伯克基有很多东西值得我留恋：阳光、气候、清新的沙漠空气。但我是在水和树的环绕下长大的，一个高海拔的沙漠城市不会给我家的感受。我想念太平洋西北地区的绿色，也想家。

比尔来我的房子里讨论把公司搬到哪里去。他坚决反对搬到湾区，他见过硅谷的人们一两年就换工作的涣散军心，这对我们的长期项目是不利的。那么就剩下西雅图了，因为比尔也想家了。我们可以到湾区跟客户会面，坐飞机只需90分钟的时间。西雅图还有雨季，下雨天能让程序员们静下来，不那么心烦意乱。我们商量好，年底租金到期就搬走。

这也就是西雅图如何获得了现在第二大雇主的来龙去脉。

1978年12月7日珍珠港纪念日这一天，微软的全体员工在一个购物中心的二楼拍集体照。尽管那天阿尔伯克基下了一场罕见的暴风雪，微软13个人里仍有11个人来到了皇家前沿摄影室。里克·维兰德正在西雅图给我们找房子；米莉亚的丈夫说她要开3英里车到市区来简直是疯了，她就没来。（米莉亚是这次唯一一个没有跟我们搬到西雅图的员工，不过后来她也搬过来了。）

今天看着这张集体照，我看到的是一群为未来而心盛的年轻人。在波士顿时，比尔和我设想着去做一番了不起的大事，我们都没想到，最后这个愿望竟然在这个偏远的西南部城市里实现了。现在，我们周围有一个真正的团队，我们有坚定的方向感。在短短 4 年时间里，我们取得了很大的成就。

靠近看这幅照片，你会发现所有人都在笑着——这就是当时我们的精神状态。当我谈到微软早年的光景时，很难去解释那时有多么快乐。尽管有时候很滑稽，有时候会争吵，但那时仍是我们人生中最美好的花季。

我要比其他人早两周动身前往西雅图，去把我们为软件开发而买来的大型计算机安置好。我看了地图，找到最近的路线——穿过犹他州、爱达荷州，进入华盛顿州。我懒得费心去看天气预报，结果到达犹他州的四角区①时遇上了大雪，我开着后轮驱动的蒙札车四处打滑。一次我正听着 Earth，Wind & Fire 乐队的音乐时，汽车一下子甩出了公路，吓得我魂都没了。

越是身在逆境，我越是顽强。我把轮胎缠上铁链继续前进。后来，我到达了位于犹他州和爱达荷州之间一个被称为“死亡通道”的山路，这段高速路已经变成了一个厚冰层。我一会儿滑离了路面，一会儿转到了避险车道上，任何一个明智的人这时都会掉头了，可我还是绷紧神经开出了山路，一路上生怕汽车会冲破护栏跌下山去。

我一共花了近一周时间才到达西雅图。到达后，我给大家发出消息，让他们从加利福尼亚州这条路线上过来。他们一路很是顺利，除了比尔——据说他一路上共领到三张超速罚单，其中有两张还是来自同一个警察。

① 四角区，位于科罗拉多州、新墨西哥州、犹他州和亚利桑那州交界。——译注

第九章　软　卡

我在西雅图郊区的贝尔维尤买下了自己的第一栋房子，这是一个有4间屋子的复式当代建筑，房子背面是树林，有很多田鼠。这幢房子里有一扇大型落地窗，还有一个宽阔的露天平台，从这里可以眺望杉曼密斯湖。我把沙发椅安装起来，把大屏幕电视放好，然后把装有激光唱盘和录音带的包裹打开整理。我妹妹暂时搬过来跟我住了一段时间，我感觉自己又像回到家里一样。我把蒙札车卖了，换了一辆马自达RX-7，这辆车速度又快又灵活，开半小时就能到父母那里去吃家里做的饭。生活很美好！

微软在贝尔维尤市区的办公室在先前的几天里暂时只有我一个人，我就把刚买的2020启动了起来，这是一台了不起的机器，是DEC公司生产的最小的大型计算机。对微软来说，购买这台机器不仅是一件值得庆祝的大事，也是我们产能的巨大助力——不用再跟初中学区共用分时机器了，也不会因为别人的操作使用或机器崩溃而干扰我们的工作。新公司的楼层位置跟原先在阿尔伯克基市时一样，在老国家银行的一栋10层楼里的第8层上。我们的办公室数目从原先的10个增加为现在的15个，还有一个不算小的门厅供接待员使用。但我们的走廊里堆满了运来的硬件，所以只能容下一个人侧着身子走过。我的办公室就在比尔的隔壁，我们俩共用一个秘书。

1979年4月，我们的BASIC解释器成为了首个销售额过百万的微型计算机软件产品，在国内外拥有超过30万用户，这个程序在机器上的安装数超过了其他任何简单程序。但我们没有满足于眼前的成绩而驻足不前。一堆8位计算机——有些还是样机——就堆在我们程序员办公室旁的桌子上。我需要把BASIC程序移植到所有这些机器里面，加强微软在高级语言领域的优势。

如果一个硬件公司使用的BASIC程序不是我们公司的，我们就会把它“反汇编”以查看他们是否反向构建了我们自有版权的编码。如果我们的假设被证实了，就会给这家公司发去一封或两封措辞严厉的信，警告他们停止侵权。如果他们使用的编码是来自其他公司，我们就跟他们提出，我们的BASIC比他们的要好上百倍。这是真的，因为我们从未停止努力将软件加入更多性能使它变得更好。

我确信公司的未来将会建立在16位机器上面，就跟鲍勃·奥利尔开始着手设计一个独立的8086 BASIC程序。奥利尔是一个空军退伍军人，实际上是我软件开发方面的代表。我们坚信自己的想法，因为第一台16位的微型计算机还未出现。这年的5月，我接到蒂姆·帕特森的电话，他是一个设计师，在当地一个名叫“西雅图电脑产品公司”的硬件商店工作。他将8086芯片安装在一个处理器板上，搭建了一台样机，正在寻找软件来测试机器。我告诉他说：“把机器带过来吧，我们有这样的软件。”蒂姆是我心中理想型的工程师，卷起袖子就扎到棘手的问题之中。经过几周的调整修补，硬件和软件都运行良好。这是一次很有价值的合作，并将使我们在一段时间后形成更重要的联盟。

这次早期8086的尝试，只是我们试图在日益激烈的竞争中保持领先的例子之一。我们总是害怕被人追上。在西雅图的早先几年里，我总是反复做一个令人不安的梦：比尔和我坐在一架B-17轰炸机的驾驶舱里，在满天的湍流中艰难地保持飞机的平稳。我们没有坠毁，但也始终不能把飞机控制好。而且，飞机上没有降落伞。我们就这样永远被困在驾驶舱里。

日本市场迅速扩大，这在很大程度要感谢我们在东亚的杰出代理人西和彦。他发行了一系列印刷精美的计算机杂志以配合他不休止的微软推销术。1979 年 8 月，在西和彦与日本电气公司（NEC）签下一个大合同之后，比尔和我来到日本以争取更多的生意机会。这是我第一次离开北美，感觉什么都是新鲜的：有木靠枕的蒲团、五颜六色的寿司和日式火锅……

我们先到了神户。西和彦的父母在神户拥有一家女子学校，校园里有一个露天泳池，还有两个跳台，一个 3 米高（对我来说足够了），另一个 10 米高。课间，一群女学生看着比尔爬到高台上跳水。他跳下来了，脚在下头在上，女生们尖叫。比尔在入水时一定是稍微歪了身子，因为当他从泳池里爬出来时，我看到他前胸全红了。一定很疼，但他还不停。比尔一遍遍爬上跳下，每次都引来女生的尖叫。

我们坐高速列车前往东京，在这里我们注意到一种在美国还没流行起来的新兴产业——计算机“超市”。在大仓饭店住下后，我通过客房服务要了一个芥末汉堡。我大咬一口，鼻子立刻像是着了火。我大口喘着气，比尔在一边笑我。这里的芥末都跟美国的不一样。

当我们动身去参加第一次会见时，电梯停了，两个人挤了进来：一位男士，一头长发，戴着像可乐瓶底的眼镜；另一位是女士，留着一头黑色鬈发。这会不会是约翰·列侬和小野洋子？我斜倚在电梯的一侧，尽量装作若无其事的样子，按了一个中间楼层的按钮。电梯停了，电梯门打开，戴眼镜的男人说道：“没人。”现在我认出来了，他就是约翰·列侬。我憋了一肚子话要说，可是脑子却僵住了。到了大厅后，看着那两个人离开了，我对比尔说：“你看见了吗？那是约翰·列侬和小野洋子啊！”

“真的？”

“真的。看，在那边！”

比尔说：“哦，是，可能是他们吧。”比尔跟我不一样，他不是一个滚石乐迷。对流行文化他只是稍微知道一点儿七零八碎的东西，他脑子里想的，第一是软件生意，第二是软件生意，第三还是软件生意。

西和彦是一位很罕见的欧美化的日本企业家，他是一个相当独行其是的人，甚至自己开直升机参加商务会议。他是一个挥金如土的人，欠下巨额外债。（后来一次出行中，他把比尔带到东京一个火车站去看“恐龙”——一个造价1万美元，比例为1∶1，混凝土结构的雷龙，用于宣传新的联合个人计算机格式，微软也分担了造价。这使比尔很不高兴。）西和彦的风格与日本传统的商业文化格格不入，却帮我们在日本打开了包括松下电器在内的很多门路。一个初级技术员在接待处迎接并陪同我们到顶层首席技术官的办公室，他正在那里等着我们。随着电梯上升，这个技术员越发显得局促不安。我问道：“你以前去过顶层吗？”

“啊，没有，从没去过。”他回答。

“你以前见过这位？”

“啊，没有，从没见过。”这个可怜的技术员竟然紧张得满头大汗。

会议室里有两张面对面的大桌子，相隔2米左右。松下公司的十几个人坐在一张桌子上，主管坐在正中，其他人按照级别高低降序排列在他两旁坐下。他们一个个像烟筒一样不停地吸着烟，喝浓咖啡。比尔和我跟西和彦坐在另一张桌子旁，西和彦将向我们补充解释日方的细枝末节。

“那么，盖茨先生，”主管说道，“我们凭什么相信您能按时交货呢？”他们就这样“盘问”了我们4个小时——一个标准的日本谈判流程，他们想确信我们一定会履行诺言。比尔表现得自信而坚定，他又进入了摇晃身子的模式，边晃边说：“这种生意我们跟苹果和坦迪都做过……”竟然没有人在乎他只有23岁。过了一会儿，更技术性更深思熟虑的问题来了，“保罗·艾伦先生，请您来告诉我们，您对个人计算机产业的未来怎么看？”（后来我们都互相熟悉了，他们就叫我“艾伦桑”。）

我们去参观工厂，到了5点，厂房里的空调突然被关掉，音响设备里传出公司的歌曲。西和彦朝我们打了个手势，让我们跟主人站在一起，他们就开始跟着音乐一起高唱起来。唱完之后，我问西和彦，是不是他们要下班回家了。“不，”西和彦回答，“他们还要继续工作到8点，然后跟同事们一起去吃饭，明天很早就要再开始工作。”我想道：这些人工作比一般的美国人努力得多啊！我们怎么才能赶得上？在最大程度上，我们是比不过他们的。消费性电子产品的生产已经开始向美国以外转移了。

每天晚上，我们都会被日本方面的管理人员请客吃饭。他们选的都是欧洲风味的餐馆，对他们来说这是很好的招待了，直到我们最后请求去吃点儿日本食物。临走前，一位日本主管说：“这次商谈很顺利，我要招待你们点儿特别的东西。去艺伎屋还是真正的大餐？你们来选。”比尔看着我，我不用问就知道他要选艺伎屋。但是我说：“一顿不错的晚餐就挺好的。”于是，他在一家顶级饭店为我们 4 个人预定了单间。吃饭时，华丽的生鱼片和各式菜肴流水一般端上来，吃都吃不完，服务也一级棒。当主人拿起账单付账的时候，西和彦变得哑然无语，只是摇了摇头。我意识到一定是发生了什么不寻常的事。离开饭店时，我问他：“这顿饭花了多少钱？”

他想了想，答道：“6000 美元。”

“4 个人吃了 6000 美元？怎么可能？”

“最好的鱼，”西和彦答道，“还有最好的雅座。”饭店之前就派人去东京最大的鱼市挑选出最好的鱼。在东京，品质和私密空间就意味着奢华。

回美国之前，我们去市区一个电影院看了《异形》。我在西雅图时看过一遍，那时，当看到异形从约翰·赫特的胸膛里钻出来的时候，我跟其他观众一样吓得喘不过气。但是在东京，除了我和比尔，没有人发出一点儿声音。后来我问西和彦，观众喜欢不喜欢这部电影。“真是个怪物，”他摇着头说道，“可怕的怪物！”西和彦看起来很恶心的样子——他跟其他人一样都专注于看电影，但他们不表现出来。他们的情绪是内敛的。

在日本，我们亲眼目睹了我们想成为软件语言龙头公司这一志向的巨大潜力。这时候中国还未完全对外开放，韩国还没有进入业界中来，只要控制了日本市场，就等于占领了亚洲市场。回到贝尔维尤，我们办公室大房间的桌子上开始更多地堆满了 8 位的日本机器。这是一个预览，我们要看看个人计算机设计的走向——比如说，一个像 NEC 这样的公司是怎样使产品在彩色图形性能上远超 Commodore PET 的。

日本市场的竞争极为激烈。有一天晚上，我们把一个戴眼镜的工程师吓了一跳——他偷偷溜进我们的办公室，用宝丽来一次成像相机偷拍竞争者的产品照片。还有一次，理光公司的一些代表来访，问我们有什么产品。我们给他们介绍了每种语言的现有软件和一两个尚未完工的产品。他们一直听着介绍，不断地点头，最后说道："我们全都要了。"当他们的样机发生了故障，导致我们不能按时交货时，带头的公司代表变得焦虑不安起来，"艾伦先生，我答应过交货的。"他说道，声音几乎已近呜咽了。此后好几天，他就据守在我们办公室的外面，帮我把软件弄好。他的信誉处于危机之中。

许多日本机器都是非常规的，有着奇怪的键位分布。于是，一个想法开始在我脑中出现。从 MITS 出来后，我相信我们能够做出一个 8 位系统，比其他公司的，甚至包括苹果的都要好，然后把它定制成可以运行我们的软件。西和彦一直在鼓动我们与一家日本企业联手，生产微软商标的硬件产品。他想联系索尼公司，这家公司在电视机和音响器材上广受赞誉，但是没有计算机背景。西和彦想到的是，一台微软索尼计算机将是完全新颖的，是一台真正的多媒体机器，有着当前最高水平的影音功能，这也是我幻想了很多年的。我们公司的消费产品部主管弗恩·拉伯恩很赞成这个想法，但是比尔固执地要远离硬件产业。"那样我们就会跟现在的客户产生利益冲突。"他这样告诉西和彦。那时有五十多家公司购买了我们 8080 BASIC 程序的使用许可，比尔最不想见到的就是把这些客户都变成对手。

我们对公司的信心也在膨胀，这一年夏天，达拉斯亿万富豪罗斯·佩罗提出要用 500 万美元收购微软，被我们拒绝了。我们觉得现在就把公司卖掉套现为时尚早。"我们的结论是，当前仍要保持独立经营。"比尔给佩罗集团的二号人物莫特·迈耶森写信说，"我们看到的公司潜力是，人员将扩大一倍，每年税前收入 200 万美元。"比尔说得很中肯：1979 年微软年度收入是240万美元，我们的员工已经远超先前两倍，达到了28人。

1979年6月，我们第一次去纽约市，参加在那里举行的全国计算机会议。我们在广场酒店顶楼要了一个两居室的套房，这里是往中央公园里扔瓶子的最佳位置。西和彦过来了，他向我们提出一个请求：他有几个日本朋友没有地方住了，问是否可以睡在我们房间里。当然。我们答应了——我们也不想显得那么不讲情分。几分钟后，西和彦领过来6个商务人士，都非常礼貌，他们是来自富士通、东芝和NEC的代表。我给酒店前台打电话，“你们手头上有多少折叠床?”

“6个，先生。”

“好，全搬过来。”

很快有人敲门。门外站着6个吃吃笑的酒店服务员，走廊上6个折叠床排成一线。这可是豪华套房里很少见的服务要求。客厅里摆满了床，中间几乎无法通行。第二天早上起床后，我在洗手间里悬挂的袜子林中艰难穿行，这是我们的日本客人洗完后挂着晾干的。但我们的好心也有了回报，一个日本客人猛地打开他的手提箱，里面满满地装的全是美元。他迫不及待地要买我们的BASIC解释器的软件许可，就直接把现金带过来付定金了。一万多美元啊！收了钱，比尔在他的名片上写了收据。

计算机年度会议是来自IBM和DEC公司的代表展示他们最新的大型计算机和小型计算机的场合，微型计算机公司是展会上的新人，展位被设在了主会场旁边的酒店的小副楼里。原MITS公司里仅次于爱德华·罗伯特的二号人物艾迪·科里去了纽约一家名叫“救生艇协会”的软件分销公司，他邀请我们共用他那3米见方的展位。我们把蒂姆·帕特森带来，帮助我们在他的样机上演示我们的BASIC-86程序。除了我们，再没有哪家公司拥有16位的BASIC程序了，并且我们的程序马上就要投入市场。我感觉很好，直到我在马萨诸塞州的个人软件公司的展位前站住脚。他们正在用一台Apple Ⅱ演示着我在任何档次的计算机上都没见过的东西——一个互动电子表格软件。他们把这款软件叫 VisiCalc。

尽管展位前的人并不多，但这款软件的确吸引了电子行业分析师本·罗森的注意力。他后来成为了康柏公司的风险投资者。本·罗森知道自己正在看着的是第一款“杀手级”应用软件，将会主导市场并重新定义其范畴。第二个月，本·罗森在《摩根·斯坦利电子信》期刊上发表文章，文中这样说道：

> 现在，真正对个人计算机的软件现状心存满意的使用者只是那些爱好者们，他们可以自己编辑程序。但除了专业人士、家庭用户、企业主、教育家等使用的软件之外，几乎没有实用、好用、通用、可靠的软件可供使用。
>
> 进入 VisiCalc——一种全新的软件概念——尽管很难用语言来描述。VisiCalc 从外表来看就是有生命的——几分钟的时间里，一个从没用过计算机的人也能够学会它的编写和使用。你是在用简明的英语操作，但程序会按机器语言去执行。对你而言，整个操作过程是“程序透明”的。你只需要在所谓的“电子黑板”上写下你要做的事——程序就去做了。

罗森还说到，他曾花了 20 个小时用 BASIC 程序完成一个股利贴现的评价模式，而使用 VisiCalc 时，他只用了 15 分钟就做出了一个灵活性更高的版本。“谁又知道呢?”他最后说，“也许 VisiCalc 有一天将成为软件的路标，指引着硬件的发展方向。”

这也是我们的理念，我们相信软件比硬件更有价值。但我们不能坐以待毙，等着有人用新的程序将我们打败。那个时候，商业程序仅仅为像坦迪公司的 TRS-80 Model Ⅱ这样的高端微型计算机而编写，机器销售给自己做数据处理工作的小型公司。苹果计算机也只是被当成运行教育程序或游戏的玩具。一旦 VisiCalc 能让不懂编程的人也可以在 Apple Ⅱ上使用财务模式程序了，所有一切都将发生改变。

在微软，我们有足够的理由推迟进入应用软件的行业，这个领域竞争太过激烈，也过于零散分裂。比尔和我都认为，我们进入一个市场的前提是能做到第一。这时，我们的程序员们都在竭力应付编程语言的合同，很难再向一个新的领域开展业务。尽管如此，当看到 WordMaster 升级成了 WordStar，变成此类产品中第一款被广泛使用的应用软件时，我的心里还是一阵难受。我很清楚，文字处理软件将成为一个主要的收入来源。我们错失良机了吗？

VisiCalc 是又一个警钟。我们对 Applesoft BASIC 收取的是固定费用，所以在 Apple Ⅱ 的销售上我们不能分得利润。更糟的是，我们的其他语言程序是 CP/M 专用的，与 Apple Ⅱ 上所使用的微处理器不相容（Apple Ⅱ 上使用的微处理器是摩斯太克的 6502，英特尔 8080 的劣等竞争对手）。随着 VisiCalc 的销量呈几何数字增长，苹果公司将在这个迅速增大的市场里占有一个巨大的份额，而微软则分不到一杯羹。我们不需要去读本·罗森的文章都能知道，在没有我们的 BASIC 程序时，人们照样可以使用新的电子数据表格程序。

一开始的时候，我们建造微软的前提是生产通用的产品，通用型的微型计算机市场在哪里，我们的产品就在哪里。但随着个人计算机从一个计算机爱好者的亚文化演变成了大众媒介工具，我开始意识到编程语言的重要性很快就要在应用程序面前低头了。除非我们也能设计出自己的电子表格程序、文字处理程序和数据库程序，否则我们的发展前景就危险了。“牵牛星”的经历教会我们的就是，科技界的盛衰沉浮是多么迅速无常。

作为微软的技术主管，我面临着一个更加两难的问题：我们怎么才能将现有的产品移植到 Apple Ⅱ 平台上去？从理论上讲，我们可以用 FORTRAN、COBOL、Pascal 等语言为新苹果计算机开发新的编译程序，但这是好几名程序员数年的工作量。一旦这样做了，我们在将 BASIC 移植到新的 8080 上的过程中，核心生意就会变得人手不足，更何况，8086

芯片马上就要上市了。另外，苹果这边的工作所带来的汇编代码的调试和改良将压给我们新的负担，这是一个代价高昂、劳动密集的工作。总之，业务的全面拓展将使我们面临巨额的支出和分心的风险，对我们这个规模尚小的公司是不利的。这是个两难的问题，需要一个根本的解决办法。

见到 VisiCalc 程序的几个星期之后，坐在史蒂夫·伍德的皮卡后面去吃午饭时，我从脑中闪过的想法中一下抓住一个灵感——这是经过不断的推演和外推而得到的想法：与其重写我们所有的软件，为什么不能把 Apple Ⅱ 变成一个兼容系统呢？若是能设计一个 8080 的电路板，将它插在苹果计算机上，它就能在软盘上运行 CP/M 以及上面我们的语言程序了。通过引入一个 CP/M 兼容型中央处理器，我们就可以免去重写大量代码的沉重负担，至少提前 6 个月进入 Apple Ⅱ 的市场。

事实上，我是把一个软件问题变成了一个硬件问题来解决——极好的捷径，有点儿像是孤注一掷了。刚开始，比尔还担心会不会使我们分心，但他后来同意了——作为微软在硬件方面的尝试，这些麻烦是值得的。

一个发明分为两个阶段：第一个阶段是获取灵感，第二阶段是实现灵感。但第二阶段显得不怎么有趣，只是对其本身来说更具挑战性。我不知道我的想法是否可行，就打电话问蒂姆·帕特森："你能设计出这个电路板吗？"

蒂姆回答："我觉得可以。"几周之后，他拿来一块嵌入了 Z-80 芯片的电路板，也是 8080 芯片的廉价替代品。后面的工作就简单了，解开 Apple Ⅱ 的塑料揿钮，打开机器盖子，将卡片插入连着中央处理器的拓展槽。Apple II 的原厂摩斯太克 6502 芯片仍在控制着苹果计算机的外设（显示器、键盘和打字机），但其他部分就进入了一种假死状态。我们这块所谓的 Z-80 软卡（SoftCard）接管了其中大部分运行职能。我们已经把一台 Apple Ⅱ 变成了一个史蒂夫·乔布斯从未设想过的东西——一台 CP/M 计算机。

蒂姆对Z-80极为了解，软卡的整体设计也出人所料，但让两个微处理器共存是个“噩梦”。改装的机器先是顺利运行一会儿，接着本机的中央处理器就会崩溃，连带着软卡也一起玩完。1980年3月，我们在旧金山举行的西海岸计算机展会上展示了样机。在展会上，我们一直担心它会不合时宜地死机。我现在还能记得史蒂夫·乔布斯在经过我们展位时拧着的眉头。我们闯入了他的Apple Ⅱ私人花园，打开门让整个CP/M软件世界涌了进来。对此，他很生气。

为了根除软卡的故障麻烦，我请来了唐·伯蒂斯，一位对苹果计算机相当熟悉的工程师。我付给他8000美元，让他重新设计软卡。他很快找到了硬件架构上的缺陷。1980年4月2日，我们发表了名为《苹果计算机用户的丰收时刻》的新闻稿：

> 今天，微软消费软件部发布了一款产品，它可以让超过7.5万名苹果计算机用户用上大量的新软件，包括商业软件包……
>
> “大多数可以运行8080/Z80程序的机器售价都在5000美元以上。”微软副总裁、Z-80软卡的发明者保罗·艾伦说道，“听到Z-80软卡发布的消息后，很多商务人士都告诉我说，他们打算把文字处理、会计和统计工作带回家，在家里的苹果计算机上处理。这使得苹果计算机在计算所得税时可以免税了。”

我们把CP/M磁盘和我们的BASIC解释器与软卡捆绑销售，售价349美元。这一年的秋季开始发货，市场呼声很高。如我们所预料的那样，VisiCalc使得苹果的销量暴涨，在其他微型计算机上的电子表格软件出现之前，乔布斯在第一的位置保持了近一年之久，他也很好地利用了这个领先的优势。Apple Ⅱ的销量从1979年的3.5万台暴增到1981年的21万台，仅仅落后于雅达利400/800和TRS-80。它在校园里轰动一时，并在小型企业市场取得极显著成效。

我的发明创造使得微软也分享了胜利的果实。仅在1981年一年里，我们就销售了大约2.5万个软卡，销售额达到800万美元。到1983年效仿者纷纷出现来分割这块利润时，我们的势头仍然强劲。对那些被局限在少数原生应用程序的AppleⅡ用户来说，软卡给了他们一台“二位一体”的计算机。突然之间他们就可以使用数以万计用BASIC、FORTRAN、COBOL语言编写的CP/M兼容程序。另一方面，软卡的出现，让流行的桃树会计软件的所有者桃树软件公司大赚了一笔，没有花一分钱的开发成本就得到了一个全新的市场。当然，我们的新产品也给加里·基尔代尔和他的数字研究公司带来好处。他们在AppleⅡ——这个至今还不对外兼容的机器上卖出的CP/M，比在其他计算机上卖出的都多。

对微软来说，软卡提供了一个进入苹果世界的入口。它给我们的DISK BASIC程序和其他语言程序带来了大量的新客户群。另外，软卡完全改变了计算机的价格策略。先前，从IBM到MITS，每个公司都是把捆绑软件当成计算机的折价优惠。现在我们捆绑了一个造价低廉的硬件，帮助我们销售BASIC和一系列昂贵的软件。软卡就像剃刀，而我们的语言程序是刀片。

在一个非常不景气的年度，软卡为微软带来急需的收入。也许，更为重要的是，它给了我们些许安慰，让我们放弃在8位世界的发展，将精力放到8086芯片上去。之后不到一年时间里，我们与IBM签下了大合同，这个战略目标的转移被证明是微软前途命运决定性的转变。正如1993年比尔接受《史密森人》的采访时所说的：

> 问题是：我们是把这些产品拓展到其他的8位芯片上，比如AppleⅡ上的6502，还是立刻转移目标，开始专注16位的软件？我说，不，我们要做16位的软件。每个人都有点儿失落，因为我们不能把软件卖到这些机器上。这时保罗想到了软卡这个创意，这样就能真正地将我们的英特尔软件运行在这台计算机上了。并且，同时还要发展，赶在别

人前面把我们的资源用在开发 8086 软件上。

我早就开始着手 16 位软件的开发工作了，但比尔对软卡的重要性的看法是没错的。在这种情况下，我觉得我们之间 64% 对 36% 的分成比例有些欠妥当了。比尔在先前已经有了先例，为自己在“牵牛星”BASIC 上所作的突出贡献要求额外的股本，我想，现在也是时候要求增加我的分成了。对分成比率做出稍稍调整看起来是合理的。

但是，当我把想法说出来后，被比尔拒绝了。“我再也不想跟你谈这件事，”他说道，“不要再提了。”

那一刻，我心里有些东西破灭了。我曾经认为，我们的合伙是建立在公平的基础之上，但是现在我才意识到，比尔对自身利益的考虑远远超过其他因素。我的合伙人铁了心去抓住最大的好处，然后紧紧地霸占它，这是我不能接受的。那时，我没有再去跟比尔讲道理，我把嘴边的话收回来，想着：好吧……但是，总有一天我要离开这里。

微软现在统治着 CP/M 8 位编程语言程序市场，软卡使我们在苹果面前有了安全的滩头阵地。随着我们公司的成长，我们越发需要帮助。比尔和我都没有管理方面的经验，我们俩还分别身兼其他部门的职责——比尔负责销售，我负责软件开发。史蒂夫·伍德极好地代理了总经理的职务，但他一样需要负责程序开发的工作。比尔开始意识到公司里需要有个人来帮他处理生意方面的事，就像我帮他处理技术方面一样。他选中了史蒂夫·鲍尔默。鲍尔默是比尔在哈佛的同学，曾在宝洁公司有过市场工作经历，现在斯坦福大学商学院学习。比尔极力把他推荐给我：“史蒂夫是一个非常聪明的人，精力无限。他会帮助我们经营企业，我真的信任他。”

我曾在哈佛见过史蒂夫几面，他和比尔那时关系很近。第一次见到他时，我想：这家伙看上去像个苏联秘密警察一样。史蒂夫有双蓝色的眼睛，眼神犀利，表情冷酷。（随着对他的了解慢慢加深，我发现了他也有温柔的一面。）史蒂夫是那种不会轻易让步的人，这一点倒是跟比尔共事所必需的个性。1980 年 4 月，就在我马上要出差离开时，我同意了给史蒂夫 5% 的公司股份，因为比尔确信如果没有股权，史蒂夫不会离开斯坦福大学来微软。

几天之后，当我出差回来时，发现了一封比尔写给史蒂夫的信。（显然是有人在公司的数据处理公司文字处理系统里发现了这封信，然后把它散播开了。）像戈登·莱顿这样的程序员都十分生气，比尔竟然把公司的股份分给了一个毫无技术背景的人。我也生气了，但是为了另一原因：比尔答应给史蒂夫 8.75% 的公司股份，大大超过了我曾答应的数字。

比尔在我们作为合伙人明确商量过的事情上不顾我的意见，这个行为十分恶劣，而更恶劣的是他故意在我出差时把信寄出去。我给比尔写了封信，通告他我所知道的事情，并作出这样的结论："鉴于以上我所知道的情况，我对雇用鲍尔默先生这件事不再感兴趣。并且，基于以上几点，我认为你这是严重失信的行为。"

比尔知道这次是被抓了个现行，是不可能装装样子就能糊弄过去的。他不敢正视我，只是说道："你看，我们是一定要请到史蒂夫的。多出来的那部分股份从我的股权里面划给他。"我说行。他也就这么做了。

第十章　象棋项目

到 1980 年时，我们已经销售了 50 多万份 BASIC 程序，最终也引起了全世界最大的计算机制造商的注意。在过去几年忽略了个人计算机行业后，IBM 突然意识到对企业平台的迫切需要。“蓝色巨人”知道，他们的大型计算机产品的 4 年开发周期在快速更迭的微型计算机世界里是行不通的。于是 IBM 做了一个与其公司传统大相径庭的决定——寻找外包公司，以便更快速地将新计算机产品投入市场。

微软的辉煌时刻就要来临了。

1980 年 8 月，杰克·萨姆斯带领一个西装革履的团队前来跟我们商谈“象棋项目”——这个代号代表着 IBM 的个人计算机产品。我们说服了他们改变原先做 8 位计算机的计划，转而去做英特尔 8086 芯片的计算机（后来真正选择的其实是价格较便宜但实质差不多的 8088 芯片）。他们要买我们所有的 16 位机器的程序，包括 FORTRAN、COBOL 和 Pascal 语言的程序。除了 BASIC 语言的程序外，其他几种 8086 平台的软件还远远没有准备好。在 IBM 紧迫的时间安排上，全部准备完毕是件相当艰难的事。

接着，在 9 月下旬，萨姆斯问我们是否能够提供一个 16 位的操作系统。我们向他推荐了数字研究公司，我们听说他们早就着手编写一个这样的系统了。比尔给加里·基尔代尔打电话：“我给你介绍了几个人过去，我希望你能好好接待他们，因为你和我在这笔生意上都能大赚一笔。”比尔并没有提到 IBM 的名号，因为 IBM 坚持有最大的自由裁量权以及信息保密，甚至在他们跟我们坐下谈判前我们就已经签署了一份保密协议。

后来基尔代尔承认，当“象棋项目”小组到他那儿的时候，他正在外面出差。他的妻子，同时也是他的生意合伙人，拒绝签保密协议，反而递给了 IBM 一份数字研究公司的文件。这可是跟 IBM 打交道最不该做的事。萨姆斯回来对我们说：“我们不能跟他们合作——光是我们公司的法律部门审核文件材料就要 6 个月的时间了。你们还有别的办法吗？你们自己来做行不行？”

事后，关于“象棋项目”上微软和数字研究公司之间来往的流言铺天盖地。基尔代尔的理由是，IBM 选择跟微软合作是因为微软答应用一次性费用提供一款操作系统软件，而数字研究公司坚持按份收取版税。但是，身为当事人，我知道事情的真实情况：我们想送给数字研究公司一个大人情，但被他们搞砸了。他们把机会放过了。我清晰地记得比尔得知事件结果时有多么恼怒，他简直不能相信基尔代尔把这样一个黄金机会扔了，还把整个项目逼到了危险的境地。

比尔调集我和西和彦召开紧急会议。我们怎么才能让这单生意起死回生呢？沉静了一会儿后，我说道：“还有一个操作系统或许能行。我不知道它有多么好，但我能以一个不错的价格弄到它。”然后我跟他们讲了蒂姆·帕特森和西雅图电脑产品公司的事。他们在这一年的早些时候已经开始发售 8086 机器了，但是获得的商业利润很少，缺少的一环就是操作系统。基尔代尔曾许诺说年初就推出CP/M-86，但至今仍然没有音讯，他的公司缺少典型创业企业的迫切感。没有人知道他的 16 位软件何时才会出现在市场上。

蒂姆·帕特森等得都泄气了。我们的 BASIC-86 在编写程序方面是很好用的，但是他的客户不能熟练使用文字处理或其他应用程序。所以蒂姆拼凑了一个临时的 16 位操作系统，使得公司售出一些计算机，直到基尔代尔出现。（蒂姆后来说道：“要是有人能做出一个操作系统，我们将会非常高兴。如果数字研究公司在 1979 年 12 月推出了他们的操作系统，现在早就是 CP/M 的世界了。”）蒂姆把自己的这个操作系统叫 QDOS，即“快速而肮脏的操作系统”的简称。他将这个操作系统的大小控制在6K。在操作系统快要完成的时候，他把程序名字改成了86-DOS。

蒂姆在自己的软件上步伐强健，我自信地告诉比尔和西和彦这个方案是可行的。尽管我们尚需要把它完成并调整，使它适应 IBM 的个人计算机。86-DOS 会给我们一个好的开端，至少我们有机会试一试。

我刚说完，西和彦就插话说：“我们必须这么干了！”他不停地嚷着。基于我们的 BASIC 程序在日本的销售情况，他亲眼见到了计算机硬件公司对 CP/M-80 的巨大兴趣。微软若是想抓住自己的未来，就必须拥有自己的操作系统。

我同意了。从“牵牛星”BASIC 开始，我们的目标就是制定行业标准并在行业内遍卖许可。现在，一个机会侥幸地落到了我们手里，让我们去创造这个领域内的关键产品。有了 IBM 无与伦比的能力和影响力，我们甚至有可能统一微型计算机软件市场。一个额外的好处是，如西和彦指出的，一个 16 位的微软操作系统也契合了我们的语言开发业务。

比尔则没有表现出太多热情。他不认识蒂姆·帕特森，并且，我们是在跟 IBM——我们迄今最具决定性的生意伙伴——打交道，而我们要把赌注押在一个曾被命名为“又快又脏”的未知数上。但是比尔也意识到，若是我们不能想出解决办法，就可能失去整个合同。所以他同意了。

我给西雅图电脑产品公司的老板罗德·布洛克打电话，谈妥了一个许可协议。我们首先付给他 1 万美元，另外加上每有一个公司买了软件许可再付给他 1.5 万美元。因为目前我们只有一个客户，所以一共需要付给他 2.5 万美元。第二天，由比尔、史蒂夫和鲍勃·奥利尔组成的微软小队与 IBM 在波卡拉顿会面。我们提议由微软负责 IBM 个人计算机的全部软件开发，合同在 5 周之后签订。IBM 共付给我们 43 万美元，分别是：“改写、测试和咨询”工作的 7.5 万美元和磁盘操作系统（DOS）的 4.5 万美元、一批16位语言解释器和编译程序的31万美元。

若是能够自由地给其他制造商发售DOS软件，比尔和我乐得放弃按份收取的许可费，这是我们在“牵牛星”BASIC上的一贯战略。而IBM因之前曾陷入反垄断诉讼的麻烦之中，也愿意接受非排他协议。后来他们因此而受非议，说他们放过了一条大鱼。但在那时，没有几个人看得清这个行业的发展变化有多么迅速。也没有人——包括我们在内——能预见到与IBM的这笔生意将最后把微软变成所处时代最大的科技公司，或者说比尔和我也将变得难以想象的富有。

在回顾我这一生时，我认为我的成功是“充分准备”和“辛苦工作”的结果。是的，我很幸运，能在高中和在C-Cubed公司时得到早期的编程机会，能有一个管理大型图书馆系统钥匙的父亲，能找到比尔这个将我的想法放大落实的合伙人，能与爱德华·罗伯特相识——他买下了我们所有编辑的程序……一切都是那么“恰好”。

但我能把握这些机遇并非出于偶然。IBM第一时间先找到微软，是因为我们比其他人更有远见、更有胆识，推动着微型计算机语言的前沿发展。我跟蒂姆·帕特森有联系是因为我在努力编辑8086的BASIC程序，后来雇用他负责软卡业务。我天性喜欢接近那些跟我一样的人，那些迫切去了解即将到来的事物并尝试着把它变为现实的人。从小时候开始，我就养成了用发展的眼光去思考的习惯。

我工作职责的一部分还保持原样——我仍是公司里的技术骨干。我一直关注《电子新闻》、《计算机设计》这一类的杂志，常常去华盛顿大学的计算机科学图书馆查看任何可能错过的内容。我早就为道格拉斯·恩格巴特的发明而着迷，他曾在1963年发明了一款叫“鼠标”的定位装置。他的工作影响了施乐帕洛阿尔托研究中心（Xerox Palo Alto Research Center，或称Xerox PARC）的技术专家们。这个研究中心将在接下来十多年的时间里在个人计算机领域引领潮流，但其大部分突破都未能引起施乐公司的足够重视，因为施乐对如何利用这些突破毫无概念，浪费了定义个人计算机市场的大好良机。

施乐帕洛阿尔托研究中心是一个有护城河的象牙塔，你知道里面正在发生的新奇事，但无法触及。20 世纪 70 年代末，几个行业杂志透露了一些帕洛阿尔托研究中心的创新成果。甚至在回到西雅图之前，我就提醒过比尔关于图形用户界面（GUI）的事。这是一种全新的用户体验，超越了传统的打字和文字显示，而使用更新颖的交互模式。通过由鼠标连接的图形用户界面，普通人都能直观地使用计算机，它对市场的潜在影响力是不可小觑的。当时微软正忙着做“象棋项目”，但我意识到，在我们的产品目录里，需要有图形用户界面以及图形用户界面应用程序。

不管什么时候，当我给比尔看像 1979 年施乐发表的科技报道《阿尔托：一台个人计算机》这样的文章时，他的反应，就像当初我得知 8080 芯片的消息激动不已向他报喜时一样。“看起来挺有趣，”他回答，“可是谁会去生产这个硬件，以合理的价格推出呢?”阿尔托是一台研究样机，它带来了这样一个大胆的问题：如果你相信摩尔定律，并对目前的工艺水平重新构想，而不去考虑成本制约的话，你会创造出什么？但是，这台机器对家庭用户市场来说价格太高了。对一个像比尔这样的实用主义者来说，整个想法尚欠火候。

他的态度在 1980 年 9 月因查尔斯·西蒙尼的来访而发生了改变。查尔斯是施乐帕洛阿尔托研究中心的主要程序设计师之一，来微软求职面试。比尔当时忙得脱不开身，史蒂夫·鲍尔默就让查尔斯来见我。他是一个说话轻声轻气的人，轻微有点儿匈牙利口音。查尔斯一直做纯研究工作，现在想转做产品开发方面的业务。他知道微软是“那个编程语言的公司”，给我们带来了一些对相关领域的构想。但我更感兴趣的是他在施乐帕洛阿尔托研究中心的工作，我翻看着他的简历文件，被里面的内容深深震撼了。

两个月之前，我在微软的研发策略备忘录上曾竭力建议开发一个“在程序功能、易用性和适应性上都能超过其他同类软件的文字处理程序”。现在我手上拿的就是这样一个东西，至少是这个软件的文字描述。查尔斯是施乐帕洛阿尔托研究中心 Bravo 程序的编程带头人，这个程序是第一款所见即所得的均衡字体文字处理程序。与之前像 Wordstar 这样的程序不同，Bravo 呈现在屏幕上的内容就是打印出来的样子。尽管我暂时还没有理解所有的技术细节，但很显然，我正在看的就是文字处理软件的未来，我面前的这个人就是能带领我们到达这个未来的人。

查尔斯在跟施乐的管理高层会面之后，第二次来到微软。施乐的高层很想留住他，但我想我们一定是说过什么他感觉称心的话，因为他决定加入我们了。“两家公司的区别并不大。”他后来说道，“施乐是一家走下坡路的老产业里的老公司，正慢慢走向衰退。他们不知道问题的答案并不奇怪，可悲的是他们连问题是什么都不明白。”查尔斯的决定令他在施乐帕洛阿尔托研究中心的同事们很是惊讶，他们不相信查尔斯竟然要去一家如此没有名气的软件企业。（6 年之后，微软与施乐两家公司的市值已经交换了位置——到了 2010 年年末，施乐的市值是 150 亿美元，只是微软的 7%。）

这一年的秋末，在签完合同之前，查尔斯邀请我到他的帕洛阿尔托市的实验室里看看软件的演示。当他坐在一台阿尔托机器之前，启动了进程之后，我震惊了——读到一个真正的突破是一回事，亲眼看到它的运转却是另一回事。现在我知道人们对 1968 年恩格尔巴特的“展示之母”的感受了——就像被时光机传送到了未来一样。

阿尔托严格来说并不是一台微型计算机，因为它没有用到微处理器。但在当时来说，它的确很小，它的机壳里面盛着中央处理器，它的硬盘驱动器有小冰箱那么大。桌面设备包括一个键盘，一个监控显示器，后者像一页标准复印纸那么大，高度大于宽度。当时的商业计算机上装的都是低分辨率的显示器，大都是在黑色的背景下显示白色、绿色或褐色的字，而阿尔托的显示器被进行了重新设计。当查尔斯在白底黑字的点阵显示器上打字时，我第一次看到了所有在今天的文字处理程序上司空见惯的东西：不同大小的黑体、斜体和下划线字体，曲线，文本对齐……当查尔斯对文件的部分内容进行“剪切”和“粘贴”操作时，我惊呆了。施乐帕洛阿尔托研究中心在阿尔托机器的宣传上并没有说大话，它的确复制了笔和墨水的灵活性，还具有数字的便利性和速度。

在键盘的一边有一个方形的小盒子，上面有三个按键排成一排——一个机械鼠标。查尔斯挪到一边，让我坐下试一试。我用了一点儿时间使手的动作和屏幕上的光标移动协调起来，但很快鼠标就好像变成了我胳膊的延展物，也就在那一刻我意识到，图形用户界面接口是如何让计算机使用者变得更有效率。

查尔斯开始重新操作机器，他把一个代表文件的图标拖到了代表打印机的图标上面，一台 Dover 激光打印机嗡嗡地运行起来。那时，点阵打印机和转轮式打印机对个人计算机用户来说就是灾星：缓慢、噪声大、经常卡纸，而且只有一种标准字体。但在施乐帕洛阿尔托研究中心这个神奇的世界里，我在几秒钟时间里就拿到了一份与查尔斯在西雅图商谈时的回忆备忘录：“我们的业务是什么？为巨大的市场生产和销售微型系统的软件……”这台打印机就是施乐帕洛阿尔托研究中心智慧的结晶，是施乐这家本质上是打印机公司即将成功推向市场的产品。查尔斯说一台 Dover 打印机售价是 20 万美元，但我们都知道这个价格很快就会降下来了。

查尔斯把我的注意力带到机器后面的一根黄色电缆上，那由几台阿尔托机器通过以太网相互连接而构成的本地网络，是帕洛阿尔托研究中心的又一项专利技术。这台个人电脑的连接有着旧式分时系统的所有优点（一台共用的打印机和一个用做辅助存储器的文件服务器），但没有其原有的缺点（连接速度慢，全网范围的瘫痪）。

“哇哦！”我想，“这将改变一切！”施乐帕洛阿尔托研究中心的成就看起来既令人惊讶又让人觉得合理，人们肯定想要拥有我在查尔斯的实验室里所接触到的一切东西。当然你也能把电脑装上定点装置，或把文件拖到不同的文件夹里，或点下按钮打印出跟书本上一样的纸页。那天下午在帕洛阿尔托的体验就像是一道霹雳——一旦图形用户界面推向市场，计算机将变得司空见惯而系统条理，即使家庭妇女也能学会怎样使用它。那时，我感觉计算机的普及是无可阻挡的了，它们就要变得像电视机一样了。

“象棋项目”是极其机密的，即使行业内部人士也不知道我们到底在忙什么。新年里，查尔斯开始在微软工作，当我告诉他“象棋项目”时，他还以为是弗恩·拉伯恩的一个消费游戏产品，并未被打动。“我们得专心才行。”他说。接着我告诉了他 IBM 进军个人计算机市场的行动。

“这就是另一回事了。”查尔斯同意道。

我们在“象棋项目”上嘴巴极严，甚至都不提这家著名公司的名字。我们把它称为 HAL，模仿《2001：太空漫游》里电脑的称呼。（电影迷们都知道，HAL 其实是 IBM 的三字母在字母表上前一个字母的组合。）但我们还需要更高一级的保密措施——当这一年的复活节前后 IBM 的个人计算机样机运抵我们办公室时，我们把它锁在了一间没有窗户的小密室里，锁和钥匙的管理也极其严格，只有少数几个人可以见到它。

微软有 1/3 的员工在做“象棋项目”的部分工作，但核心开发工作是在这间密不透风的 10 平方米见方的空间里展开的。我的直接职责是编辑 BASIC-86 程序。为节省机器有限的内存，IBM 指导我们将 BASIC 程序嵌入到机器的只读存储器里。尽管在做苹果的 Applesoft BASIC 时，我们曾有这样的经验，但我还是紧张得要死。修复只读存储器芯片故障的唯一方法就是回收计算机，要是我们的 BASIC 程序有纰漏怎么办？我知道你不会推出一款复杂的第一代软件，让数以万计的用户粗手粗脚地摆弄而不出问题。

我有了一个全新办法：插入 100 个或更多个“钩链”，这样 BASIC 编码的任何部分都能从软盘上进行修补和升级。（打个比方就是，在一本书的关键章节处贴上开口的信封，可以往里面添加内容或改动，而不需要重新印刷整本书。）这些“钩链”成了救星。

为了确保DOS能够通过IBM的检测，我选择了稳重的鲍勃·奥利尔来做这项工作。他将确保蒂姆·帕特森的DOS能与IBM样机的基本输入/输出系统①"和谐相处"。在我们的密室里，除了IBM的样机，还有一个蓝色的盒子，是一台ICE-88英特尔电路仿真器，用于加快纠错的诊断设备。这两台机器发出巨大的热量，鲍勃和我即使身穿短裤和T恤都大汗淋漓。密室对面是一间未使用的屋子，现在由比尔的朋友安迪·埃文斯坐在那里——他是一个情绪无常的股票经纪人，只需要一张办公桌和一个办公电话。每当市场行情与他的计划相违，他就会尖叫着把电话摔在墙上，这些动静令隔壁的我们心烦不已。

我们的生意伙伴是以不容忍期限变动而闻名的，所以我们的工作以突击进度进行着。我们会连夜将当天的进度快递到波卡拉顿的IBM那里进行测试，但如果一天的工作出了小问题而没有成果，我们的某个程序员（我也不知道是谁）就会在送出软盘之前"不小心"把它格式化了。当IBM打电话来抱怨说为什么收到一张空白的磁盘时，他就为工作"失误"而道歉，然后在下次发货时把软盘发出去，以争取时间。

IBM古怪的样机是个大麻烦。鲍勃一直在重新焊接松动的线路，可就是找不到故障的根源——是硬件的问题还是软件的问题？宝贵的时间正在流逝。更多的时间耽误在IBM苛刻的检验协议上，鲍勃花了大量令人沮丧的时间忙着填写表格。（我们开玩笑说，IBM的口号应该改成"好的产品源于好的文书工作"。）

原定于1月中旬的DOS和BASIC交付日期迫在眉睫，我们开始担心，若是IBM不能按计划进行8月的产品展示，他们可能会终止与我们的合同。有传言说在日本已经有一个技术团队准备在我们失败时接管"象棋项目"。1981年1月19日，鲍勃给IBM的一位经理帕特·哈林顿写信，表达

① 基本输入/输出系统（BIOS），控制计算机的键盘和显示器的嵌入软件。——译注

了我们的忧虑：

> 微软仍竭尽所能将86-DOS和BASIC在样机硬件上运行，但由于IBM所提供的硬件和软件存在某些问题，我们仍未取得成功进展……以上种种问题将使我们的进度落后几周的时间。

6天之后的晚上，鲍勃把软件启动并运行起来了。第二天早上，他把这个消息告诉了我。听到消息的那一刻，我感到从未有过的宽慰。我们还要调试，虽然IBM送来的打印机也不能正常运行，但是我们知道已经接近成功了。5月1日，蒂姆·帕特森离开了西雅图电脑产品公司，加入了我们的工作。他是我们急需的援军，因为他熟知86-DOS的一切。

这一年春季末，比尔和西和彦再次去了日本。在整整一周的时间里，他们被日本的计算机制造商缠着要16位的操作系统。除了一家行业杂志曾漏了点儿口风之外，"象棋项目"还保持着绝密状态，而对我们正在西雅图开发的DOS，比尔也不敢透露丝毫消息。即便如此，他们此次访日的成果也是显著的。微软最好的东西显然不是我们特别为IBM个人计算机提供的产品，真正的金矿是我们称为MS-DOS的兼容系统——可以以微软的名义在世界范围内反复售卖，卖给那些跟在IBM之后进入16位市场的公司。一边是日本市场的狂热追逐，另一边是IBM引发的国际连锁效应，我们开始意识到，MS-DOS将会是全世界个人计算机技术的顶梁柱。

所以，对我们来说最重要的是尽可能掌握DOS的所有权利。6月，我再次找到西雅图电脑产品公司，修改我们对86-DOS的协议，我们打算用3万美元买下所有的未来版税。罗德·布洛克反对，他提出15万美元卖给我们独家专利权。我提高了条件，用5万美元买下专有权，并提出买断交易，附加了一个很讨好的条款：给他提供16位语言程序的升级。这就是1981年7月27日布洛克和我签下的销售协议内容。这个合同给未来的微软打下了坚实的基础。我知道这是个很好的主意，一个没有牵连关系的DOS将会是一笔极有价值的资产。但我不敢说当时就知道它将会有多大的价值。

正如我在不久之后的一份证词里所说：

> 比尔固执地认为，我们应该签一个销售协议合同……比尔认为我们应该对产品拥有完全的所有权和支配权……他觉得，如果你想控制并从一个产品的开发中得到收益，拥有它比接受许可更好……说这样各个方面才会更加明朗……

若是布洛克知道IBM的事，他无疑会抬高要价，当然我们也会增加报价。但他是乐于出售86-DOS的，他因为经济不景气，缺乏流动资金而苦闷，没有人强迫他卖出86-DOS。布洛克优先考虑的是，通过在新计算机上捆绑一个可靠的操作系统以增加硬件的销量。随着计算机产业进入下一个个人计算机的时代，西雅图电脑产品公司不会成为IBM的合作伙伴，这是不可能的。①（IBM的个人计算机推出之后第5年，布洛克的日子过得不好，就一纸诉状把微软告上了法庭，试图取回他卖给我们的操作系统的掌控权。考虑到陪审团意见的不确定性，微软选择了和解。）

1981年8月12日，IBM的个人计算机正式发布，并提前日程于11月开始发货。每个人都期待着IBM的个人计算机有良好的表现，但没有人预计到它如此迅速就控制了个人计算机市场。4年的时间里，除了苹果计算机之外，任何与IBM个人计算机，与MS-DOS标准不相容的微型计算机都走上了末路。

我当然为自己的团队而自豪。MS-DOS快速成长为公司的坚定基石，它也非常令人满意地在交付市场后起到了核心作用。我也同时为86-BASIC而

① 这年夏天的早些时候，当我们还在按照非排他性合同销售86-DOS时，艾迪·科里代表救生艇协会软件公司找到布洛克。根据科里的说法，他要用25万美元买下所有微软不曾掌握的86-DOS权利。但布洛克选择了继续跟微软合作——他不想跟比尔对立，也不想失去他长期而便宜地获得微软软件的好处。——译注

自豪，我们的老兵现在运行在了新的处理器芯片上。在我将运行在“牵牛星”上的旧代码经过调整和改善后，它几乎完好无缺地运行在了 IBM 个人计算机上。毕竟是宝刀未老啊！

微软扩大到了近 100 名员工，我们知道需要按照硅谷的模式给我们的顶级员工分些股权了。苹果公司在 1980 年公开发售股票，虽然我们还没对复杂的公开募股有所准备，但现在是时候开始筹备了。我们雇用了年轻的风险投资人大卫·马夸特来充实我们的董事会力量，帮助处理我们进入金融市场的事宜。1981 年 6 月，我们向华盛顿州递交了上市申请文件。

一个蛋糕被分成了更多份，我们的股本也稍微稀释了一下。根据最新的股权分配，比尔保持了 51% 的股权，我是 30%，其他的股权持有人中，史蒂夫·鲍尔默持有 7.8%，马夸特的技术创业投资公司占 5.1%（他投资了 100 万美元），弗恩·拉伯恩 3.5%，戈登·莱顿 1.3%，查尔斯·西蒙尼 1.3%。我的头衔仍是公司副总裁，后改为执行副总裁。根据我们的正式雇用协议，我作为公司管理人员拿 10 万美元的底薪，外加 6 万美元的经理薪水。比尔作为公司总裁，比我多拿 2.5 万美元。

成立股份公司并未立刻带来实质性的改变，只是使我们的工作显得更加正式了一些。这年秋天，我们搬到了靠近华盛顿湖的一个更大的办公室，旁边还有一家我很喜欢的快餐店——汉堡大师。比尔和我选择了相邻的两间办公室，共用一个秘书，在两间办公室之间是一个短过道，我可以听到他所有的“争吵大赛”——包括与史蒂夫·鲍尔默的激烈争论。史蒂夫在比尔那里充当了可以在公司经营策略方面试探意见的“共鸣板”角色，就像我在公司技术策略上的角色一样。比尔继续充当大处着眼的战略家角色，而史蒂夫使得我们的工作更有纪律性和系统性。有时候他们两人也会产生对抗：一边是史蒂夫挥舞着胳膊滔滔不绝，一边是比尔冷眼相对以众人皆错的姿态理智分析。他们都是极端好胜的人，高智商而百折不挠，带有夸张的感情宣泄。

随着时间的流逝，他们之间的争执似乎变得更加频繁更加紧张，就像两只发情的公象——特别是当史蒂夫试图让比尔增加员工时。增加员工是保有公司顾客和维持公司成长的唯一出路。进入董事会不久，史蒂夫就对比尔说微软需要立刻增加30个人，将目前的员工数翻倍。我完全同意这个意见，但比尔却觉得不正常。他喜欢渐进式增加公司的日常开支，而这将使我们在科技产业中错失良机。比尔开始朝着史蒂夫大吼："你跟我要30个人，你知道你在做什么吗？你想让公司破产吗？"

史蒂夫吼着回答："我们没得选择！我们有合同，有交货日期！要是不再雇人，合同就完蛋了！"

比尔说："要是公司的业务缩水了，却还要养这么多人怎么办？我们会垮掉的！你疯了吗？我们会毁了公司的！你想毁了我们吗？"

我为史蒂夫毫不退缩的精神而赞叹——他继续跟比尔争论，直到达到目标为止。一个小时的拉拉扯扯之后，他说："行，比尔，我来出钱！该死的！但我们真的得把人招来，要不就完蛋了！"

史蒂夫是一个坦诚而直接的人——可能有点儿情绪化，但没有控制欲。虽然我们在生意上的意见不尽相同，但我们通常不干涉对方的职责。有时候我们会一起去招募员工，出差时就住在一个双人间里——微软的节俭传统。有一天早上，我听到一阵哼哧声醒过来，睁开眼睛看到史蒂夫正在地上做12个一组的俯卧撑，这可是早上7点啊！我想：这家伙真是个硬骨头！

通常我们会去名牌大学的顶级计算机科学学院招人——麻省理工、加州理工、哈佛、耶鲁和斯坦福。（我还能记起在麻省理工满座的休息厅里，学生们在《星际迷航》复映时一起诵读演职员表的情形。）比尔认为，最好是趁着程序员还年轻有激情的时候把他们招来，一旦在别处有了工作经验就毁了。而根据我在霍尼韦尔的经历来说，这个观点很有道理。我们想要刚毕业的学士，硕士尚可，很少要博士。最重要的是，我们要的是顶级的人才——一个好的程序员在能力上能顶10个一般程序员，而一个天才程序员能顶50个。

幸运的是，因为有了水、山和城市化核心的地域优势，西雅图对人才的吸引力比位于沙漠的阿尔伯克基要大得多。一旦IBM发布了个人计算机，每个人都能看出我们提供的是一个无可比拟的机会。我们的薪水可能略低于平均水平，但我们有个充满诱惑力的招聘广告："你是想去陶氏化学公司干过程控制项目呢，还是想在IBM个人计算机上开发最前沿的文字处理程序？"一个有雄心的年轻软件工程师会毫不犹豫地加入我们的行列。

史蒂夫的努力终于使得微软的人员扩充跟上了业务的增长，从1980年的40人到1981年的128人，再到1982年的220人。当一个公司的员工每年增长2倍甚至是3倍的时候，它就变得不像以前那么紧密了。但我还是喜欢下班后跟同事们聚在一起，去Casa Lupita吃饭，或在停工期去"无名之地"酒吧里喝酒——在那里，我之前在华盛顿州学会的桌上足球游戏技术大有提高。在6天的工作周里，只要有时间，我们就会打排球赛，或者去鲍勃·奥利尔家里吃烧烤，马克·麦克唐纳则奉上大量家酿的代基里鸡尾酒。

我的生活比以前更丰富了。我买了一艘小型帆船。我邀请一些音乐人来我在杉曼密斯湖的家里，即兴举行一个小时的蓝调音乐会。我曾办过一个令人难忘的万圣节派对，我打扮成巫师的样子，比尔则从楼上顺着楼梯护栏滑到下面厨房里——他以最快速度跑向楼梯护栏，一下子跳上去，然后滑到下面的木地板上。他还在玩刺激。有一天，他借了安迪·埃文斯的保时捷928出去，在地上使车轮空转，把底盘弄坏了，差点儿毁了汽车，之后用了一年多时间才把汽车修好。比尔得了太多的超速罚单，以至于他不得不雇用了华盛顿州最厉害的交通法律师替他辩护。最后他还是换了一辆慢速的涡轮柴油引擎的奔驰以避免麻烦。

在我们离开阿尔伯克基的集体照上，11个人里有9个是程序员，我们一群年轻的黑客在一起很开心。在西雅图这一切都变了。公司不断招入工商管理学硕士来掌管日益增加的生产线，有些是负责销售和广告业务，有些处理新产品的终端用户测试。这些都是基本的商业惯例，但不可避免地将各项资源从研究开发上分走了。随着一个技术公司的成长，它必须平衡创新需要、必要的既有产品支持和获取利润之间的关系。当初我和比尔将拥有35名程序员当成白日梦，而现在微软的发展已经远远超过了这个规模，要把握这个平衡越来越难了。

第十一章 情谊已尽

IBM 的个人计算机工作完成后一周，他们就给我们寄来一封通函："亲爱的供应商，你们的工作完成得很好……"加里·基尔代尔却给了我们一个并不是很令人满意的评论。在 IBM 计划于 1981 年 8 月展示个人计算机之前，比尔和我跟加里·基尔代尔在西雅图市区南面的波音机场见过面，他听说了一些关于我们开发 PC-DOS 的流言，想从我们这里打探点儿情报，并想劝说我们各自保持在自己的业务范围内不要越界。"在一个完美的计算机世界里，"加里说道，"你们做语言程序，我们做操作系统。"

数字研究公司最近收购了 CBASIC，这是在 CP/M-80 上运行的程序。听加里的意思，CBASIC 就是一个警告，如果微软开始做 DOS，那么他们就插手语言程序业务。但是，现在已经不是我们被竞争者随便拖住后腿的时候了，特别是在语言程序方面，我们有着充足的自信。那时，CP/M-80 只是在几百种不同型号的计算机上运行着，一年的总销量是 500 万美元多一点儿。但随着 8 位技术的逐渐暗淡以及 IBM 在 16 位平台上给我们的支持，数字研究公司注定赢不了我们。

基尔代尔不甘心就这样谢幕，IBM 的个人计算机刚刚推出，他就声称微软剽窃了他的软件。然而指控并未奏效。蒂姆·帕特森从 CP/M-80 上复制来的指令是非专有的，也不是常识性知识——比如说，用于打开磁盘上的文件的关键字，或把文件付诸打印的命令，仅此而已。蒂姆从没有见过

CP/M-80 的源代码，并且，他的 QDOS（及后来的 86-DOS）是从零开始用汇编语言写成的。他的程序与数字研究公司的并不一样，这一点用过 8 位 CP/M-80 和 16 位 86-DOS 的人都能看得出来。对初用者来说，蒂姆的程序读写文件的速度要比数字研究公司的快 6 倍。MS-DOS 从CP/M-80上借鉴的东西，并不比几年前基尔代尔在创建 CP/M 时从数字设备公司的 DOS-11 操作系统上借鉴的多多少。

在不顾律师的明确反对，发表了对我们的侵权控告后，IBM 把数字设备公司难产的 CP/M-86 作为了 IBM 个人计算机的替代操作系统。显然，IBM 并不是真心想要同时支持两个应用软件，或重回杂乱的 8 位市场。它把微软的 DOS 定价为 40 美元，而数字设备公司的 CP/M-86 是 240 美元(这是基尔代尔不懈追求按份收取许可费的结果)。而一旦用户明白了 IBM 的自有软件只能在 DOS 上运行，那么独立的软件销售商就会无视 CP/M-86 的存在而全部聚集在微软的 DOS 操作系统上。我们与 IBM 的关系注定了 MS-DOS的绝对优势。

IBM 的个人计算机是不完美的，价格昂贵，外观普通而乏味。但它是当时最好的个人计算机，有着最强的处理器，高级的键盘，可靠的软盘驱动器。企业高管们不必再等着他们的信息技术官去用微型计算机处理工作，他们可以走出门去买一台个人计算机，插上电就用起来。IBM 预测在 5 年里卖出 25 万台机器，事实上却用了 10 年。

IBM 个人计算机标志着只属于电脑爱好者的时代已经结束，而我们在“牵牛星”时期播下的消费市场的种子已经成熟，几乎会用电子打字机的人就会用这种新型的计算机。在 IBM 的个人计算机推出几年之后，IBM 未曾预料到的是，市场上将会出现十多种类似的“克隆产品”。在发布了 MS-DOS之后，完全兼容 IBM 的个人计算机（并且比它还要便宜）占据了绝大部分家庭市场。很快，微软的操作系统所带来的收入超过了我们其他所有的语言程序。

到了 1984 年，这个产业形成了一个简单的标准：MS-DOS 搭配 IBM 标准。大量在这个平台上运行的应用软件被开发出来。而其他计算机平台，受限于低劣的硬件和稀少的软件，已经无法与我们相比。1986 年TRS-80停产，Commodore 64 和 Atari ST 也在随后的几年里消失了，只有苹果公司坚持了下来，在美国开创了一个优质而高端的市场，占有率在 10% 左右徘徊。

一段时间之后，微软不堪受 OS/2 之苦，最终于 1990 年放弃了这个与 IBM 共同创造的操作系统，标志着与 IBM 合作关系的结束。尽管如此，我们与“蓝色巨人”的最初合作，无论对微软还是对整个产业来说都是具有决定性意义的。IBM 个人计算机确定了个人计算机在商用市场上的地位，它也是 Windows 和如 Word 这样的图形用户界面应用程序的“发射台”——查尔斯·西蒙尼曾两次去过国际空间站，说话时喜欢用火箭作比喻。在成为被我们扔掉的累赘之前，IBM 给了微软必需的推力。

或者这样来说：在没有 DOS 之前，微软是一家重要的软件公司；有了 DOS 之后，它变成了一家必不可少的公司。

对我来说，整个故事的尾声有些悲凉。这一年的秋天，那个我们幼年时崇拜憧憬过的数字设备公司倒闭了。早些时候，数字设备公司的高层拒绝将业务向个人计算机产业转移，1977 年时，数字设备公司的总裁这样告诉世界未来学会：每个人都要在家里买一台电脑，这个没有道理。5 年之后，数字设备公司就尝到了自傲的苦果，也终于开发了一台设计良好的叫“彩虹 100”的微型计算机，但因为用的是老旧的 8 位 CP/M 系统，所以相当于搬起石头砸了自己的脚。当公司最终开始考虑使用 MS-DOS 时，又要求定制一款与数以千计的个人计算机应用程序不兼容的版本。于是，末路来临。

在大型计算机和小型计算机世界，数字设备公司因其特立独行的风格曾取得过一些成绩。假如 10 年前你对我们说，IBM 将会开创一条微型计算机的大路、PDP-10 的制造商将会掉队跟不上潮流，我们是绝不会相信的。①

随着 IBM 个人计算机的热销，全国的媒体都开始关注微软，特别是作为微软总裁的比尔。他变成了公司的形象代言人，也成了记者们当然的信息来源。我对这个并不在意。（我也做一些分内的宣传工作，但我并不是那种追逐曝光率的人——尽管刚刚才开通了 Twitter 账户。）

有一件事是从未改变的：比尔一如既往地顽固任性。有一次我和比尔到旧金山拜访几个客户。为了提高会见的效率，我们分头与客户见面，最后在机场会合。我在飞机起飞前几分钟到达了，但比尔如往常一般又迟到了。他们开始播放最后的登机广播——比尔还是没到。我放弃了，准备找下一班飞机，这时比尔气喘吁吁地冲了过来。但是太晚了，飞机已经慢慢离开了登机口。但是比尔还是朝着飞机跑去，穿过登机门，跑进了登机口，我在后面追他。他跑到电动机控制板前，快速扫了一眼，然后开始按按钮。这时我意识到是怎么回事了：比尔想把登机道再挪回飞机舱门上，他就可以上飞机了。

我吓坏了，大喊道："住手!"一个机场工作人员也跑了过来。我敢肯定，我们俩都会被逮捕，或至少是被赶回候机室。但是，那个人却说："先生，先生，别急！我们把飞机叫回来!"令我惊讶的是，他们真的把飞机叫回来了，让我们登上了飞机，然后按时回到家里。

总体来说，我在微软商务方面的职责比以前更少了。有了史蒂夫·鲍尔默负责商务方面的事情，我可以自由地投入到技术工作中去。我的管理风格是在大厅里溜达，时不时地关注一下程序员的工作情况：

"你进度慢下来的原因是什么?"

"你有没有想过试试这个办法?"

---

① 随着小型计算机被不断强大的微处理器，特别是被个人计算机排挤，数字设备公司陷入毁灭性萧条，并于 1998 年被康柏收购。——译注

“你做这个的时候，要是我把磁盘拔出来会怎么样？”

我会在四处查看的时候跟程序员们交流几分钟，这是我的强项。然后我就放手让他们去处理剩下的工作。要是有人碰壁被困住了，我就跟他们一起探讨，然后把进度重新提上来。程序员们愿意在决策层里有一个他们自己的人，我也相信，向一个有技术背景的人汇报工作要轻松得多。我经常得到一些未曾预料到的问题的信息，程序员们不愿向比尔说这些事，因为害怕挨训，但跟我说这些事就轻松多了。我喜欢跟这些人一起工作，我想他们也是知道这一点的。

尽管我的职责范围可能缩小了，但比尔还是常跟我讨论决策方面的事情。我们的关系比起苹果公司的两个合伙人来说要复杂一些——在苹果公司，史蒂夫·乔布斯是“大思想者”，而斯蒂夫·沃兹尼亚克是一流的硬件设计者；我们俩的这种关系对微软来说是一种强力，但另一方面意味着所有问题基本都需要经过辩论才能解决。

1980 年 2 月，我确信微软需要一个更强大的操作系统，所以就取得了 AT&T 公司①的 Unix 软件许可权，并遵守商标命名限制将其改名为 Xenix。我们的目标是在中型企业中寻找一个市场，他们需要一个比 MS-DOS 更耐用的系统，而不愿去买小型计算机或租用分时服务。虽然 Xenix 给微软挣了些钱，但还是达不到预期的目标。即使是一个小一点儿的 Unix 也对 8086 芯片要求过高，更不用说还有钱的问题。AT&T 公司不愿薄利多销降低 Unix 的许可费，所以他们的费用就把我们的利润给削薄了。几年之后，微软最终将 Xenix 的所有权卖了。

1982 年春天，当 IBM 让微软开发新一代 DOS，准备用在即将推出的有 10 兆硬盘的 PC-XT 上时（在当时来讲是一个巨大的存储空间，而只相当于今天 3 张未压缩的数码照片的大小），我又想起了 Xenix。那时的 DOS

① AT&T 公司，即美国电话电报公司。——译注

1.1 就像一个单层单卧的房子，挡风遮雨尚可，但迫切需要改造升级。我把 DOS 2.0 的任务交给了我手下最好的 3 个程序员：小组组长马克·茨伯克沃斯基、亚伦·雷诺兹和克里斯·彼得斯。我们的目标是将 Unix 的一些最好的特色加入到个人计算机中去，扩大对数字研究公司和苹果公司的竞争力，因为这两家公司的操作系统不那么复杂。若是 DOS 2.0 成功了，微软就可以继续引领行业标准。

经过几天对可行性程序改进的思考和讨论后，我们把目标定在两个主要思路上：第一个是马克的想法，使用可以加载的设备驱动程序，这样就允许用户在不占用大量内存的前提下添加第三方打印机或外置硬盘。只有在周边设备真正连接到系统上时，驱动程序才会从个人计算机的硬盘上加载。这是迈向今天的即插即用技术的第一步。

第二个，也是更重要的，我们重新设计文件的组织形式。在独立操作的 BASIC 程序上，比尔和马克·麦克唐纳设计了一个称为“文档分配表”（File Allocation Table，或 FAT）的直接的单层目录，蒂姆·帕特森把它也用在了 DOS 上。对存储容量很小的软盘来说，这个文件系统是很好用的，但对一个硬盘系统来说就受限了，因为后者可能包括数以百计的文件。当我第一次在哈佛大学见到 Unix 时就曾留下深刻印象：一个分层的文件系统，在根目录下有若干子目录，或是文件夹中有文件夹。这种文件系统允许用户按个人喜好自行组织文件存放形式。要是可能实现，哪个计算机制造商不想进行这项技术改良呢?

但是很快我们发现，IBM 决定仍把 DOS 2.0 限定在 800 字节的大小上，跟 DOS 1.1 的大小一样，这样他们就不会动摇现在的用户基础。如果我们的新 DOS 过于占用内存，IBM 担心个人计算机系统将占用用户很大的应用程序的空间。并且，他们不习惯让我们这样的软件承包商的工作超出他们的规格标准，即使这意味着能给他们挣更多的钱。IBM 的开发人员喜欢我们添入的 20 个特色，但管理层认为我们是在随意改动。他们对 DOS 2.0 比 DOS 1.1 体积大了 3 倍而不悦，还对我们拖延了阶段期限而不满。

马克在佛罗里达汇报进度后回来的那天，比尔怒气冲冲地走进他的办公室里。他一拳捶在马克的办公桌上，开始大叫："我刚刚跟波卡拉顿谈过了，客户（指 IBM）不高兴了！客户要什么，你们就得做什么！"我听到了争吵声，就走了进去。比尔转过身，对着我嚷道："客户说这是不可接受的！他们要什么，我们就得给他们什么！"

这时天已经很晚了，我也很累。我不同意他的说法，就顶了回去："他们要求得不对——做出来他们也用不了！"

"我们只管让客户满意就行了！"

我答道："客户是蠢货！"

"谁管这个？他们是客户！"

"但是新一代的 DOS 得把行业向前推！"

这时，我们之间只隔着十多厘米，脸对着脸，身子也快挤到一起了。马克看着我们，就像个看到父母要拼个你死我活时被吓坏的孩子。（我和比尔只是打嘴仗，并没有身体接触。但马克后来告诉我说，他看到一些飞溅的唾沫星子。）

若是一些技术上有难度的工作能给我们增加竞争优势，比尔也不是不愿意做的，但他只是担心我会因为去做这些"很酷"的事而分心。因为他知道，只要有技术挑战，我就会跃跃欲试。那时，我们跟 IBM 的关系——以及那些跟 IBM 个人计算机兼容的客户——是微软的生命源泉。比尔决心要保证让我们最大的客户满意，他可能以为我并没有对此有足够的重视。

10 分钟的狂怒和死盯之后，比尔最终说道："好吧，但是你们最好别误了期限！"接着他离开了，我对马克说："要保证把所有的新特色都加进去。"

马克和他的开发小组达到了这两个要求。

苹果不仅是一个品牌，它的目标是成为你的一种生活方式。（我们很酷，我们很时尚，我们好用又可靠，我们标新立异。）史蒂夫·乔布斯比我早一年就参观了施乐帕洛阿尔托研究中心，这绝非偶然。那个时候，高端的 Apple Lisa 还在研发中，Macintosh 也只是个低级的个人项目。在苹果起诉微软在图形用户界面上侵权失败后，比尔这样说道："嗨，史蒂夫！不能因为你先闯进了施乐家里搬走了电视机，就不让我们后进去搬走音响吧！"

1982 年年初，乔布斯就邀请比尔和我去看 Macintosh 的试运行。我们都坐好了，乔布斯转身对着年轻的开发人员安迪·赫茨菲尔德说道："好了，给他们看看咱的好东西！"

乔布斯对 Macintosh 的定位是：即使自己老妈都能使用的机器。可当天我们所看到的样机并没有那么"超级"，刚刚启动，显示器就黑了 1 分钟左右。乔布斯恼火了——你能看到他脸上鄙视的表情。"这是在搞什么？"他朝着赫茨菲尔德吼道。赫茨菲尔德大概是整夜没睡在准备这台机器，现在却几乎要钻到桌子底下去了。"他们那么远跑来看机器，这就是我们的表现吗？这就是我们最好的东西吗？30 秒钟屏幕就黑了？你他妈的哪里有毛病啊？"他还在责骂着，我和比尔面面相觑，很不自在地看着眼前这一幕。在我看来这就是一场羞辱，我们不能相信乔布斯竟然在外人面前训斥下属。

1999 年，看到电视电影《硅谷传奇》时，我又想起了那一幕。这部电影描述了 20 世纪 70 年代末到 80 年代初的微软，比尔被刻画成一个电脑呆子，史蒂夫·鲍尔默成了一个肤浅的拉拉队队长，而我则是一个喜欢小玩意和时不时说个俏皮话的大胡子伙伴。电影里的乔布斯是由诺亚·怀尔扮演的，是一个神祇般的人物，但无情且心胸狭窄。后来有一次我遇见他，问他觉得电影怎么样。乔布斯答道："我觉得演我的家伙演得相当好。"他基本上不在乎人们怎么看待他的公众形象。

比尔则不同，他希望人们对他的印象是既严格又公正。他有时会无情而粗鲁，但他也有温和人性的一面。并且，没有人怀疑他那些过分的行为，不论好歹，都是自发的。当比尔在开会时发脾气，他绝不仅仅是为了要这种效果。正如鲍勃·华莱士后来所说："值得争论的也就是你们意见不一致的问题而已，所以你们就容易跟比尔吵起来了。"微软的老员工都了解这一点，但新员工大都会感到受了伤害。比尔看不到那些冷冷的沉默或深深的沮丧所暗示的信息，他在给人施压的时候常常注意不到这些反应。

要是有人威胁说要辞职，比尔就当真了，然后尽自己所能来改变对方的主意。然而，他从来没有担心过会失去我。每次我们俩吵起来，我的神经会绷紧，血压会升高，每次都积累着负面情绪。有些人能把内心的愤怒发泄出来，深呼吸，然后继续下去。但我不是那种人。我低沉的精神状态影响了我工作的激情，而反过来又会招致比尔的言语攻击。

像史蒂夫·鲍尔默和查尔斯·西蒙尼这样的高层管理者都跟比尔有冲突，但他们都不像我跟比尔相处了那么久的时间。我在还没有微软的时候就认识了它的首席执行官，我们平等地创立了一家公司。现在我的作用慢慢减少了，比尔不再时常过来找我，我去见他的时候也越来越少。我太生气，也过于骄傲，不能对他袒露心声。我从来没有走到比尔跟前，告诉他我的真实感受：有些时候，跟你一起工作就像在地狱一样难受。所以，我压抑着自己的委屈，不能说出来，也不能得到解决。直到那次因为 DOS 2.0 吵架，我们的合伙人关系已经岌岌可危了。

1982 年 6 月 1 日，为了跟他讲明白我的想法，又不想因争论和讲道理而心烦，我决定给比尔写一封信。下文是信的节选：

> 大约两个月以前，我作了一个令自己心痛的决定，我该离开微软了。史蒂夫劝我等你在一系列出差之后再讨论这件事……
>
> 我想你也清楚，我作出这个决定的根本原因是什么。我再也受不了恫吓或长时间的指责……这几乎在我每一次试图跟你讨论有争议的问题时都会出现……
>
> 你的那些针对个人的言语攻击，对我产生了负面影响，致使我丧

> 失了数百小时的工作能力……这么多年的积累，以及发生的其他一些事情，已经渐渐摧毁了我们的友谊，也扼杀了我们再继续合作的可能……我们以前的友情已经不复存在了。

3周之后，比尔雇用了吉姆·汤恩担任公司的第一总裁和首席运营官。由于他们要经常互相近距离交流，所以比尔觉得有必要让汤恩用我的办公室。我没有反对，让出了办公室，自己搬到了大厅的远端。汤恩坐上了一个“针毡”：比尔经常突然出现在他的面前，盘问他关于某些中断的开发项目进程的事。很快大家就发现，新任总裁缺少比尔需要的干劲。当比尔说“他没张嘴我就知道他要说什么”的时候，我知道汤恩的日子也不长了。果然，不到一年，汤恩就离开了微软。

夏天慢慢过去，我的办公室已经离比尔有近20米的距离，也使得我更加远离了公司的核心。尽管我们谁都没说，但我们俩都明白——这种情况不会维持多久了。

第十二章 警 钟

我还在上初中的时候，父母常带我们去俄勒冈参加莎士比亚庆典，在7天时间里可以看9场戏剧。而在这一年的夏天，我去参加庆典时，却觉得身体有些异样——我膝盖的后面总是发痒，不像用错了肥皂导致的皮疹。痒得难受，我就自己抓挠自己。

后来痒止住了，却开始发盗汗。接着，8月时，我开始感觉到在脖子的右侧，靠近锁骨的地方有个坚硬的微小的肿块。接下来几周内，它就长到了铅笔上的橡皮擦大小。不疼，但我不知道，任何靠近淋巴结的肿块都是一个不好的预兆。我只是觉得自己的身体结实得很，处在还不到30岁的年纪，我想当然地认为自己的健康是毫无问题的。

1982年9月12日，我跟比尔一起参加一个欧洲巡回宣传，从伦敦到了慕尼黑。在慕尼黑时，喝过一杯啤酒之后，我就觉得不对劲了。9月20日，我们到达巴黎，我只觉得筋疲力尽、很痛苦——就像得了流感，但没有发烧。我支撑着身体参加完一个媒体会议，人就垮掉了。我坐飞机回到美国去看医生。医生摸了摸我的脖子说："明天早上给你做一个活组织切片检查。"

我住进了西雅图市区的瑞典医疗中心，这是我小时候切除扁桃体后第一次住院。当天晚上，我梦见一个长得像小绿人冈比的东西黏在我身上，它是黑焦油做成的，我甩都甩不掉。接着我就被吓醒了。

9 月 25 日，医院做了活组织切片检查。当我从麻醉中清醒过来时，医生面无表情地走进房间，“艾伦先生，”他说道，“我们已尽可能地把它切掉了。但我们的初诊意见是，你得了淋巴瘤。”

我知道那就是癌症，但别的就不懂了。随着我对这项疾病越来越了解，我开始感到害怕。在那个时候，即使是早期的淋巴瘤也只有 50% 的存活率。我试着接受自己很快就要死去的可能性。我已经度过了 29 年的美好时光，但我忍不住有种造物弄人的感觉——我还有那么多事情要去探索，要去体验。

第二天早上，医生和肿瘤学小组回到我的房间里，他们全都笑着。“我们带来了好消息，”医生说，“你得的是霍奇金病①。”一个深入的检查纠正了初诊的结果。“治愈率在 95% 左右——如果是早期的话。”他继续说道，“你会好起来的，你的病能治好。”

我很想相信他。听起来不错，每个人的身体语言也都是乐观的，但我还是没从前一天的惊恐中回过神来。

医院需要给我的病“定级”，看看它发展到什么阶段了。开始是从我的髋骨中抽出骨髓进行微创活检。我犯了个错，竟然买了本霍金奇病的书来看，里面写的是肿瘤是怎么转移的，还有生存率的图表，这本书把我吓得要死。更糟糕的是，在等待检验结果出来的期间，我脖子上的肿块已经长到了鹌鹑蛋大小。我的父亲是一个睾丸癌幸存者，他告诉我说：“儿子，这些东西不会令人愉快，但你得像个男人一样承受住！”这句话听起来很无情，但知道他就是这样熬过来的，多少给我一些安慰。我不能被恐慌和绝望打倒，我必须勇敢地面对。

接着好消息来了：医生把我的病定为初级，还没扩散。早期霍金奇病是最容易治愈的一种癌症。我抽到一张臭牌，好在还不是最差的。接着我就开始了为期 6 周的放疗，每周 5 天。候诊区里都是穿着病号服的人，有

① 霍奇金病，又称淋巴网状细胞肉瘤。——译注

些还是重病号。人们都在静静地等着医生的传唤，静得让人害怕。有一天，竟然有一个人晃悠进来，问有没有售烟机。护士站起来严厉地说："先生，癌症病房里没有售烟机!"那个人逃也似的离开了。

我身体每一侧都要被高能的 X 射线"烘烤"90 秒钟。包括启动机器在内，整个过程一共不到 15 分钟。技术员对我说："艾伦先生，你真有活力。从没有人像你一样是跳上跳下台子的。"我只是想离开那里，越快越好而已。一个月后，他们开始照射我的脾脏，恶心的感觉像浪潮一样涌来。我每次化疗完都是冲回家，吐上好几个小时。两个月里我的体重掉了 18 斤。

在家的时候，我就休息、听音乐。我跟父母和妹妹待在一起，但我需要更多的事来帮我分散注意力。所以，我没有去请假，而是每周都拿出几个下午的时间去办公室，只是怕生疏了业务。这也是微软不可动摇的文化：工作时不懈努力。为了保持常态，我甚至报了一个周末滑雪初级班，但我基本没有力气滑下山去。

治疗过半，我的白细胞数量已经降得很低，治疗只好暂停几周，但那时肿瘤已经收缩了。虽然没有痊愈的保证，我也仍然觉得难受和虚弱，但我已经开始有康复的信心了。

当放疗再次开始后，有一天我去了比尔的办公室，谈到 MS-DOS 的收入问题。我们的一次性收费策略有助于我们在多个市场中立足，但我认为这个方式已经用得太久了。举个例子来说，我们对 Applesoft BASIC 的收费是 2.1 万美元，在卖出 100 多万台 Apple Ⅱ之后，我们的收入其实是平均每台 2 美分。"如果我们要把收入最大化，"我说道，"就得重新开始为 DOS 收取许可费。"

比尔的回答却像是在哄一个没脑子的孩子，"那么你觉得我们是怎么取得今天的市场份额的?"这时史蒂夫走了进来，他也站到了比尔一边，带着他一贯的发言强度。现在争论双方的人数是二比一，而我那时的身体状况充其量也就算是半个人而已。（微软后来还是采取了按份收取许可费，这一步就为公司增加了几十亿美元的收入。)

这次事件之后，我就告诉史蒂夫我要自己开公司。我对比尔说，我在微软担任全职管理者的日子不多了，我也很高兴能自己开创点儿事业。

当我还在治疗中，比尔在我的建议书上签字，同意创建微软硬件组。这个机构开始着手为查尔斯·西蒙尼的图形用户界面应用程序设计一款插入式鼠标。我们联系了一家名叫 ALPS 的日本制造商，很快，微软鼠标样本就成型了：一个金属饰面的轨迹球，一对转轴用于解读轨迹球的移动方向和距离。唐·伯蒂斯做了一个卡，可以将这些信号“翻译”给个人计算机。(当时，距离 USB 接口的到来还有 13 年时间。)一个大问题是：我们的鼠标上设计几个按键好呢？我决定用两个，是阿尔托的三键鼠标和史蒂夫·乔布斯为 Lisa 计算机设计的单键鼠标的折中。

那段时间，我去了帕洛·阿尔托市拜访乔布斯，想打听他对 Macintosh 的更多计划。当时，Macintosh 是苹果正在开发的更为廉价的图形用户界面接口计算机。我们都对 Macintosh 感兴趣，它将给我们的图形用户界面应用程序——微软 Word 和 Excel 一个很好的立足点，直到个人计算机平台和我们的新 Windows 操作系统赶上他们。乔布斯很是投入地大肆赞美图形用户界面的优点，全然不知我早就对此一清二楚了。我向他透露我们打算为微软 Word 设计一款鼠标，乔布斯就开始展示他们的单键鼠标。当我问他两个键是不是更好一点儿时，他激昂地训诫道：“你知道，保罗，这其实就是个‘简单’对‘复杂’的问题，没有人需要鼠标上的第二个键！”

我说道：“可是史蒂夫，人长了不止一根手指，也一定会有他们想用到右键的时候吧！”

乔布斯摇了摇头，并没有把我的话放在心上。他深信入门体验越简单越好，并且，做事情只有一个，且唯一一个正确的方式。在微软，我们试图将“简单”和“强大”二者平衡起来。我认为若是一个额外的特色能把程序或设备的功能变得更加强大，那么牺牲一点儿“简单”也是值得的。

1983 年，微软的 Word 先于苹果的 Macintosh 电脑推出时，我们的第一代鼠标尽管零售价比一半的竞争者要便宜，却还是销量欠佳。约翰·谢利在汤恩离去后继任了公司总裁，他常抱怨我们的仓库里“老鼠”泛滥成灾。主要问题出在 Word 1.0 上，这是一个在 Windows 推出之前，简化的、模拟图形用户界面的尝试。但我没有灰心，我们的策略是将新的体验介绍给客户，为我们软件的更好版本的出现打开道路。

后来，我的观点被证明是正确的。1985 年 Windows 被成功推出，并最终成为图形用户界面个人计算机平台的统治者。而微软鼠标也兴盛起来，经历了各个阶段——光学鼠标、无线鼠标、激光鼠标、蓝牙鼠标——成为公司畅销不衰的常青树。并且，以上所有鼠标类型，它们的按键都超过一个。用户很快就适应了。今天，那个额外的右键给数百万计的 Windows 用户提供了“右键菜单”功能，还包括了其他软件的快捷应用。

又及：2005 年，在坚持了 22 年单键鼠标之后，苹果最终服软，推出了多键的 Mighty Mouse。

1982 年 12 月末的一个晚上，我听见比尔和史蒂夫在办公室里高声讨论着什么，就停下脚步听了听。很快我就弄清了事情的大概——他们对我近期缺席公司业务而不满，并讨论如何通过发行股票期权来稀释我在微软的股权，将其转移到他们及其他股权持有人身上。很明显，对于这个计划，他们已经考虑很长时间了。

我再也站不住了，就冲了进去，吼道：“真不敢相信！这才是你们的本性，全暴露出来了！”我是在说他们俩，却只盯着比尔一个人。因为是被我当场抓住的，他们俩惊得哑口无言。他们还没反应过来，我就转身离开了。

开车回家的路上，他们的对话在我脑中不断重现，我感觉他们越来越可恨。微软是在我的帮助下创建起来的，虽然目前我因为疾病耽搁了工作，可我还是公司管理层的在职人员。现在，我的合伙人和我的同事竟然打算榨干我、排挤我，这毫无疑问就是唯利是图的投机行为。当天晚上，史蒂夫·鲍尔默学乖了，打电话给我妹妹朱迪，问能不能到我家来谈谈。“是这样，保罗。”我们一起坐下后，史蒂夫开始说道：“今天发生的事，我真的很抱歉。我们只是发泄心里的不满而已。我们要做那么多的工作，只是希望你也能多作些贡献。但是股票的事是不公平的，我绝不会再提这件事，我相信比尔也不会再提了。”

我告诉史蒂夫，这件事已经给我留下了很恶劣的印象。几天之后，我收到比尔亲手写的来信，有6张纸。写信的日期是1982年12月31日，这是我在微软全职工作、跟比尔共事的最后一年里的最后一天。比尔在信里对于我无意中听到的那次谈话向我道歉。这封信的内容还展现了在比尔眼中我们的伙伴关系是怎样的：

> 在过去的14年里，我们有过很多意见相左的时候。虽然如此，我仍相信，不论在特定决策方面还是在看待事物的整体观点方面，其他公司合伙人很少能有我们之间的默契。

的确，我们的伙伴关系不同寻常。除去我们之间的差异，很少公司合伙创办人具有我们俩这种凝合的动力——也许惠普公司的休利特和帕卡德，或者Google公司的谢尔盖·布林和拉里·佩奇是例外，但这种情况也很少。

> 有时候我以为，我对你的能力的信心甚至超过你自己。你在软卡上的处理灵感令我惊讶！坦白讲，突破性的想法就像……软卡是很棒的，但它还不是必需的。

比尔知道软卡仍然是我的伤心事。所以在谈到软卡时他很注意把握分寸，提到了我作出的贡献，却没有深谈太多。

> 从某种程度上来说，公司现在的状态真的挺好。但是，有一点是不好的，那就是我们不如以前那么独特了——我们的产品规格和整体策略都缺少应有的独特性。

在微软早期，我们拥有别人没有的东西——一个强大而简洁的、供微型计算机使用的 BASIC 程序，再加上一套成功的开发工具。当我们在 MS-DOS时期完成了行业统治之后，没有别的软件可以与其匹敌。但是随着这个行业渐渐成熟，微软的增长幅度开始放缓。公司需要所有手头上可用的智慧，比尔不想失去我的创新能力。

> 保罗，有些时候我觉得你就像是在说我是一个坏人，或说我们的公司也是不好的。有时候我觉得你并不理解我们对公司的所有付出。

事实上，我很清楚比尔和其他人为了使微软变得更好所付出的不懈努力。毕竟，我也是其中一分子。

> 我知道你在这个问题上比我考虑得要细致，可是，你真的打算去做一个独行客吗？我知道你想要休息，可是你如果真的想要独自闯荡，当初为什么到波士顿来并劝我退学呢？你的强项是帮助谋划和设计，不是执行。

比尔是对的。我们的一系列成功，就是结合了我的眼光和他在生意场上无可比拟的天赋。但这跟问题无关。自从我患上了霍金奇病，我对未来的决定就变得很简单：如果病情加重了，就没什么意义了，只要没有危险，我就回到微软的压力生活中去；如果我渐渐康复了，我现在已经明白了生命的短暂，不值得浪费时间去过不开心的生活。

比尔的信是要留住我的最后一搏，我知道他相信自己的道理在逻辑上是讲得通的。但这不会改变任何事情，我的主意已定。

新年开始了，微软有太多事要做。多种工具产品系列正在向着未来微软 Office 软件的方向进展，Mac 版本早已经着手了。Windows 的开发也令人激动——原先叫“界面管理器”，有个市场部的人告诉比尔，还是“视窗”这个名字更“性感”一些，于是就用了 Windows 命名。公司产品线上还有很多革新的产品。我觉得，在微软情况大好的时候离开是十分妥当的。

最终，比尔和我的分歧有些已经超过了吵架的层面。他的好强和执拗使得他成为历史上最成功的首席执行官，但也损害了我们的关系。就在我离开公司之前，还有一个这样的事例。比尔抱怨我所有不曾做完的工作，我辩解道：“TRS-80 Model 10 数字软件包需要的工作量很大，结果也很好。”大概一年前，坦迪公司要我们给他们设计一个十进制浮点数程序，用在他们的早期笔记本式计算机上，这个程序是精确财务计算必不可少的东西。之前我从未接触过这种工作，但还是忙碌了几个月把它完成了。

比尔说：“代码都是我写的。”

“真的?”我说道。他说得那么自信，我一度也开始怀疑是不是自己记错了：我编写过吗？我回去找出源代码，然后打印出来——当然都是我编写的，比尔一行都没写。事实上，那时他都没干编程的工作。第二天，我又去了他的办公室，把打印纸甩到他的桌上，“好吧，比尔，这就是那个浮点程序。把你写的指给我看看。”

那一刻给人的感觉很怪异。比尔僵住了，他扫了几眼代码，然后嘟囔道：“是，是你写的。”

有时候，比尔好像把自己和微软完全混在了一起，他弄不清公司的进度停在了哪里，自己是从什么地方开始的。我没有这种感觉，生意固然重要，但还不至于反过来支配我。我不知道未来会怎样，或者我会真心享受多少，但我在寻找一个新的局面。我从未忘记父亲的建议——“不管做什么，要喜欢。”4 年之前，当我满怀激情和幻想回到西雅图的时候，父亲很为我高兴。他觉得我是找到了自己的未来，我也这么想。但现在是时候离开了。

1 月，我以微软管理人员的身份跟比尔最后一次见面。在他办公室的沙发上坐定，我知道比尔会想办法让我觉得心有愧疚转而留下来。（几个月前，弗恩·拉伯恩辞职去了莲花开发公司，比尔给我写信说他仍为到底出了什么问题而“迷惑和心痛”。）但是，一旦他发现已经无法改变我的主意，就开始想办法减少自己的损失。当 1981 年微软成立股份公司时，我们旧有的合伙协议已经作废，他已不能用“无法调解的矛盾”这一条逼迫我接受股权回购。现在他用了另一个策略，这个他曾在信中透露过。“你人不在公司，再拿着公司的股本就不公平了。”他说道。于是，他开出了一个偏低的价格要收购我的股权：每股 5 美元。

弗恩离开的时候，微软的董事会投票决定收购他的股权——每股 3 美元，最终令他损失了数十亿美元的资产。我知道比尔也想迫使我走这条路。但我跟弗恩的位置不一样，他是跳槽，貌似违反了雇用协议。而我是公司的联合创始人，我也不会去加入另一家同行公司。“我没打算卖掉股票，”我驳回他的话，“要是卖的话，10 美元以下免谈。”

“不可能！”比尔说道。我也猜到他会这么说。我们的谈话到此结束。结果证明，比尔的保守恰恰保证了我的利益。若是他的开价稍稍接近我的出价，我可能很快就卖掉股票了。

1983 年 2 月 18 日，我的辞职正式生效。我保留了公司董事会的席位，随后被投票选为公司的副董事长——作为对我所作贡献的表彰。他们也希望我能继续为我所参与创立的公司增砖添瓦。

随着我的病渐渐好转，我不知道下一步该干什么，只是想去享受生活。我会停下脚步俯视花朵或是仰望天空，自觉地珍惜跟朋友和家人在一起的时间。尽管在微软的股票没有被换成现金，但我还是相当富有的。我有一栋不错的房子，在银行有足够的存款可暂时保证支付我的账单，还可以旅游。

那年春季，我和马克·麦克唐纳、里克·维兰德一起去了夏威夷。还是孩子的时候，我就为007电影如《雷霆万钧》中肖恩·康纳利所扮演的詹姆斯·邦德使用的“水肺”（自携式水下呼吸器）而激动不已。当我发现我们入住的酒店有一个游泳池，并且可以在里面使用水肺时，我就抓住机会尝试了一下。第二天，我又去岸潜，身在围绕暗礁游弋的五彩鱼群之中，我迷上了潜水活动。潜水把我带入了一个不一样的感官领域——我想，有时候感觉像个宇航员。（两年后，我通过了潜水员资格认证，从那以后就潜遍世界，从厄瓜多尔的加拉帕格斯群岛到红海都留下了我的身影。这是个很棒的消遣方式。）

在家待了不长时间，我又上路了。这次是开车去阿纳达科，父亲也跟我一起回故乡看看。我们见到了路易斯叔叔，他带我们去了一个很棒的烧烤店，还去了他的西部牛仔服饰店。我在他店里选了一双牛皮靴，而没要蛇皮或鳄鱼皮的，这令叔叔很是失望。父亲跟我一同回西雅图，路上他说起了以前从未涉及过的话题——他在二战时的经历。那时父亲是诺曼底登陆战的第二批登陆士兵。“有几次很悬。”父亲说，当他们在英格兰等着穿越英吉利海峡时，德国人的喷射推进式炸弹雨点一样落在队伍里。大家都知道，那些早期的巡航导弹都是通过截止阀控制下落的。士兵们一听到头上炸弹的“嗡嗡”声没有了，就立刻抱头冲到小桌子下面去寻求隐蔽。

在路上，父亲告诉我的最后一件事是：“照顾你的战友，他们也会照顾你。”然后父亲又陷入了沉默。

尽管病情渐渐好转，我还是作了坏的打算。医生告诉我，要是3年之内没有复发，我就没事了。我对96%的康复概率很乐观，但总想着那4%。我仍然没从初诊的惊骇中恢复过来——那时我听到的结果是，自己就要死了。我有些杞人忧天了。此后不管是什么时候，只要我得了重感冒或身体感觉不好，就会立刻陷入消沉。

我每两个月就要作一系列的检查，检查结果出来之前，连续几天我都心情焦虑。5月的一天，我醒过来，胸口跳得厉害。我去验血检查“血沉速度”，这是一个测量身体炎症的指标。结果是29，是正常水平的2倍，可能是癌症的预兆。我确信是霍金奇病又复发了。我想，眼下最好的情况是，我要面临折磨人的化疗；最坏的情况是，我的生命就要到尽头了。

5月13日，星期五，我重新作了血检，需要几天时间才能出结果。我没有待在家里，而是坐飞机去了加利福尼亚州阿纳海姆市参加全国计算机会议。我的感觉越来越差，心情越来越焦虑，睡不着觉。我提前离开了大会，搭乘晚班飞机回西雅图。坐在飞机上，刚过半夜，我突然感觉极度恐慌，拟了一份手写的遗嘱。（在我的微软320万份股票的分配上，我明智地建议遗嘱的继承人暂时不要出售这些股票，以“享受收益最大化的乐趣”。）

几个小时之后，医生给我打电话，告诉我检查结果：没事。我的血沉速度降到了16，我的胸痛不是霍金奇病引起的。这是伟大的一天，一切事都再次变得充满希望。我在日记里这样写道：“傍晚，我在夕阳的余晖中沿绿湖散步，景象很美，我甚至看到一条巨大的鲇鱼在岸边游来游去……”

这次惊心的事件过去2周后，我跟父亲去了我们以前的家庭度假点——双子湖。我们两个人又回到了以前的日子，钓鱼、读书，很少交谈。有一天，父亲钓到一条虹鳟鱼，花了半个小时才把它弄到船上。我站在他旁边，手拿渔网等着。当这场“搏斗”结束，鱼也被安全地放在船上之后，父亲咧嘴笑了起来——好像我从来没见他这样笑过，仿佛他又回到了年轻时的美好时光一样。这条鱼是父亲迄今抓住的最大的一条，他心满意足了。

我们度假快结束时，父亲很意外地看着我，对我说：“不管我出了什么事，照顾好你妈妈和你妹妹。”在这种事情上，父亲从来没有这么直白地表达过，可能他有些预感。

过去除了因公出差以外，我很少出国，但现在我有足够的时间去欧洲旅行了。7月，我从苏格兰开始，然后去了爱尔兰。在爱尔兰我遇到了妹妹和她的未婚夫布莱恩。在贝尔法斯特①，我住在一个酒店里，靠近毛石建成的居民区。当时还处在社会动乱时期②，爆炸寻常可见。第一天晚上我一个人过，于是去了酒店的酒吧。顾客们知道我是个美国人之后，一个接一个地请我喝酒，向我敬酒。第二天，布莱恩的哥哥来接我，问道："保罗，你怎么住在这家酒店里？"

"旅行社选的。"我答道。

"哦，那么你是不知道了，这家酒店已经被炸过3回了。"现在我知道为什么那些爱尔兰人敬我酒了，我是唯一一个敢住在那里的不怕死的美国人。

我一直想带父亲去法国旅行，但他对此不感兴趣，他说："我早就去过了。"不过我还是找到了另一个去法国的理由，是一个名叫弗朗索瓦丝的女人，两年之前通过一个朋友认识的。她极其迷人：一头黑发，橄榄色的皮肤，长着一副地中海人的相貌。她是一个高级会计师，但性子里带着些狂野——不落俗套、充满活力、常常喜欢冒险。我住在她位于滨海自由城的公寓里，后来开她的雷诺 Quatrelle 去了尼斯和圣特鲁佩斯——那辆车的变速杆在仪表盘的上面，还有一个折叠式的塑料敞篷，是在法国南部游玩的最好交通工具。弗朗索瓦丝坐在车上，身着橙色或黄色的便装，妩媚艳丽，她的长发迎风飞扬。我不再去想过去或将来的事，现在的每时每刻都过得很充实。

暖和的天气里，我们一起在海滩上度过。弗朗索瓦丝让我穿上一条

---

① 贝尔法斯特，爱尔兰首府。——译注

② 社会动乱时期，爱尔兰于1969年开始的社会动乱。——译注

Banane 牌的泳裤，泳裤只有 5 厘米长，感觉很可笑，但我还是穿了。慢慢地，我了解了一句话的意思："美国人活着是为了工作，欧洲人工作是为了生活。""保罗，"弗朗索瓦丝用她标准的英语说道，"你曾试过酒和奶酪一起吃吗？"

我答道："连听都没听说过。"

"太可怜了，美国人连这个都不知道吗？"她跟她的朋友们拿来 6 瓶酒，还有 6 种不同口味的奶酪，我们整晚都待在沙滩上，品尝不同的酒和奶酪的搭配，每种都有其独特的味道。我是一个西雅图的中产阶级，从小吃肉排和土豆长大，现在却开始吃起越南春卷和滴着辣橄榄油的薄皮比萨——上面还有个溏心鸡蛋……我在蔚蓝海岸过着美好的生活，真的很不错。

父亲从华盛顿大学退休之后，膝盖开始疼痛，这是他在高中橄榄球队时受伤留下的病根。1983 年秋天，很明显他已经不能在院子里干喜爱的园艺工作，于是就做了膝关节置换手术。这只是一个常规手术，但术后父亲总是肌肉抽搐，我都不忍心看——他是一个坚强的人，这种疼痛一定是很难承受的。父亲在医院里又住了几天，腿恢复得差不多了，一切都很顺利。一个周二的晚上，我过去看他，他还盼着跟我们一起过感恩节。

第二天，他站起来散步，这时一个血块从他的膝盖流到了肺部，形成了致命的肺血管栓塞，导致了心跳停止。当我们来到医院的时候，他身上还连着心电图机器。看着机器上的曲线慢慢变得平缓，并最终变成一条直线，我的心里难受极了。父亲去时刚刚 61 岁。他曾说过要在河边整理一个钓鱼池，这样我们想什么时候去钓鳟鱼都可以，可是他再也不能做这件事了。父亲的后事是叔叔过来安排的，我几乎说不出话，整个人都麻木了，我不相信父亲就这样走了。

我们还有很多话没来得及说，我连跟他告别的机会都没有。

后来，为了纪念父亲，我在华盛顿大学成立了一个图书馆捐赠基金，以他的名字命名。他在华盛顿大学人缘很好。1990 年，一个副楼建造完成，藏书100多万册。肯尼斯·S. 艾伦图书馆里有地球及太空科学方面的藏书，这是我小时候很多个周末乐此不疲的天地。我对父亲的纪念物则小得多了：一个卵形的绿松石——父亲想要把它镶在戒指上，找了好几年，去世前几个月才在圣达菲市找到了一个银戒指底座。从那之后，每当看到这颗绿松石，我就会想起他。

没有了微软的友情和创新工作，我的生活里有了一个空洞。我怀念那些跟比尔在一起的日子，那时我们互相激励生发出伟大的想法和奇妙的灵感——尽管到了最后这种机会越来越少。即便如此，我也从未动心去重新考虑离开的决定。它就像是一面破裂的镜子，难以重圆。在我们的关系中，有一部分是很美好的，但我也记住了那些负面的影响。我不想回头。

微软很长时间里都为我保留了一间办公室。我偶尔过去跟开发部的伙计们交流一下想法，他们对待我就像元老一样。我的名字有时还会出现在公司的备忘录里，但我已经不是决策圈里的人了。随着公司不断成长变化，我遗留的影响很快就会变成曾经的传说。

一天，有人把一大堆箱子送到我家里来。他们在合并办公室空间，把我的东西装箱送过来了。那时我感觉，差不多一切都了结了。

有段时间，我很喜欢去法国旅行，跟弗朗索瓦丝在一起。我想，我该在30岁时退休，去享受自己喜欢的生活。一旦微软上市，我就再也不用为钱担心了。但就这样悠闲了一年半之后，我又不安分了。我见过父亲从图书馆的工作退休后，开始钓鱼和搞园艺度日的情景，不知怎的，他似乎比上班时失落了很多。我不想自己也变成那样。

幸运的是，我又有了新的想法。

第十三章 群雄争霸

离开微软后，我仍和比尔保持着联系，但花了很长时间才从在微软最后几个月的酸楚中摆脱出来。我创立了一家新公司，名为 Asymetrix，当比尔要投资我的公司时，我拒绝了。我想看看在没有他的帮助下，自己单枪匹马能做到什么程度。

随着时间的推移，难受的感觉渐渐消失了。1990 年，当微软推出 Windows 3.0时，比尔很慷慨地给我和 Asymetrix 公司生产的 ToolBook 一席之地。我也在 5 年之后重回微软董事会。1995 年比尔结婚时，我受邀请参加了他的婚礼。在比尔成为一个有家室的男人之后，我们俩像寻常老朋友一样来往，每年都会见几次面，看看电影或吃个饭。我们又回到了以前的老节奏中，广泛地交换想法，这在过去曾是我们之间坚实的纽带。

在 20 世纪 90 年代末，微软成为有史以来最大、最赚钱的软件公司，业绩增长速度与个人计算机产业齐头并进——真的是非常快速的增长。微软公司是不大可能突然没落的，但比尔还是不知足，仍然看到微软这只杯子里还有一些空白。微软职工优先认股权造就了数以千计的百万富翁，包括一些资历较深的秘书都从中大大获益，但这也导致了老员工渐渐离开公司，或者过早退休，或者自己离职创业。

当然，比尔干得不错，在我们创办微软 20 年后，他已成为世界首富。但他还是会感到困扰，股东们和华尔街对微软不断增长的盈利能力和扩张期望值过高。作为公司的董事长兼首席执行官，比尔从不大肆宣传未来的收益预期。他只是适当地做出预测，为公司在有出色表现时做个铺垫。在20世纪90年代，微软的股票价格成倍增长，几乎涨了近100美元。然而比尔发现这些成功越来越难以实现。

公平地说，比尔的工作非常非常艰辛。在高科技领域，即使你做得很好也会面临太多压力，而为了让公司保持竞争优势，又不得不忍受难以置信的辛苦。1995年美国全国广播公司（NBC）做了一档专题节目，比尔在节目上这样告诉汤姆·布罗考："科技产业非常令人恐惧，一旦在技术上落后了，不管你曾取得多大的辉煌，都不能保证未来的领先优势。"在这次节目的几个月之后，一份内部备忘录在互联网上被迅速传播开来。在备忘录中，比尔当时将统治互联网浪潮看做公司未来发展的关键，而比尔把网景浏览器视为微软实现这个目标的最大障碍。网景浏览器不需要捆绑在操作系统上，因此它也会对微软核心产业 Windows 和 Office 造成巨大的威胁。

领导人都喜欢坚持固有的成功模式。对比尔来说，最可行的模式就是超级侵略性加上超级竞争性。当你的公司成了行业龙头，游戏规则就改变了，你需要缓和下来，避免其他竞争者对你产生怨恨情绪。但比尔不懂得低调放缓，这不是他的性格。他一遍一遍向外发出的是同一个信息：我们会接受任何挑战，并把你击败。就在那期访谈节目之前，《纽约时报杂志》有一期的封面将微软描绘成一头700多斤重的猩猩，这不是一个好兆头。比尔顽固的处理策略，加上微软长久的成功，已经引发了对手及美国联邦政府内同盟的反击。

1977年，针对微软的反垄断运动达到了顶峰，司法部以所谓的侵权为由对微软处以巨额罚款。在欧盟，微软面临同样的处境。当时我还在微软的董事会，就建议比尔放低一下姿态："不管是市场还是行业地位，微软都是独占鳌头的，你没有必要做得像个刺头一样。"比尔声称 IE 必须嵌入到 Windows 之中，以确保操作系统完美运行。我对这个意见有所怀疑，而这也正是联邦诉讼争论的焦点。从技术上讲，这个捆绑是没有必要的，因为 Windows 可以兼容任何适合的浏览器并顺利运行。（自那以后，微软在欧盟的诉讼中与欧盟达成和解，允许用户自由选择浏览器。）

但是比尔坚持认为，依据法律原则来说，一个公司有权在自己的产品中加入新的特色，即使这个产品在市场上处于垄断地位。他没有把握好的是，不管别人怎么警告他，他都不明白这起公诉是不以法律依据为转移的。对微软的这次行动，实际上是源于政治——微软已经成了某些人的靶子。

1998 年 5 月 18 日，美国诉微软案。美国总检察长詹尼特·雷诺说："微软非法利用了 Windows 的垄断优势，侵犯了用户的选择权。司法部不能容忍这种行为。" 11 月，在一个将永存于 YouTube 上的视频里，比尔连续 3 天在美国地方法院作证。司法部雇用的律师大卫·博伊斯把比尔惹急了，他开始发难——他不仅回答了博伊斯的问题，还贬损了他们，"你所说的'互联网软件'是什么意思?"——你的问题问得简直可笑，我还得给你解释一下为什么可笑！我还要让你看看，你自己对软件业有多么无知！

比尔的性格中融合着尖刻、好斗、死抗和倨傲。我很了解他的性格，但在证人席上，这些特点对他一点儿好处都没有。他也许还告诉司法部（另外还包括主审法官），这个反垄断诉讼是他听过的最愚蠢的事。反微软的情绪蔓延开来，紧张而激烈，这也把比尔彻底伤害了。他一直都是商业媒体的宠儿、杰出的企业家和技术天才，现在却被媒体描绘成恃强凌弱的坏人，歪曲规则甚至破坏规则。一个周末的傍晚，比尔打电话约我，我们俩在他湖边别墅的客厅里会面，这个别墅还是几年前我帮他挑的。比尔看上去很憔悴，就像几天没有睡觉的样子。承受着太多压力，比尔表露出他鲜为人知的另一面。他说，这么多年来，他一直在努力带着微软向前发展，但大家对公司的过高期望令他不堪重负。

"我就像是努力在给一个气球打气，"他说道，"但现在，气球要破了。

我控制不了。”

并不是所有人都把微软视作反派。一天晚上，我独自在位于纽约西村的 Il Mulino 意式餐厅吃饭。我注意到后面角落的桌子旁坐着一位身穿双排扣夹克的中年男士，他梳着大背头，旁边坐着一位身材匀称优雅的女士。他背抵着墙坐在那里，面对着餐厅入口。临关门时，他走到我跟前说：“你是艾伦先生吗？”他话语中带着很浓的新泽西口音，有点儿像《黑道家族》中角色的感觉。我向他表明了身份。之后他说：“你们公司牵扯到了一宗反垄断诉讼案。”

“是的。”我答道，但还是没弄清这是怎么回事。

“你们的‘球尔’默先生说了一些总检察长的坏话。”

“是的。”我说。在反垄断诉讼事件里，史蒂夫一句话就把自己送上了媒体的头版——“让詹尼特·雷诺见鬼去吧！”现在我有点儿紧张了。

那个人说道：“我也会说同样的话，但我身份不同。再见到你们的‘球尔’默先生时，替我转告他，有人很感激他所说的话。”

这时我才松了口气，答道：“我会的。”

2000 年 4 月 3 日，托马斯·潘菲尔德·杰克逊法官裁决，微软违反了谢尔曼反垄断法。两个月后尘埃落定：杰克逊法官下令将微软一分为二，一个专营操作系统，另一个专营其他软件。

我觉得法官有些过分了。这个裁决太严厉了，远远超过了法庭可循的任何违法判罚。“这个法官太过火了——他跟我们有仇！”比尔说道，“这个判罚在上诉时是站不住脚的！”比尔可能是对的，但万一错了呢？要是 Windows 从微软的应用软件中剥离了，将会给公司带来多大的连锁损失？我们的软件会被边缘化吗？这两个分开的公司，比尔将去哪一个，另一个怎么办？

几个月后，我刚刚结束了在董事会的第二阶段工作，联邦上诉法院推翻了分拆微软的裁决，最终只对微软处以相对温和的罚款了事。但是这起案件对微软造成了极其剧烈的冲击，它耗费了我们，特别是比尔的太多时间和精力。在一个集中化决策的技术公司里，一个官司缠身心烦意乱的首席执行官所带来的负面影响是很有杀伤力的。我们只能推测这件事在那关键的几年时间里怎样影响了微软的发展，以及在接下来的10年里给公司发展所造成的困难。

我知道比尔近来颇为烦闷，但当他在2000年1月宣布自己将退居“首席软件设计师”一职，让史蒂夫·鲍尔默接任首席执行官时，我还是很吃了一惊。史蒂夫在比尔的婚礼上是伴郎，他们在哈佛时就暗自竞争，看谁的成绩更好。尽管史蒂夫曾长期作为比尔的顶级助理，但从20世纪90年代的经历来看，他并不适合坐上微软的头把交椅。我敢说，比尔一直把他看做一个在生意上很睿智，但在技术上欠缺执行力的管理人员。史蒂夫不是一个“做技术的家伙”——这是董事会其他成员都了解的事，但比尔过了很久才明白。不管史蒂夫有着怎样的长处和短处，毕竟，他是可以继承这个位置的唯一人选。

比尔表明，自己仍是微软的技术领袖。他站在新任首席执行官身后，对每个决策指手画脚，还为自己渐消的影响力而恼火。史蒂夫给我打过几次电话，抱怨比尔在开会时反驳自己的意见：“我该怎么办？”

“你应该把比尔叫到一边，”我说，“告诉他不要当着公司的人让你下不来台。现在你是首席执行官了，你必须跟比尔挑明，别的办法都没有用。”

2006年，比尔声明自己将于两年后正式离开微软的管理工作，以后关注他在“比尔及梅琳达·盖茨基金会”的健康和教育工作。我试着提醒他，一旦离开了，事情就不同了，“一旦你不再有决策权，人们就不会像以前那样看待你了。”我还记得自己在离开公司后仍试图插手公司事务时的遭遇和感受。我花了大约一年时间才明白过来，我的意见已经无足轻重了。

而在比尔这边，情势已经发生变化。在产品审核会议上，他的苛刻评论甚至变成了犯上作对的“荣誉勋章”。有一些游戏是这样的：数数比尔和某位经理的冲突次数有多少，获得比尔“最蠢”评价的人赢得比赛。“我给出了意见反馈，”比尔抱怨道，“可一点儿影响都没有。”2008 年，他最终离开微软的日常管理工作，而这个过程看起来是虎头蛇尾的。

2010 年 7 月，微软公布了第四季度收入情况，总收入创纪录地达到 160 亿美元，季度收入是 45 亿美元。总收入第三次与苹果持平，是 Google 的 2 倍多。但公司的股票价格继续走平，这种情况已经持续多年了。微软股票的市盈率为 12 倍，交易价格却低于通用磨坊食品公司和宝洁公司。不管微软多么赚钱，华尔街还是拒绝为 Windows 7 升级周期内的任何预期增长定价。2010 年年初，微软的市值被苹果超越。近期来看，这是很难挽回的事了。

微软可能是世界上与人们日常生活最密切相关的公司了。目前全世界有超过 10 亿份 Windows 在使用中。但微软在过去的 10 年中被折磨得太厉害，也错过了进军互联网搜索、智能手机、社交网络和数字媒体销售领域的大好时机。曾在个人计算机产业只占据高端小市场的苹果公司，现在却成了“酷”设备的供应商。Google 利用以自己网络为基础的“云计算”在搜索领域超过了微软。在社交网络领域，Facebook 无疑是老大，而微软只是用 Xbox LIVE 稍稍取得了一点儿成绩。

以上所有高科技列强即将统治人们未来联系的平台。而在迅速失宠之后，微软只被人们看做明日黄花。最近，佩尤研究中心做了为期一年的调查。他们发现，目前的科技类文章中，有 15% 是在说苹果，11% 与 Google 有关，关于微软的文章只占 3%。一个曾经的技术旗手怎么会落到如此地步？这是个棘手的问题，其根源远在十多年前，但我觉得可以总结为以下三个原因：规模、文化和领导。

微软在过去那些年里膨胀过快，自己都无法控制消化——这是一个很明显的答案。当我离开微软时，公司员工不足500人；1990年已经超过5000人；2000年接近4万人；今天，公司员工已经超过9万人。在这样的规模下，公司的文化渐渐改变，你都无法有效控制。为了避免公司员工的平庸化，就必须狠心清除那些表现不佳的人，但微软在这一点上显然做得不够。一位高管最近曾对我说："我希望能裁掉1/4的人。"

最重要的是，一个产业的龙头企业永远不能自满。我跟比尔创立公司时曾遵循的口号——"我们制定行业标准"，微软不久之前也在信守。然而在雷德蒙德的微软总部，私下且坦白声明这句口号的人，已经没有了。

在2009及2010年，我曾跟十多位近期离开微软的员工共进午餐。他们都谈到了相同的事：管理层有太多没有真才实干的人，在主要的产品线上有太多的权力和利益的政治内斗。Windows Vista就是一个警钟。这款2007年推出的操作系统，已成为权威人士的笑话，也是苹果公司广告宣传中讥笑的目标。微软怎么会让自己的当家产品落到如此田地？

跟许多同等规模的产品一样，Vista的失败是多种错误的共同结果。首先一个就是急于求成的心态，它无助于Windows的开发。因为后者的编码基数已经太过复杂，测试和升级都有不小的困难，而就在此期间，公司最老练的管理者离开了。并且，这个问题的最大症结可以归结为基本监督的失职。高层管理者并没有对Vista的开发付诸足够的重视，在它尚不完善时就匆忙地推向市场。

微软找到一位出类拔萃的"教官"——史蒂文·新诺夫斯基来管理Vista的下一个版本——Windows 7的开发工作，情况渐渐好转。但微软日益蔓延的文化问题还是很难解决。我们开创微软时，目标仅仅是做一个微处理器语言公司。比尔和我都是程序员，我们给别的程序员开发软件，向计算机硬件生产商卖出许可。我们与IBM的DOS生意标志着公司从安全港中驶出，进入了竞争的海洋。而一旦你开始推出操作系统，接着是图形用户界面软件和文字处理程序，你的产品就直接面向用户了。在这个竞争激烈的舞台上，在过去的30年里，微软从未停止努力奋进的势头，直到今天仍在打拼。但是，可以这样说，设计出令消费者心跳的产品从来都不是公司的长处。

这个历史问题现在体现在微软身上，就表现出一个取舍抉择问题：是卖给终端用户，还是卖给“企业”——基于服务器的企业市场。企业软件一直是微软的摇钱树，公司总收入的1/4都来自于它，并帮助公司创下盈利新高。（并且，业务部也占了公司总收入的32%，主要来自Office的企业订单。）结果是，微软无可避免地开始将精力向那些大的IT企业客户倾斜，而远离了终端消费者。公司依然有很强的竞争力，从首席执行官往下都是如此。不过一旦你成了《纽约时报》所说的最大的“管道器材”批发商，创新精神就从公司业务中消失了。你也许想要创新，但那就跟对抗地心引力一样困难。

今天的微软涉及多个领域，从小企业的财务软件到网络摄像头都有，但太多的触角会使你分心，而真正需要专注的是公司的核心产品和发展战略。早些年里，我们忽视了数据库。若是没有跟IBM合作这个天赐良机，我们也不过就是操作系统里的一个注脚而已。若是查尔斯·西蒙尼没有加入微软，我们在文字处理程序上也会落于人后，因为微软当时没有人会写这种程序。在这些市场以及其他许多市场领域，微软都是作为一个迅速的“跟进者”而发展壮大的，从MS-DOS到Windows到Word和Excel都是遵循了这种模式。

在20世纪90年代中期，史蒂夫·鲍尔默曾强力地制定了微软的发展策略：竞争不是问题，但是赢得竞争的唯一方式是向对方学习，知道他们所知道的，做他们所做的，盯住他们，盯住他们，盯住他们。多方刺探，踩在他们肩膀上，复制他们，把他们任何好的想法弄过来变成我们的想法。

对一个占据领先的市场份额且有无尽的资金支持的公司来说，这是最理想化的方案：最小的风险，最大的收益。

然而世界再次改变。随着内容向网络转移，革新的速度加快了。比起旧时以磁盘为基础的软件，跟进策略越来越难实行。时至今日，极大程度上，最好的机会在那些你的竞争对手还未站稳的领域，而不是他们早已确立领先优势的领域。微软在努力适应这种新的形势。随着时间的流逝，微软以企业客户为主导的运营方式开始变得僵化，曾经的迅速跟进变得迟钝缓慢。在苹果推出第一代 iPod 的 5 年之后，微软才推出了 Zune。而 iPod 搭配了一款强力的用户锁定的 iTunes 管理软件，在这次竞争中，微软只是抓住了一点儿皮毛。微软首个用来与 Google 搜索竞争的“必应”，直到 2009 年才得以推出，14 个月后，微软的 MSN、Windows Live 和 Bing 搜索所占国内搜索引擎的市场份额一共是 14%，虽然位居第二，却离 Google65% 的份额差距很大。在搜索竞争上，我们还有很多硬仗要打。

在 Google 变成今日的巨人之前好多年，我曾几次询问比尔微软在搜索引擎市场上将如何动作，或者公司是否该考虑买下 Google。比尔却没将当时那个微不足道的小竞争者看在眼里，他一直都说：“6 个月时间，我们就能战胜它！”自满最终酿下苦果。最显著的例子是在智能手机和平板电脑（如 iPad）这两个新的竞争舞台上。平台造就了微软。20 世纪 70 年代中期的微型处理器是我们早期 BASIC 成功的起点。个人电脑软件平台——由 DOS 创立，Windows 以及通过个人计算机建立起来的其他外部软件开发商的关系纽带加以巩固——让我们年轻的公司占据先机。历史表明，忽视新兴的平台是有危险的，因为它们之中的一个就可能把你拖垮。

这样来想：刚开始是被称为“大型计算机”的巨大机器，它们像恐龙一样统治着世界。接着出现了叫“微型计算机”的小型生物，它更便宜，并把你带入了一个全新的应用程序世界。接着个人计算机来到了，它们一路挤进计算机的世界里，让用户拥有自己的计算机。于是很多微型计算机（以及像 DEC 和王安电脑这样的公司）都灭绝了。新的个人计算机平台有着像 WordPerfect 和 Lotus 1-2-3 这样充满灵气的应用软件，此后它们一直占据着市场，直到新的平台——图形用户界面出现，而它们无法跟上这个潮流，也消失了。当微软的 Windows 和更好的图形用户界面程序出现时，一切尘埃落定。

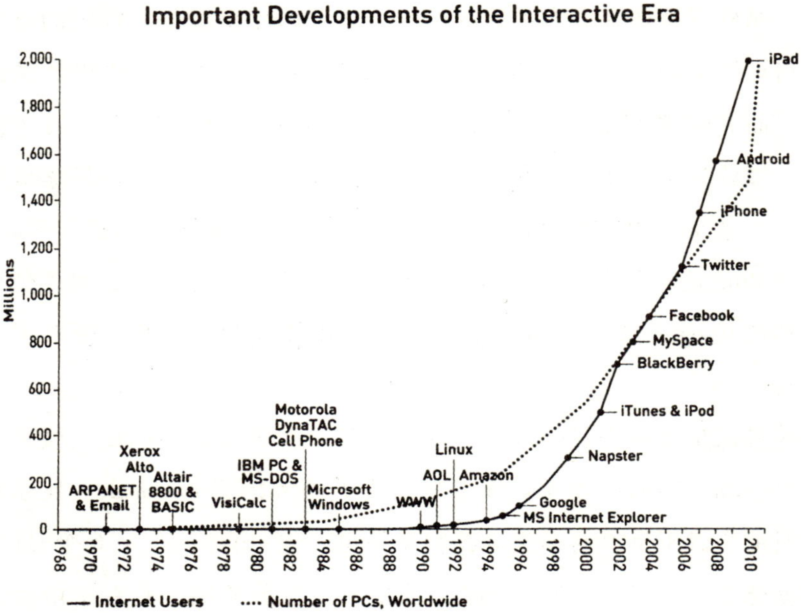

交互式计算机时代的重要发展

纵轴：百万

横轴：年份

线条：实线——互联网用户

点线——全球个人计算机数量

现在我们正在进入一个新的时代，也正在重复以前相同的模式——一个公司先是领先，接着在最新的变革中落伍，你还没弄清楚呢，一个对手已经在市场和技术上加冕称王。用户惯性往往使得新的领头羊很难被撼动，而曾经的头羊也发现自己已经落伍。

在追赶个人计算机的竞争者中，新的类型已经隐约可见，它们就是各种移动设备，概括来说就是智能手机——装在口袋里的计算机平台。从技术上来说，未来属于谁还不一定。微软不能在移动平台上失败，因为它已快速成为中低强度的计算和网络内容消费的主要交割点。

很多年轻人早就开始把使用电脑的一多半时间花在智能手机和平板电脑上。随着智能手机的屏幕显示效果越来越好，网络传播带宽也越来越大，移动智能终端的势头只会有增无减。微软对这个趋势心知肚明。在2000年时，微软就推出了自己的移动操作系统，但是这款早期的触笔操作界面设备还是在市场上失败了。接着，iPhone用其诱人的触屏和友好型界面寻得突破，微软最终错过了消费类电子技术的一个周期。

就像我们在劝说IBM采用16位技术之后，个人计算机取得成功一样，移动平台的先驱们也将摩尔定律变作了资本。今天，苹果的iPhone、摩托罗拉与Google合作的Droid就是这样的产品，它们集高速交流、低成本制造、高速微处理器于一体。苹果和Google在移动领域先发制人，因为他们在开发新的革命性平台上时刻保持警惕。他们在追随芯片发展潮流上做得很好。

自从2010年下半年开始，微软在高端智能手机上就跌到了第四名，排在前面的分别是RIM（黑莓）、苹果和强盛的Google。虽然对Windows Phone 7的预测比较乐观，但竞争还是非常激烈的。黑莓看上去是有弱点的，但苹果这家顶级创意公司却拥有行业内最为狂热的信徒。乔布斯只提供了有限的选择（iPhone只有一个基本款），但所有产品都是即插即用完美运行。这是一种程序，能够胜过用户对这个“封闭花园”①的本能抵抗，也使得用户乐意舍弃自己的偏好选择，只要产品能迎合用户的兴趣，甚至可以让他们付出额外的费用。

接着是伶俐而面向云计算的Google。它采取的是另一种策略：以有限的功能开始，复制行业领头公司的优点，各处搜罗应用，如此周而复始。

---

① 封闭花园：指把用户控制在某个范围以内，控制其对网页内容或服务进行访问的环境，与“完全开放”的互联网相对而言。——译注

Increasing Computational Performance and Decreasing Hardware Costs

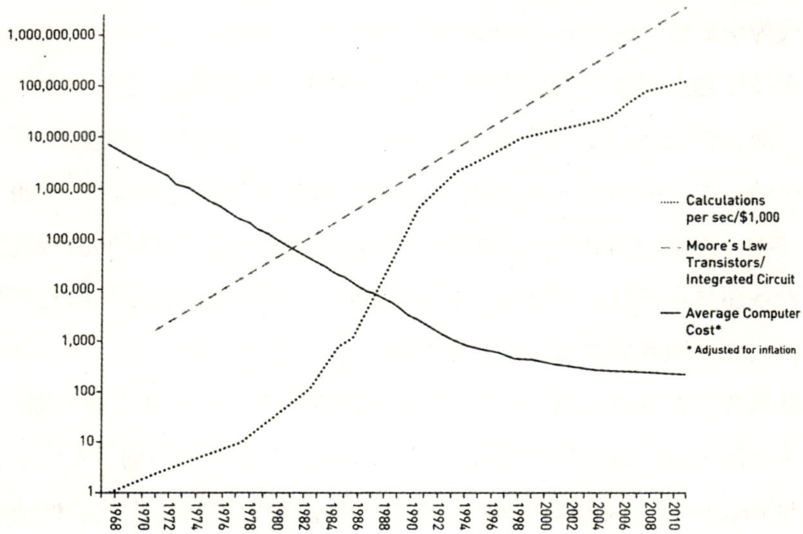

不断上升的计算性能和不断下降的硬件成本

点线：计算能力 每秒钟/1000 美元造价

虚线：摩尔定律曲线（集成电路上的晶体管数每 3 年增加 4 倍）

实线：计算机平均造价（根据通胀进行了调整）

实质上，它使用的是微软早期的发展策略——快速跟进。不过是将其用在了移动领域、网络时代。（随着 Google 在弱肉强食的科技领域为追求卓越而不断排挤和抓挠，其在新时期的口号“不作恶”似乎日渐失去可信度。）安卓移动操作系统是比尔早期很讨厌的东西——被称为 Linux 的 Unix 开源版本。Google 将其免费送给产品制造商使用，本质上与微软当初将 MS-DOS 低价出售是同一策略——统治市场，在这里则是为了统治智能手机搜索市场。

就像照相机和电视机一样，安卓遵循的产品更新周期是 6 个月或更少，这个周期正好迎合了用户对新产品的爱好之心。与其相反，每一款 Windows 产品的推出，因为受到企业客户的需求、反相兼容、数不清的第三方设备驱动程序等因素的影响，历史性地达到两年甚至更多时间。（最近两款产品 Vista 和 Windows 7 分别用了 5 年和 3 年的时间。）经过改进的新型 Windows手机操作系统的产品周期能稍微快点儿，但还是应该克服公司的文化阻力。微软能加快脚步，在新的移动平台上施展手脚吗？我认为它别无选择。

触屏式智能手机和平板电脑无疑有其局限性，尤其对多用户玩家或打字比较多的用户来说，比如说我，就更喜欢用物理键盘。在内容创造方面，一个平板电脑无论能力还是方便性都不如笔记本电脑。但在观看网络视频或阅读杂志上，iPad 只需轻划手指的操作就显得无比简单。而在我们的文化之中，更多的人是在消费内容而不是在创造内容，所以，瑞士军刀式的多功能 iPad 以及即将到来的无数 iPad 克隆产品都将使得这一缺点显得微不足道。看起来平板电脑大有在未来 20 年里取代书籍、杂志和报纸的可能。作为一个铁杆的书迷，我发现这个前景将非常令人伤悲，却不可避免。

为了在这股变革的旋涡中立足，我们需要时刻明白：在过去 10 年里，个人电脑仍以平均 2 位数的势头在增长，并且，只要有个人电脑，就有微软。个人电脑不会被智能手机取代，因为它们没有更强的像销售报表或制表软件这样的办公应用软件。在其他任何方面，用户则会从台式机或笔记本电脑上走开，使用更便携的移动设备。随着技术的革新，消费者，尤其是那些年轻的用户就会被趋势牵着走。我经常听到人们这样说：“就个人而言，我不喜欢它，但我的孩子们用 iPhone 打字时就特别开心。”

新产品刚刚出现时，会赢得尝鲜的人的欢呼，因为他们总喜欢更新的热销产品。随着人们渐渐意识到这些新产品的功能比旧有的产品更好时，其用户群就迅速扩展开来了，直到有一天，你发现你的外婆也购买了 iPhone 的数据套餐。当一个新的平台淘汰掉旧的平台，品牌忠诚度也就被人们淡忘了。尽管个人计算机仍如日中天，但它已不再是引领革新的主要动力了。

下面这句话才是个人计算机的丧钟：“我主要还是用手机或平板电脑，需要写内容很多的电子邮件或文件时，我才用个人计算机。”大多数人还不到这一步，但已经为期不远了。

如果微软不能在移动领域赶上脚步，那么它免不了会面临衰败的前景。

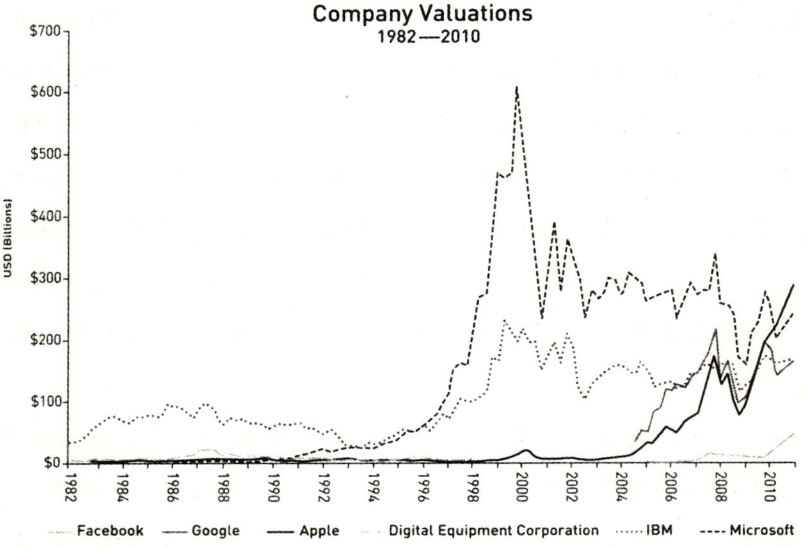

公司估值

1982—2010

纵轴：美元（10亿）

就像当年的IBM 360一样，微软的Windows也曾一路高歌引领潮流走向，辉煌了20年时间，而且这个年数仍在增加，这在技术领域几乎是等同于永久的概念。就像1980年的IBM，微软现在也面临着巨大的威胁。很久以来，IBM都是自鸣得意，自认为无懈可击，从其公司的客户基础群上敛钱，然后这头巨兽振奋了一下，说道：“咱们必须得做个人计算机了。”我就是亲历了这段变革的人。我见证了IBM只用了几个月的时间，在两个西雅图的年轻人及其团队的帮助下，从个人计算机领域的零做到了老大的位置。尽管如此，一旦失去动力，从后面追赶就变成了难事。做第二名比做第一名的挑战要大得多，你需要做的不仅是更加努力，你需要把产品做得更好，至少在迎合用户需求的方式上面有所不同。

我希望微软能够重整旗鼓再次复兴，这是有希望实现的，因为科技领域的市场原本就是动态的，而我的老公司已经意识到了挑战。在可预知的未来，智能手机市场上仍将群雄割据，人们也会相对容易地花很少的钱就换一种能够抓住他眼球的产品。想想 5 年前，人们还没听说过 iPhone，苹果的分析家们对公司的未来都充满了悲观。考虑到微软的巨额资金储备和投入资金进行革新的决心，从现在算起，5 年后微软的处境应该很好。

但应对仍在不断改良的苹果和安卓，微软要想赢得竞争，就需要一些策略：更快的研发周期、质量更好的移动操作程序、一两个使 Windows 智能手机与众不同的独门秘籍。最重要的是，公司需要以某种方法找到它的优势源头。在最初的日子里，从我们以不到4000个字节将“牵牛星”BASIC 编写出来时算起，比尔和我只有在确信它是最棒的之后才会推出核心产品。想要赢得移动领域的竞争，微软最首要的任务是，生产出用户一旦开始使用就爱得上的手机和平板电脑产品。

我离开微软的时间比比尔早25 年，我们在自己的后微软时期里都取得了很大的成功。但在某些方面来讲，我们俩单打独斗时比合作时要逊色一些。我怀念比尔在市场竞争上的精准眼力，把我的设想变成现实的执行能力，和防止我的想法过于超前或不可行的理性。我想，比尔也会怀念我对技术趋势发展方向的预测能力，以及用出色而原创的想法迎合这种趋势的能力。

在我离开微软之后的日子里，我发现，在没有一个务实的合作伙伴和业务行家的帮助下，管理公司有多么困难。尽管如此，我也不后悔自己单飞的决定。它给了我追求更大范围的丰富体验，它带给我一直梦想的生活。在很早很早之前，当我兴奋地坐在终端机前努力完成下一行代码的编写时，我就梦想着这样的生活。

第十四章　开拓者狂热

1986年3月13日，微软正式上市。我卖掉了20万股股票，其余的继续保留在手里，大概有28%的公司股权。一夜之间，我有了1.75亿美元。一段时间里，我拒绝别人让我卖掉股票分散投资的建议。考虑到计算机迅猛的发展势头，我认为像微软这样一个占统治地位且运营良好的科技公司的投资潜力要胜过其他任何企业。很快我的想法就被证实了，微软的市值一路飙升，到1990年，37岁的我已经是一个亿万富翁了。到1996年，我的身家已增长了10倍。

在微软首期上市之后，我的律师阿伦·伊斯雷尔曾这样说过："有了这些钱，无论在什么时候，你想做什么就能做什么了……"我决定去开拓新的领域。生命如此短暂，可以做的事情太多太多。我给旧时大学联谊会的舍友、我现在的得力助手伯特·柯德打电话，说道："我想买一个NBA球队。"

小时候，我的体型瘦长，没有什么出众的运动才能。当我们的矮个子教会篮球队赢得市冠军时，我只能坐在板凳的末席，在比赛的垃圾时间里上场跑跑龙套。我对运球和投篮的记忆十分模糊，篮筐似乎遥不可及。我在四方场地球游戏里的表现要好得多，这种运动需要将一个大的橡皮球扔到画在地上的大田字格的一角里去。我喜欢竞争，但我的体育才能直到高中时才在足球方面展现出来。

在微软于1979年搬到贝尔维尤后，我才发觉自己对NBA的兴趣，那一年，西雅图超音速正经历球队历史上首个也是最后一个总冠军赛季。我沉浸在兴奋之中，并成了该球队的球迷。7月，超音速击败华盛顿子弹队①取得总冠军，我也加入了赛后街道上人群的庆祝活动，大按车喇叭。

次年秋天，我第一次买了球队的赛季套票。那时超音速开始交易队中的好球员，每年他们的成绩都在滑坡，而我在看台上的位子也越来越靠前，直到我坐在了主队球员席对面的球场边缘。如此近距离地观看现场比赛更深化了我对它的热情，我觉得NBA是所有运动之中最伟大的展示——势均力敌的对抗、运动美、团队合作、个人才华……球场上的运动似乎永无停止，每时每刻都充满激情和活力。不像垒球和橄榄球，很少有比赛在还有5分钟结束的时候才决定胜负的。有什么能跟一个刷网而过的干净的跳投，或在包围中抢下一个前场篮板来媲美呢?

20世纪80年代，早期的超音速不算是个强队，但他们技术很好，也打得很好看。我生病期间，观看超音速的比赛就成了最好的消遣方式，只要情况允许，我就去现场看，否则就在电视机前看转播。在等待放疗的时候，我读报纸上的比赛记录表或NBA的官方记录。你若是问我西德尼·蒙克里夫的投篮失误率，我可以迅速脱口而出一组百分数字。

在治疗的那段艰难时期，超音速的比赛就是上天赐予我的礼物。不管我的身体有多么虚弱，总会期待着去看下一场比赛。

1987年秋，我听说波特兰开拓者队可能要被卖掉。10年前在比尔·沃顿的帮助下球队曾获得过总冠军，现在球队的老板是洛杉矶开发商拉里·维恩伯格，一位传统风格的绅士。我通过以前在TRW的联系人鲍勃·巴内特跟他初步交涉。维恩伯格的律师告诉鲍勃："开拓者不卖，但可以考虑一个报价。"他们坚持说要私下会面，若是有一点儿风声走漏出去，我们的谈判就取消。

---

① 华盛顿子弹队，现在NBA中华盛顿奇才的前身。——译注

那年10月，我们与维恩伯格最信任的合伙人哈利·弗兰克尔会面。会谈前，我告诉鲍勃，我只有一个条件：只要他们肯卖，报个价出来，我不想自己出价。会谈中，弗兰克尔不停地鼓吹着球队的辉煌成绩，还说开拓者是一个不断进步的球队，创下当地电视台收视率最高、连续10年观众爆满等历史。离开的时候，我看着鲍勃说："他们没有出价。"

我以为这次交易没戏了，但后来在3月份，他们给我打来电话。我还是很想买下一支球队，这次是跟拉里面对面会谈了。两个小时里，他给我们讲了他的故事——他刚买下球队那年开拓者就拿到了总冠军，后来沃顿的脚受伤了再也没有康复。他有时在国外出差，就半夜起床用收音机听两个半小时的比赛转播，要是球队输了，他第二天就很不好过。"失败伤透了我的心。"他说道。

最后，维恩伯格提出，他的售价是6500万美元。10分钟后，我们握手达成协议。那时我35岁，是大联盟最年轻的球队老板。

1988年5月，我在开拓者队的办公室里参加了媒体发布会，这是我第一次走在代表球队颜色的鲜红的地毯上。维恩伯格说："我给大家介绍一下，这位是新的球队老板，保罗·艾伦。"大家都惊讶不已，因为我们遵照约定一直守口如瓶。这种公开露面我也是第一次经历，面对媒体有点儿紧张。但维恩伯格非常亲切，他阐明，如果不是找到了一个能让球队在未来长盛不衰的"正确的人选"，他是不会卖出球队的。"他首先是一个球迷，"维恩伯格这样告诉记者，"假如你不是球迷，条件再好也做不了球队老板。"

开始不久，我见到了球队的头号巨星克莱德·德雷克斯勒，我们很合得来。表面上，克莱德是一个机敏、直率而无拘无束的人，其实城府极深。我听说他与奇奇·范德维奇两个人跟教练迈克·舒勒有矛盾，舒勒是个固执的严守纪律的人，他们合不来。那年秋天，新赛季开赛之前，克莱德和奇奇想要见我。我把他们叫到西雅图城外麻沙岛的房子里（我早就该明白这样是不好的）。刚刚坐定，他们就开始说起教练的不是：舒勒喜欢控制一切，扼杀了球员的灵性，等等。

快6点了，克莱德说："嘿，保罗，我看到你房子外面有个球场。你用过吗？"事实上，我曾花了大量时间练习跳投，那些日子里我甚至可以投三分。我们在球场上随意投了些球，奇奇说道："咱们来玩 H-O-R-S-E 吧。"①我同意了，心想自己一定会输得很惨。但他们俩很是照顾我，只在三分线外投篮，我终于坚持着没输。开始下小雨了，我们把球场的灯打开。每次投失的球反弹出来，克莱德和奇奇都在湿滑的地面上追逐着篮球。可能现在打球不是个好主意，我想，万一他们受伤了怎么办？

比赛最后，我投中一个制胜的三分球（他们俩太照顾我了）。克莱德说："嘿，我来扣一个！"奇奇把球抛向空中，克莱德从篮下平地起跳。那时他才26岁，风华正茂的年纪。他在离地3米高的篮筐上方近1米的地方接住球，抓住，扣进！我曾坐在场地边观看过1000多场 NBA 球赛，但从没有见过这样的扣篮——就在夜晚细雨中，在我家的户外球场上。

离开的时候，克莱德随口说道："以后我可以给你打电话聊聊球队的事吗？"

"当然。"我答道。这是我犯下的第二个菜鸟错误。对球员友好和关心是可以的，但你需要谨慎不要越界。你跟他们的关系过于亲密的话，等到续约和交易时就容易反受其害。在克莱德这边，我跟他走得就太近了。在

---

① 在 H-O-R-S-E 比赛中，目标是成为最后一个集齐 H、O、R、S、E 这5个字母的人。通常 H-O-R-S-E 比赛中的投篮都是很有技巧的，并且有时候运气能够帮助你取胜。H-O-R-S-E 比赛通常需要至少2名球员。比赛中，1号球员可以在球场的任何位置投篮，假如他投进了，2号球员需要在他投进的相同位置完成一次完全相同的投篮。如果2号球员投失了，他将会得到"horse"这个单词中的第一个字母，也就是"H"。如果他也投进，那么字母不会累加给任何人，2号球员将得到继续发起投篮的自由权，选择下一个投篮的位置并且将球投出。如果1号球员最开始就错失了投篮，那么2号球员将会得到发起投篮的球权。不管是谁得到球权，比赛都将像之前那样进行下去：如果他投中，下一个球员（如果2个人比赛就是1号球员，如果多于2人比赛就是3号球员）就需要尽量完成一个相同的投篮；如果他投失，下一个球员就得到发起投篮的自由权。集满单词"horse"的球员被淘汰。——译注，来自虎扑篮球百科

以后几年里，我经常在半夜被电话吵醒。

“保罗，我是克莱德。”

我说：“除了你，还有谁会在凌晨3点给我打电话呢？比赛怎么样，克莱德？”

他说：“我们又输了。”接着，他就抱怨不专心打球的队友——跟我们大多数人一样，克莱德更多的是看到别人的缺点而不是自己的。我们就一直聊着比赛，直到他说到重点上：“保罗，我的薪水太不公平了。”

在我买下球队之前，拉里·维恩伯格刚刚跟克莱德签了一份为期6年的合同，平均每年130万美元。这个合同使他成为整个联盟里薪水最高的球员之一，但随着整体薪金水平的猛涨，很快克莱德就落在了后面。“保罗，”他说道，“在球队里，我的薪水才排第六。你也知道这是不对的。”

我答道：“可是，克莱德，你签了合同。当初没有人逼你签这个合同。”谈话就这样来回反复，弄得我们都身心疲累，我借口太累就挂掉了电话。问题不是这么容易解决的。一方面来说，克莱德的确本应拿得更多，他有着非凡的篮球才华——用他自己的话说是“涡轮”——这些才华只有在顶级球员身上才具备，他为球队赢得了很多重要的比赛。而另一方面，我认为合同就是诺言，驷马难追。若是仅仅因为一个球员跟我关系亲密，知道我的家庭电话号码，就撕毁一个合同，那不仅不合逻辑，而且将会开创一个糟糕的先例。

就在买下球队后一年左右的时间，我跟克莱德的亲密关系就影响了我的判断，并改变了两支球队的历史。总经理乔夫·皮特里手下的主管巴基·巴特沃尔特给我带来一笔大交易。“我认为我们能用克莱德换来奥拉朱旺。”他说道。哈基姆·奥拉朱旺是联盟内两三个顶级中锋里的一员。我也同意一个公理：总是用差一些的球员去换更好的球员。但这一次我告诉巴基放弃交易。我一方面是担心奥拉朱旺的长期健康状况，因为医生在他腿上发现了一个血块（后来发现是可治愈的）；另一方面是，我觉得克莱德对球队和球队的传统来说都是特别的，对我个人而言也是这样。我不想把他送走。

我接手开拓者队的第一年里，球队的状况不是很好。有消息说队里的黑人球员觉得被教练组疏远了，我们就雇用了莫里斯·卢卡斯来担任助理教练——他曾是沃顿时期受尊敬的球星。但情况仍在恶化，用《体育画报》的话说，开拓者是一个充满不安定因素的球队。我在赛季中期派伯特随队调查，他回来后告诉我一个严峻的情况：球队现在分裂为“十个和两个”，克莱德和奇奇被其他球员孤立了。球员们都仇恨教练，而克莱德也尽全力在暗中给教练捣乱。舒勒回以报复，他会跟教练组开会，却“忘了”告诉莫里斯·卢卡斯，他想把卢卡斯排挤出去。

我不大愿意在赛季中期换帅，这样会对球队状态造成影响，但其内部分裂看起来已经不可挽回了。1989 年 2 月，我们炒掉了舒勒，任命里克·阿德尔曼担任球队教练，他当时还是个没有名气的助理。奇奇要求交易，我们就把他送到了纽约尼克斯队，结束了他与更年轻、更有活力的杰罗姆·科西在上场时间上的冲突。季后赛首轮，我们被洛杉矶湖人队淘汰出局，球队的人员问题也已经暴露得很明显了。球队的后卫线因为有了克莱德、科西和得分后卫特里·伯特而十分强大，但在锋线上却很薄弱。萨姆·鲍威经常受伤，错过了几乎整个赛季；中锋凯文·达科沃斯则明显实力不足；我们在大前锋位置上还有缺口。对手可以轻易在我们的内线得分。

作为球队老板，我尽量使自己处在一个平衡的位置：一方面要插手球队事务；另一方面，在球队的人员配备上则保持一定的行政自由。我的职责是监督，不是执行。每当签订交易或招募自由球员时，我很少驳回球队管理层的意见。但也不是撒手不管，我会引导决策，在我觉得讲不通的时候追问缘故。

1989 年 NBA 选秀临近，这是我第一次身为真正的参与者经历选秀过程。在观看了一个顶级大学球员的明星赛后，我盯上了又高又壮而总是板着脸的克里夫·罗宾逊——康涅狄格大学的中锋。在录像中，他看起来是一个稳定而有爆发力的球员，投篮技巧很好，这是我中意的球员类型。但克里夫的名声不是很好，传言说他脾气很坏，打球不尽全力。选秀日那天，我坐在球队会议室里，眼睛扫着写在战术板上的顶级新秀的名字。后台是新秀们等待被选的地方，当他们被选中了，就走上台去。而第二轮都开始了，克里夫是唯一一个被剩下的新秀。他伤心地离开，回到了酒店。

那时我正不遗余力地游说签下克里夫。二轮选秀是一个低风险的投机，他们的合同没有保证，若是表现不好可以轻易裁掉。巴基·巴特沃尔特也偏爱大个子且强壮的球员，他同意了——因为即使选错了也不会有什么风险。球队总经理乔夫·皮特里也同意签下克里夫试试看。

这次选秀向我证明了，一或两个英明的决策会多么迅速地改变球队的命运。巴克·威廉姆斯是我们用鲍威交易而来的，弥补了首发球员的空缺，他球风强硬且专注，在对抗卡尔·马龙这种强壮的球员时是个防守支柱。克里夫四肢长、速度快、防守意识强，在场上可以打三个位置，是球队的另一个补充。（1993 年他被选为联盟的最佳第六人，1994 年入选全明星阵容。）他们一起帮助开拓者实现了成绩的飞跃，从败绩连连到 59 胜 23 负的联盟第二。球队有着无私且百折不挠的球风，观看他们打球是种特殊的荣幸。当我们在波士顿花园球场打败凯尔特人队时，他们的主教练“红衣主教”奥尔巴赫说道：“他们就这样在我们的主场把我们驱逐了。”

在只有一个职业球队的城市里，总是存在着一种凝聚力。我曾听说“开拓者狂热”兴盛起来了，但没料到波特兰的球迷们竟然如此狂热。我们在那个赛季的表现掀起了球迷们一直压抑的热情。在季后赛首轮，我们淘汰了达拉斯小牛队。接着，在对战圣安东尼奥马刺队时，克里夫替换受伤的达科沃斯上场，把强大的大卫·罗宾逊基本防死，让他只得了 9 分。随后，我们杀进了西部决赛，面对抢分能力极强的菲尼克斯太阳队。我不是那种感情外露的人，但我却被在一系列季后赛中不断凝聚起来的情绪所感染，比赛中我也会做出投三分的手势，朝观众挥舞双手让他们在关键时刻起立为球员加油，我还会在球队获胜时用手指向球迷并向他们鼓掌，以感谢他们对球队的支持。最后，当我们用三分球取得比赛胜利时，我无法控制自己的情绪，冲到了球场上，加入到欢呼的球员中去。巴克·威廉姆斯给了我一个拥抱，我感觉像是被一堵砖墙抱住了。在总决赛中，我们的辉煌时刻结束了，“坏孩子军团”活塞队利用他们的经验和强悍（还有“微波炉”威尼·约翰逊关键的得分）击败了我们。

1992 年，我们重回总决赛，遇上了迈克尔·乔丹带领的芝加哥公牛队——一决胜负的时候就要到了。某期《体育画报》的封面故事是两大高手争夺本年最有价值球员：乔丹，以及被誉为乔丹“头号对手”的德雷克斯勒——这只是在乔丹那原本就极为旺盛的斗志上再添了一把火。糟糕的是，克莱德在 1991 年 9 月做完关节镜手术后，6 次对右膝盖做积水引流，他的横向移动已经很受影响，而在比赛时却需要防守联盟的头号得分手。

在乔丹的职业生涯中，他这一段时期的跳投不是很稳定，整个赛季的三分球命中率只有 27%。但在芝加哥的首场季后赛中，他仅在上半场就投中了 6 个三分，并最终拿到 39 分。（投中最后一球后，乔丹转向记分台，耸了耸肩膀，他自己都不相信运气会这么好。）我们试着用克里夫和杰罗姆防他，克莱德协防——他们三个都是防守能手，然而一点儿用都没有。乔丹火力全开。我曾见过一个跟他相似的人，他不仅想打败你，还要把你碾碎。他们俩都是天生好斗的人——迈克尔·乔丹和比尔·盖茨。

在与公牛队的决赛中，我们也有上佳表现。在波特兰主场进行的第 4 场紧张的比赛，第 4 节过半，克莱德从乔丹手里断球，并扣篮得分，掀起一波得分浪潮。这场比赛后，两队 2∶2 打平。赛后我兴冲冲地跑进更衣室里，发现克莱德在衣橱前垂着头弯着腰，筋疲力尽，两个膝盖上都敷着冰袋。我说：“克莱德，那个断球太漂亮了！你算准了乔丹的动作！”

他抬起头看着我，摇摇头说道：“别说了，别说了，你不明白。大部分球员只有两三种假动作，可是乔丹有 9 种。这次只是我蒙对了而已，我很幸运。有时候不是猫逮住了耗子，而是耗子自己撞到了猫身上。”克莱德心里很有数。处在鼎盛时期的公牛还是在第 6 场决赛中把我们淘汰了。就在那时，为了弥补克莱德一直拿着低于平均薪金水平的酬劳，我给了他一份为期一年的 980 万美元的合同。那时，这个数字是团队运动项目中一年期合同里最高的。我觉得这是他应得的。

尽管在克莱德为开拓者效力的期间，我们并没有赢得总冠军，但那些年还是非常辉煌显赫的。我一个赛季能看 300 场比赛——或者是直播，或者是转播。若是身在夏威夷这样的偏远地方，我就用特别的直播卫星信号观看开拓者的比赛。每次主场比赛，我都会邀请 6 到 8 个人一起坐飞机去波特兰。我的母亲也成了开拓者的大球迷，在家看球时，她会叫上一个朋友边喝茶边吃饼干。有时候母亲跟我一起坐在球场底线边上看球，她会朝裁判斥责道："你得公平一点儿!"离她最近的裁判听了只是翻翻白眼。对母亲而言，裁判吹偏哨就是不公正，她不会置之不理的。

有一天晚上，开拓者对阵超音速。一个球出界了，直直地朝着母亲头上飞过来，后面追球的是身高 2.1 米、体重 210 多斤的萨姆·帕金斯。母亲抬起胳膊护住脑袋，帕金斯撞在她身上。接着我看到母亲一只手抓住了另一个手腕，"手腕断了。"母亲镇静地说。中场时，球队的队医过来给母亲冰敷并包扎手腕，我问她是不是要回家。"不，"她说道，"我要把比赛看完。"

在随后的赛季里，阿德尔曼把球队的年轻球员按在板凳席上，却不顾轮转困难，无休止地使用那些曾带领球队打入决赛的老球员。时间在流逝，这些老球员也慢慢进入了衰退期。1994 年，我们任用了新的主教练卡利西莫，还换了新的球队总裁，他将规划球队在未来 10 年的发展。

鲍勃·惠特希特是一个看上去很和蔼的人，很酷，口才很好。1986 年，他在西雅图超音速工作，是联盟中最年轻的高层管理人员。他总是不停地调整人员结构，因此也被人叫"交易家鲍勃"。在超音速时，他围绕好斗的得分后卫加里·佩顿和从未在大学打过篮球的极有天赋的大个子肖恩·坎普组建球队，超音速队由此变得无畏、不稳定、狂妄而充满运动天赋。在1993—1994赛季，他们取得了63胜19负的联盟最好成绩，惠特希特当选那一年的NBA年度最佳行政人员。但是球队老板巴里·阿克利在球队季后赛落败后，不再对他抱有希望，他掐断了惠特希特的办公室电话线，想逼他自己辞职。这时，我把惠特希特招揽了过来。

克莱德很快就被交换到了休斯敦火箭队，满足了他的要求。我把这个消息告诉了这名我最喜欢的球员，并为他对球队所作的贡献而表示感谢。对我们俩来说，这都是一个感怀的时刻。这一年春天，当他帮助奥拉朱旺夺得总冠军时，我在远方为他加油。我总把克莱德当成总冠军球员，现在他终于实至名归了。

惠特希特开始调整球队的大龄化问题，就像他在西雅图时所做的那样。他选一些有上进势头的新秀，再加上一些明星老球员。惠特希特有些操作是很精明的，比如说他通过一个6换1的交易，招来了上一年刚刚帮助乔丹第6次获得总冠军的全明星球员——斯科特·皮蓬。但更多的时候，惠特希特的表现就像一个Roto联盟①的总经理，只是把一些有着辉煌战绩的球员聚集起来。他公开声称自己只关心篮球能力，而把球员性格及其他因素排除在外。“我不相信化学反应。”他这样告诉媒体。球场上都是打球好手，球队的内聚力自然水到渠成。这是一个冒险的设想，因为篮球运动是5个人分享一个球。

事后回顾起来，惠特希特只是暂时延缓了球队的衰退而已，他花我的钱吃进了大量高价的长期合同——这些球员之所以能被买过来，要么是因为他们是高薪的包袱，要么是有球场外的问题，甚至两者都有。在7年时间里，他通过选秀、签合同、交易等手段聚集了这些球员：拉希德·华莱士、伊赛亚·莱德尔、达蒙·斯塔德迈尔、邦奇·威尔斯、肖恩·坎普、鲁本·帕特森、昆特尔·伍兹、扎克·兰多夫。这些人里，随便一个都够

① Roto联盟：体育经理类幻想游戏。——译注

你喝一壶的。尽管球队里也有像阿维达斯·萨博尼斯和史蒂夫·史密斯这样的好球员，但开拓者还是得了一个外号："波特兰监狱开拓者"。

那么，我为什么能够忍受这样的不稳定呢？答案很简单，我们在不断赢球。在惠特希特后 6 年的经理任期里，开拓者的胜率是 63%，联盟第 4。我们每年都能打进季后赛，两次进入西区总决赛，这已足够改变我进行球队重组的决心了。我可以忍受球队的缺点，而惠特希特还有他的长处，他在进入球员代理网络的能力上无人能及，我也依赖他的这些社会关系去完成交易。他还是一个有远见的人，每当我问他为什么选秀结果不好或交易失误，他都会答道："等着瞧，下一年他就能变得相当好！"

当你像我们在 20 世纪 90 年代早期一样如此接近总冠军时，你只会变得更加渴望成功，因为你知道成功的滋味是怎样的。对惠特希特而言也是一样，他渴望用一个总冠军来证明自己。开拓者于是变成了一个长期不得志的高价老兵，球队的薪水单激增。在心底，我知道有些不对劲。在季后赛里，一旦压力增大，高水平的对手瞄上了你的弱点，那么球员的缺点就纤毫毕现了。在 2000 年跟洛杉矶湖人的西部总决赛中，我们原先 1∶3 落后，后来赢回 2 场，来到决胜的第 7 场比赛。比赛的最后一节我们还领先 15 分，看上去我们马上就要赢下比赛进入总决赛了。而接下来要面对的就是印第安纳步行者队，我觉得赢他们没有什么问题。我在看球队打季后赛时，往往变得不自信起来，我试着逃避对赢球的渴望，"不管是赢是输，我都能接受。"但到了这个第 4 节，我放弃了自卑感，我忍不住对赢球的渴望，我真的想打败湖人队。

然而，就在短短几分钟里，开拓者变成了一盘散沙。我们连续 13 次进攻无果，我们的球员一下变得好像是今天早上才刚刚认识一样毫无默契。在比赛还有 40 秒钟结束时，致命一击来了——沙克·奥尼尔接到科比·布莱恩特的传球，空中接力扣篮得分。

这 7 场系列赛暴露了我们没有球队领袖，没有纪律性的本质。当登上回家的飞机，看到机舱里仍悬挂着的"打倒湖人"的标幅时，那种感受我永远都忘不了。我们的赛季结束了。这是一个彻底的失败，我很长很长时间之后才缓过劲来。

2002 年，惠特希特第 8 年担任球队总经理，球队的状况跌到了深谷里。我们的球员薪金总计 1.06 亿美元，居联盟之首，比总冠军湖人队还要多4400 万。我们超过工资帽6500 万美元。NBA 为平衡像开拓者这样的小市场球队而新设立了奢侈税[①]政策，开拓者超过奢侈税门槛 5000 万美元。球员薪水达到了不可容忍的 1.56 亿美元，而这些钱换来的只是一个赛季 50 胜，季后赛首轮就被淘汰的中上游球队。

在球场之外，情况更是糟糕，开拓者队成了职业体育的反面典型。我发现自己被一个接一个的衰事冲击着：

2002 年 11 月 9 日，邦奇·威尔斯因朝马刺队的丹尼·费里吐口水而被禁赛。

11 月 22 日，副队长达蒙·斯塔德迈尔和拉希德·华莱士在西雅图比赛之后返回的路上因超速而被警察截停，在他们的车上被发现藏有大麻。为解决这个案子，他们都答应去参加戒毒咨询辅导。

11 月 25 日，鲁本·帕特森因家庭暴力而被捕，他的妻子后来去检察官那里撤销了对他的指控。

2003 年 1 月 15 日，拉希德因威胁裁判而被禁赛。

4 月 3 日，扎克·兰多夫因在练习中与鲁本发生冲突且将后者的眼眶打碎而被禁赛。

那些希望开拓者能重回“德雷克斯勒—科西—伯特”时期的球迷们，他们的幻想破灭了。到现场看球的人越来越少，我们球赛的电视收视率下

---

① 奢侈税：将 NBA 前一年总收入的 48% 再除以 30，得出的平均数就是当年的工资帽，各球队花在球员身上的工资总额不得超过这个数字。如果哪支球队超出工资帽，就要向联盟缴纳 NBA 奢侈税。——译注

降了一半。然而，面对这样的形势，有些任性的球员却毫无懊悔之意。邦奇·威尔斯告诉《体育画报》的记者说："我们真的不在乎球迷们怎么看待我们。"从这句话，你就能明白为什么家长们再也不给孩子买邦奇和拉希德的球衣了。

有一天，我问惠特希特："更衣室里情况怎么样？对最近的事件他们有什么反应？"

他答道："是这样的，保罗。我们球队的球员，有一半是正常的，另一半是疯子。好的球员都被吓坏了，那些坏球员嘛，因为他们是疯子，所以都没什么事。"

我受够了。一个球队可能承受得了一个不安定球员的影响，但若是球队里一半的球员都是麻烦包，还怎么赢球？赛季结束后第 3 天，我就解雇了惠特希特。继任总经理的是史蒂夫·帕特森，我给了他一个命令，让他进行内部清洗。我们把像拉希德和邦奇这种刚刚打出来的年轻球员贱卖掉，终结了一些坏合同。只顾眼前战绩的组队策略阻碍了像杰梅因·奥尼尔这种有天赋的年轻球员的成长（他在去了印第安纳步行者队之后能力得到了施展，6 次入选全明星），球队一下子变得囊空如洗。2004 年，开拓者 21 年来首次没能打入季后赛。

更糟的事还在后面。一个内部调查员到我这里来，向我报告昆特尔·伍兹的近况："我们认为昆特尔在自家房子里斗狗。"

斗狗？我简直不敢相信自己的耳朵。

几天后："我们认为昆特尔家的院子里可能埋了很多狗。"

把狗埋在院子里？

又过了一两天："据说他家有个房间的墙上全都是血。"

墙上都是血？

我既震惊又恼火。昆特尔最后承认自己犯有虐待动物罪，被罚 80 小时的社区劳役。我们对他禁赛，3 个月后就放弃了他。

接下来的一年，我们真正跌到了谷底。整个赛季 21 胜 61 负，是无可置疑的联盟最差成绩。尽管在球场外没了那些风波，我却面对着另一个麻烦：怎么偿付球场的钱？

在旧的纪念体育馆里，球迷们基本是坐在一层地板上，这对客队来说是很恐怖的事。它还是当时 NBA 球队球馆中最小的一个，没有标志牌，没有豪华套间，也没有球场大屏幕。1993 年，我们花了 2.62 亿美元修建了玫瑰花园球场。我投入 4600 万美元，波特兰地区投入 3400 万美元，其余的钱从一个教师养老基金领头的团体中借来。利息是非常高的 8.99%，不得提前偿付，也没有额外贷款。

这个金融方案存在致命的缺陷，只是我们发现得太晚了。再加上开拓者现在是一个本地走下坡路而不受欢迎的弱队，我们收获的只是一片赤字和不满而已。开拓者在主场打球都会受到球迷的嘘声，以前这在波特兰是不可想象的事。虽然我们表明在努力重新组建球队，但在抵制球队的风潮中，人们纷纷取消球赛季票。我总共在开拓者身上投入了 5000 多万美元，净亏损巨大——有的付出是必需的。

2004 年，我的俄勒冈竞技场公司提出破产申请，迫使玫瑰花园球场的债权方进行贷款重组。我们未取得折中方案，于是破产，法院将球场转给了债权方，但球场下滑的收入仍由双方平分。2006 年，因为球队赤字持续上升，我们宣布拍卖球队。我的想法是，债权方是不愿意砍掉摇钱树或把球队赶出去的。没有人愿意看到开拓者离开波特兰，尤其是球队的内部人员。

选秀日是一年之中我最喜欢的时间之一。选秀前好几星期我就开始准备，我聚精会神地阅读 500 页的选秀手册，连续几个小时观看大学球赛集锦。选秀前一天，我把波特兰地区的人事部门集合起来，一起收看更多的录像并听国际球探的报告。接着我们一起去餐馆吃饭，边吃边讨论新秀的排名。

2006 年选秀抽签，开始时，我们的运气并不好，虽然我们的成绩在

NBA 垫底，却没抽到首签，只排在第 4 位。我们把选秀的大任交在凯文·普理查德手上，他对发现年轻球员的才能有独到的眼光。与此同时，我们注意到一位来自华盛顿大学的高瘦后卫，名字是布兰登·罗伊。他在录像上的表现给人的印象并不深刻，但在一次私人试训中，他看起来比录像上更强壮、速度更快、更具爆炸性，比我们预想得要好。在经过选秀日那天的复杂操作之后，我们终于得到了布兰登和拉马库斯·阿尔德里奇，后者是来自得克萨斯州的技术型大个子。这是我梦寐以求的——两个年轻而没有性格问题的新人。选秀日是美好的一天，也是球队的转折点。

选秀刚刚结束，我们就撤销了对开拓者的拍卖。次年 2 月，确切地说是在法院裁决之前的几分钟，债权方同意进行贷款重组，我又买回了玫瑰花园球场。5 月，罗伊当选年度最佳新秀。6 月，我们把扎克·兰多夫卖到了纽约尼克斯队，结束了一段我们谁都不愿回顾的时期。下一个赛季，我们组建了一个全联盟最年轻的球队，并且没有逮捕、没有禁赛。球队的氛围已经改变了，我很高兴地邀请球队在 2008 年复活节时来我在麻沙岛的住宅里练球。球队稍稍练习之后，教练内特·麦克米兰说，如果我能投中一个罚球，他就早点儿结束训练。压力上来了。我走到罚球线前，拍了两下球，擦板投篮命中。球员们都欢呼起来。

第二年，在布兰登和拉马库斯以及全体队员无私的合作之下，开拓者获得了分区冠军，并在 6 年之后重回季后赛。第一轮很艰苦，我们输给了休斯敦火箭队。但你不曾想到，竟然有数千名球迷挤在先锋法院广场来庆祝球队进入季后赛。就像我一样，球迷们从未停止对开拓者的热爱，他们跟我们一起经历了坎坷。现在开拓者队已经重生了。

今天，我们正以原始的方式来重建球队，这种方式曾在沃顿、卢卡斯时期以及德雷克斯勒时期都有过辉煌成果。在往球队里增加一名球员时，我们首先会问自己几个问题：他合适吗？他打球是否努力？他会在自我和球队利益之间寻得平衡吗？若是以上问题不能全部肯定，我们就不会达成这笔交易。

在写作本书时，2010—2011 赛季开始了，开拓者的主场又开始场场爆满，现在已经连续 124 场，这个数字还在增加。在将管理表现不佳的球队经理凯文·普理查德换成里奇·乔之后，我们相信，现在开拓者已经是一个有了领导核心的球队，能够重新杀回总决赛。在球队总裁拉里·米勒的努力之下，开拓者球赛的季票基准已经增加了 3 倍，本地电视收视率也高居联盟上游。

以上都是好的一面。坏的一面是，尽管我们的工作做得很好，但球队仍然在亏钱。布兰登和拉马库斯已经与球队续约，短时间内球队是不会盈利的，这也充分说明了 NBA 小球队的困境。拥有一支球队是件美好的事，但没有人愿意亏钱。经营球队说到底还是做生意，做任何生意的底线都是不亏本。

根据福布斯的统计，在 2008—2009 年间，NBA 联盟的 30 支球队中，有 12 支处于亏损状态。最近的一项调查表明，从球队的净收益相关性来看，市场规模的大小是影响球队成绩的重要因素。身在较大市场中的球队有着内在的有利条件：高票价（基本由供求关系决定）和更有利润的当地电视转播费。而当地的财富1000强企业也会带来赞助费并且带动豪华套房的销量。

不论我们与球员工会的劳资谈判结果怎样（现有的合同在2011 年6 月30 日到期），NBA 都有待于调解这种大市场与小市场的差异。体育经济学家安德鲁·辛伯利斯特说，NBA 球队从分成得来的收入少于 30%，而在美国国家橄榄球联盟，其比率是 75%。

每个球队老板都想赢球，而惠特希特那种挥金如土的风格也在某些球队中大行其道。但接着，在 2 月里的一场球赛中，你的球队胜率在 50%，某位自由球员投失了一个跳投，你眼睁睁看着自己 8 位数的钱又没了。这是很丧气的事。不久之后，联盟之中就会分成富队和穷队两个层次，小球队削减球员工资以应对经济困难，而大票房收入的球队则“利用经济条件的悬殊变得更好”。那时候，将只有四五支球队成为总冠军的常客，也将会有更多的空荡荡的球场看台——因为球迷们不愿看到自己热爱的球队被别人痛扁。顶级的自由球员只愿去少数几个城市，因为那里有最好的媒体和促销机会。国家利益和电视收视率只会更受损失。

或者，如 NBA 总裁斯特恩所说的那样：“只要有愿意烧钱的老板，NBA 就是可以运行下去的。但这不是一个长期可持续的商业模式……”

在玫瑰花园球场的债务危机期间，我曾在纽约与斯特恩会面。当我问他，我该怎么做才能解决债务问题时，这位总裁这样回答我：“哦，你随时可以把球队卖掉嘛。”但我不是要逃跑，我想把问题解决掉。即使我卖掉了球队，它的下一任老板也要面临这个相同的困境。

在我设想的理想化模式里，最成功的 NBA 球队不必是那些拥有当地最大的收视市场或套票基础的球队。最成功的球队应该是那些有着慧眼的伯乐、出色的管理人和教练的球队，而不论其市场大小如何。

第十五章 第十二人

如果说我涉足 NBA 是出于个人的激情的话，那么我进入国家橄榄球联盟就是出于公民责任了。西雅图海鹰队陷入了平庸的困境，甚至在肯·比林买下球队之前就是这种状态。在 20 世纪 90 年代中期，海鹰队每年亏损 500 多万美元，只有一个总是销声匿迹的老板和一个了无生气的教练。它与西雅图水手棒球队共用的金圆顶体育场也开裂了，屋顶漏了，在一场棒球比赛前，4 块沉重的天花板瓷砖掉在了看台上。

1996 年 2 月，比林声称要将球队搬到南加州，但全国棒球联盟拒绝了这个要求。国王郡起诉比林违反金圆顶的租约，不过比林提起反诉。在球队的未来缥缈不定时，我意外地遇到了一位当地的政客，他正在寻找一位买家买下球队，希望将海鹰队留在西雅图。

我喜欢橄榄球，但我不会整个星期天都扎在电视机前观看比赛，也没想过再买一支职业球队并牵扯到管理工作中去。但是，我还是富有同情心的。我每年去看 4 到 5 次海鹰队的比赛。我知道西雅图是一个拥有篮球、橄榄球和棒球三大职业球队的城市，我也明白一旦失去了一支职业球队，再次获得另一支队伍是非常困难的。4 月，我同意用 2000 万美元买下球队的交易权，并在未来的 15 个月里用 2 亿美元买下球队。但我有一个条件：只有球队修建了新体育场，我才会将它买下。根据我在开拓者队的经验，除非收入能够支付签下顶级球员和追寻最好的自由球员的花费，否则一切都毫无意义。要达到这样的收入，就必须有一流的场馆设施，而金圆顶体育场是远远不够的。

建一个新的场馆需要4.3亿美元，我愿意负责其中1/3的费用。但其他部分需要由公共资金来支付①——这样做，一方面可以使我获得一个难得的机会赚取少许利润；另一方面，可以开启一种公私合作关系，保证球队不论如何艰难，都能留在西雅图，不用在乎球队老板的更替。我的故乡向我寻求帮助，我也愿意伸出手，但我不想独自承担这一切。

我交涉完球队购买计划的那一天，《西雅图时报》用头条新闻进行报道，标题是《保罗·艾伦伸出援手 造就本市最伟大的体育超级英雄》。我猜想，用不了多久，媒体的论调就会改变的。

1996年12月，《西雅图时报》的一项民意调查显示，反对修建新场馆的人数量比支持者多了8%。民意调查中有一个亮点：在所有与这次事件相关的当地名流之中，我是唯一一个被认为是亲切友好的。我不像那些政治家一样，我没有不得人心决策的历史负担。大家都知道我是个低调的人，联合创办了微软，同时现在是有可能把球队留下的人。

为期6周的西雅图全民投票活动展开了，我惊讶于竟然有那么多人仍然喜爱旧金圆顶体育场。像纽约这样的城市在不断拆旧建新，而西雅图人却如此爱护他们的标志性建筑，甚至对于那些很难看的也是如此。为在铁杆橄榄球迷之外寻求选民支持，我们大力强调一个新的场馆对顶级橄榄球队的吸引力。我们在民意调查中取得了进展，支持率与反对率持平了。但这时反对方提出了一个肤浅却令人信服的论调：没有必要为修建新场馆投票，因为保罗是不会撒手让海鹰队离开西雅图的。政治漫画也抓住了同一

① 这笔公共捐助应该从受益最大的地方收取，通过增加郡旅馆税以及体育场馆旁边的停车和通行税来获取，以及新的彩票游戏，还有可以反映球队对西雅图的经济价值的联邦税额减免。——译注

个题目做文章：既然保罗那么有钱，为什么他不干脆自己把钱掏了？我们的民调支持率落了下来。看上去好像是我的财富倒成了我的缺点。正如一篇《西雅图时报》专栏文章所写的那样："艾伦先生是个好人，唯一的缺点就是钱太多了。"

我从西雅图下议院项目中心领略了投票市民的反对力量。当时我们正筹划在南湖联合区修建一个61英亩的水滨公园，以此推动附近的工业和生物技术产业发展。我承诺支付2000万美元，可选民们再一次拒绝了我们的提议。（之前我们一直都在兴建南湖联合区，但没有公园。）这次，我一改不在电视上露面的低调态度，直接向选民阐述新的橄榄球场馆的问题。6月2日，距离投票还有2周时间，我坐在一个以起居室为背景的摄影棚里，录制了一段30秒钟的话：

> 当我答应出力留住海鹰队时，我的意思是为将来的建设出一份力，不管是在人力方面还是经济方面……我仍恪守承诺。但如果你们投了反对票，也等于把我否定了。要是没有了你们，我也不会再管这件事。

这个宣传似乎起到了效果。投票日那天，民调显示我们的支持率稍稍领先，但仍未超过误差范围，一切还悬而未决。当天晚上，我来到我们的总部，感受到了紧张的气氛。最先出结果的是东华盛顿，在那里建新球场的提议没有什么说服力，我们的赞成票比反对票少3万张，比预想的更糟。

若是投票未获通过，海鹰队就有了足够理由离开西雅图。金圆顶体育场就会变成一个"中看不中用"的负担（确切地说是"既不中看又不中用"的负担），只能举办车展或家居展而已。从各方面来看，前景暗淡。

于是我们把希望寄托在国王郡和郊区的投票结果上。正如参议员沃伦·马格努森曾对华盛顿全州选举的评论一样："在太空针塔上就能看出每一票都是重要的。"每隔几分钟，我就会去察看结果——我们仍落后，但支持率开始上升。10 点，郊区普通家庭母亲们的投票开始加入了。11 点，我们得知投票险胜。几个月的紧张一下子消失了，我加入到一个当地的乐队中庆祝起来，伯特·柯德也跳上台来演唱了一首《Wild Thing》。我可以看出人们对竞选活动是多么着迷。

与此同时，我马上就要加入一个特殊的全国橄榄球联盟老板的小团体之中了。

新的场馆要建在位于国际区的一个旧体育场馆遗址上。国际区是一个交通枢纽，周围有步行可达的餐馆和旅馆，十分方便。金圆顶体育场的拆除时间定在 2000 年 3 月。重达 5 万吨的混凝土建筑将在 5800 基数胶质炸药的连续快速爆炸中粉身碎骨，这是历史上最大的内向爆破。我就在距离爆炸不到 300 米的地方看着这个过程。ESPN 经典频道直播了这场爆破。他们问我是否愿意按下启爆按钮，我不敢肯定。于是他们就换了第二套方案：在倒数计时结束时，我给爆破员一个信号，由他来按下按钮。“好，”我说道，“这个听起来还是不错的。”

他们把指令告诉了我。在倒计时时，从 10 到 6 是从扩音系统里读数，然后是默数到 0。(这样做的根据是以防有人还在金圆顶体育场内，若是他们大喊起来我们能够听得到并及时中止爆破。) 我跟着扩音器慢慢数着，然后心中默数，接着却尴尬地停住了。爆破员充满期待地看着我，他的手就停在按钮上方。

我僵在了那里。我无法解释，也许是又回想起了在金圆顶体育场内观看超音速或美国大学生体育协会（NCAA）四强赛的经历。在那个意义非凡的时刻，我却魂不守舍。

可怜的爆破员给我使眼色：现在该炸了吧？我从怀旧的情绪中摆脱出来，朝他竖起拇指。接着就听到随着定时程序启动的一串巨大的爆炸声，一道道闪光穿透体育场的穹顶。在附近高层办公楼里人们的欢呼声中，整个体育场开始内爆。几秒钟的时间后，地面上就只剩下了一堆碎砖，尘土像浪涛一样迎面向我们扑来。就在这时，我们钻进了面包车里，直到尘云过去之后才出来。

在我成长的过程中，有橄榄球陪伴的最好时光是在华盛顿大学里，我和父亲坐在看台上观看20世纪60年代早期的球赛，我们一边欢呼一边跺脚下的楼梯。后来我们去看索尼·斯齐勒的比赛。斯齐勒是一位彪悍的四分卫，来自印第安彻罗基族，在1970年他的传球触地得分全国第一。不管是输是赢，在露天球场看球总是一种美妙的感受。所以，在跟新场馆的设计师会面时，我说要一个21世纪版本的儿时体验。我不要那种像是放在停车场里的碗一样的球场，我要的是完全开放的设计和可以观景的看台。赫斯基体育场朝向联合海湾，海鹰体育场也要有一个广阔的视野，可以看到市中心、艾略特海湾和雷尼尔山。因为冬季经常下雨，我要求体育场要有悬伸出露天看台的飞檐，保护球迷不被雨淋，同时还能近距离地观看球赛。

新建的奎斯特体育场将是橄榄球联盟里首个拥有地面豪华套房的球场。在球场的北区，我们还为一些最狂热的球迷设置了一个名为“鹰巢”的中档价格的露天看台。球场的设计师重现了金圆顶体育场的声学架构，能营造出高分贝的主队球迷喊声，使得海鹰队成为联盟中压制对手开球犯规最多的球队之一。

1999年，鲍勃·惠特希特雇了一个新的主教练兼总经理——麦克·霍尔姆格伦。外号“海象”的霍尔姆格伦能力非凡，曾带领绿湾包装工队赢得2个赛区的冠军，并取得了31届超级碗的冠军。在霍尔姆格伦的第一年任期里，海鹰队10年来首次打入季后赛并赢得分区冠军。但我们随后就遇到了瓶颈。就当时可以讲得通的理由来看，我在把惠特希特从开拓者队的总经理位置上赶下来后，又把他放到了海鹰队的总裁位置上。西雅图海鹰队管理层的深度不够，惠特希特在队里一人独大。

2003 年 6 月，改组开始。我任命托德·雷维克担任海鹰队首任首席执行官。他是一个精明的外交家，还是一个有头脑的商人，曾在全国曲棍球联合会的明尼苏达荒野队任职。有了托德向我直接汇报，惠特希特就不再是我管理球队的唯一渠道了。

2004 年，海鹰队浪费掉了很多领先的机会，并在主场迎战圣路易斯公羊队时输掉了外卡季后赛。球队已经连续 21 年没有在季后赛里赢球了，其中 8 年是在我做老板的期间内，我们也由此得了一个愤世嫉俗的外号："一成不变的老海鹰"。我一直在寻找问题的答案。为什么我们的成绩不好？需要做出什么改变？我质疑霍尔姆格伦保守的战术安排，但他还是固守自己曾赢得超级碗的西海岸进攻战术，甚至拒绝采用已成为联盟标准战术的第三次触地犯规的散弹阵。他已经跟不上时代变化了吗？

鲍勃·惠特希特曾在购买海鹰队和找到著名教练两件事上起到重要作用。但是，他在经营开拓者队时所犯的错误在海鹰队再次重现。他付很多钱给中庸的球员，却没能及时留住球队的天才球员。2004 赛季之后，他甚至毫无理由地将 16 名球员放到了自由交易中，包括四分卫马特·哈塞尔贝克和明星跑卫肖恩·亚历山大，使我们失去了交易谈判的筹码，给我带来了数千万美元的损失。

托德·雷维克及其他人都向我报告说球队并不和睦。惠特希特和霍尔姆格伦彼此不说话，教练的合同也快要到期。管理部门唯一达成一致的是对惠特希特的不满，他不顾我们一流的场馆和充足的好球员因素，在建设球队收入基础上过于随意。

2005 年 1 月 14 日，我们的赛季结束后 6 天，我解雇了惠特希特。我解除了霍尔姆格伦的总经理职务——他在这个位置上的确心力不济，而把他留在了教练位置上。不论其在人事问题上的弱点，"海象"到底还是一个球员们尊重的坚强而有经验的赛场领袖。

这下我的耐心也降为零了。

进入2005赛季，外界预测海鹰队很可能会以第8名的身份代表国家橄榄球联合会去打超级碗。但我们的转变在4月的全国橄榄球联盟选秀时就开始了。蒂姆·拉斯凯尔是球队的新任总经理，他把我们第二轮的选秀名次提前了9个位次，选到一个名叫洛法·塔土普的小型中后卫。他在比赛中领导球队防守，并在他的菜鸟赛季就被选入了明星赛。哈塞尔贝克状态处在巅峰，亚历山大不可阻挡，他创下了全国橄榄球联盟的达阵数纪录并获“联盟的最有价值球员”的殊荣。

一切都很顺利。霍尔姆格伦的战术组织很好，“鹰巢”也恰如其分地疯狂，胜利似乎就是注定的了。海鹰队取得了11场连胜，常规赛最终成绩是13胜3负，是球队历史上最好的成绩。在分区季后赛击败华盛顿之后，我们要在奎斯特体育场的国家橄榄球联合会决赛上主场迎战卡罗莱纳黑豹队。

为鼓励球迷们对场上11名球员的支持，托德重新起用了球队的“第十二人”传统。在主场比赛时，开球前的几分钟里，我们会播放神韵乐队的《悲欢交响曲》，同时在大屏幕上讲述一段30秒钟的人物简介。这个人可能是前海鹰队的名人，也可能是某位当地人如休斯顿·瑞利——他曾在第二次世界大战登陆日那天攻占奥马哈海滩并且登上了《生活》杂志的封面。接着镜头就会对准上层看台，被选中的人将在那里升起一面绣着数字12的旗帜。这个仪式成了街头巷尾人们议论的话题。除了球队管理层，没有人知道下个星期天的旗手是谁。

在分区冠军赛前几天，托德对我说：“这个周日由你来升起第十二人旗帜。”开始时我还不相信。我不知道人们对我升旗的反应将会是怎样的，我想让大家保持高昂的情绪。不过，托德坚持他的决定。那天下午，我走到旗杆前面，这时记分板屏幕上开始描述：“他的父亲曾带他到赫斯基体育场看球，他对橄榄球的热情由此而生。他把海鹰队留在了西雅图，并为它建起了全联盟最美丽也是最狂热的球场。有请保罗·艾伦！”

我读着屏幕上的字，眼睛渐渐湿润了。我想起了父亲，他教我扔高速旋转的子弹球，我真希望他此刻也在我的身边。当我升起旗帜的时候，被人群爆发的热情感染了。我数不过来有多少人在旗杆旁为我留住了海鹰队而向我表示感谢，我把一条白毛巾扔向空中，更加激起了人们的狂热——虽然这不是我一贯的风格。这次升旗是我经历的最热烈的公共庆典。

回到套房里，我仍然坐立不安，比赛过程中也一直在踱着步子。霍尔姆格伦赛前曾告诉我说，他这次将使用罕见的战术，将替补的四分卫塞内卡·华莱士作为外接手。战术诡计往往会产生事与愿违的结果，但这一次，在第1节中途，塞内卡在28码处成功背后抓球，完成了我们的首个触地得分。

海鹰队一路高歌猛进。哈塞尔贝克的表现几乎完美；亚历山大的跑动勇不可当；塔土普完成了一次早期的拦截，把黑豹队的跑卫驱逐出了比赛。卡罗莱纳黑豹队的明星接球手史蒂夫·史密斯则被我们双人甚至三人包夹完全冻结了。随着比分涨到20，我再也控制不住自己的情绪，冲到球场边去看最后几分钟的比赛。在赛后颁奖仪式上，霍尔姆格伦、我、哈塞尔贝克三个人站在灯光下，举起了全国橄榄球联合会的冠军奖杯。

我很感激教练随后对媒体所说的话："我很幸运，球队老板对我付诸了足够的耐心。在橄榄球管理层来说，这是很不寻常的……你若是心怀信仰，就要坚持下去，总有人会信任你，那时你的机会就来到了。"

在第40届超级碗比赛中，我们以4分之差输给了匹兹堡钢人队。我们原以3分领先，但裁判的一些错误判罚让对手翻盘了。（这并不是我的酸葡萄心理。在比赛过去4年之后，那位裁判承认他在第4节时所做的两个关键球的吹罚是错误的。）并且，我们被吹了太多罚球，也有很多接球脱手和射门失误。归根结底，匹兹堡钢人队比我们更强硬，准备更充分。海鹰队最终败北。

丢掉超级碗令人懊恼，因为你不知道什么时候才有机会再次杀回来。也许在我有生之年不会有这样的机会了，但我们仍在努力，对我来说，这就是拥有一支职业球队的意义。海鹰队不是一个大市场的球队，但我们尽己所能将球队保持在较高的水准上。在经历了两个辛酸的赛季之后，2010年，我雇用了来自南加州大学的彼得·卡尔罗担任球队的主教练，新的决策团队是彼得·迈克劳林和约翰·施奈德。（托德·雷维克回到了他最爱的全国曲棍球联合会。）

现在，橄榄球对我来说已经不仅仅是一个市民的责任了。我沉迷于为周日的比赛而准备一周的过程，甚至我现在都说不清开拓者篮球队和海鹰橄榄球队我更喜欢哪一个。每一场橄榄球季后赛都像是篮球的第7场决赛，一场定胜负。在2005年我们为超级碗征战时，我常常从办公室的窗户里望出去，看着很多建筑物上都挂满了第十二人旗帜，在空中飘扬。这是我一生中最心怀感慨的时刻。

奎斯特球场跟西雅图水手的瑟夫科球场一起形成了西雅图充满生机的场馆区。球队帮助邻近的拓荒者广场恢复了生机——这里原是19世纪90年代克朗代克淘金热时期的市中心。我们还在全国最大的联合劝募活动中起到了重要作用，通过攀登雷尼尔山活动为每一笔游戏程序的销售提供配比捐助，总共募集了50万美元。我们把第十二人旗帜插在了雷尼尔山上。

2009年，美国职业足球大联盟的西雅图海湾人队把主场定在了奎斯特球场——我们最终实现了对华盛顿选民的承诺。一年之后，海湾人队的赛季票基数已经达到了3.2万个，球队全赛季18场球赛门票全部售罄。球队的大股东是好莱坞制作人乔·鲁斯，我与阿德里恩·哈努尔、喜剧演员德鲁·凯莉是小股东。我们的球队能为北美地区的足球事业的社区支持更上一层楼而有所帮助，我们也很自豪。更令我感觉美妙的是，这发生在我的故乡。

第十六章　太　空

小时候，在图书馆里，我最爱去的就是科学和科幻小说区。我迷上了罗伯特·海因莱因所写的《伽利略号火箭飞船》。故事讲述的是一群十多岁的男孩在沙漠里造了一艘火箭，并乘着它飞到了月球上去。另外，我还喜欢看非小说作品，如维利·莱写的《火箭、导弹和太空旅行》，书里讲的是德国火箭的诞生过程。

当时，小说创作在追赶现实时面临着巨大压力。1961 年 4 月 12 日，尤里·加加林成为首个进入太空的人——那时我才上二年级，即便如此，这件事对我的吸引力也是相当大的。当天晚上，我站在门前走廊里，母亲曾在这里教我辨认天上的星座。我抬头看着天，心里想着：能看到加加林吗？我所不知道的是，加加林只是绕地球一圈，历时不到 2 个小时，这时他早就乘降落伞安全落地了。

我在心里牢牢记住了被誉为“水星七杰”的美国最早的宇航员们。加加林进入太空之后第三周，我就坐在满是雪花的电视屏幕前观看了七杰之一的艾伦·谢泼德升空。9 个月后，约翰·格伦成为首个到达地球轨道的美国人，他的名字随即被挂在每个人的嘴边。那时，太空科学在全国掀起了一场改革，约翰·F. 肯尼迪总统要争取在 10 年内让美国人登上月球。跟无数的男孩子一样，我也梦想着长大后成为一名宇航员——只为纯粹的冒险，因为你是无法打败外太空的。

同一年，西雅图世界博览会召开，我的表弟汤米从俄克拉荷马州过来待了一个暑假。我还记得我们看电影《月球飞行员》时有多么激动，一位名叫丹尼·萨瓦尔的法国女演员扮演了外星人的角色。我们的“总部”——类似树上房屋一样的卧室壁橱，就在倾斜的屋顶下面。我们俩把衣橱里的衣服都拿出来，然后坐在地板的垫子上，开始幻想（偶尔也会暂停一下去吃母亲做的金枪鱼三明治）：

“起飞倒计时5分钟。准备好了吗?”

“准备完毕。系统运行良好。”

我那时的规划是相当精细的：一个太空人，有着足够的工具和给养——包括一个能将二氧化碳转化成水的背包，一个像太空出租车着陆舱的球形宇宙飞船，还有一个“离子发动机”。在即将发射的宇宙飞船下面，我给表弟胡乱写了一张字条，我很怀念他的副驾驶职责：“亲爱的汤米，这艘飞船的名字是‘雄鹰霹雳’号，是我设计的。它是一个用来探索火星的飞船。我希望你能在这里帮我完成这个计划，因为这项工作对我自己来说太繁重了，所以你要赶快回来，我们好抓紧开始。爱你的，保罗·艾伦。”

我的梦想被迅速地拉回现实之中。五年级时，我的座位不断朝着黑板接近，直到最后老师发现我坐在第一排还斜着眼睛看黑板。父母带我去检查视力，其结果对一个立志做太空开拓者的孩子来说是悲惨的：双眼分别近视200度和400度。我是没有资格到美国航空航天局工作了，甚至连进入民用航空业的可能都没有。

不过，我仍然爱读与太空相关的书籍。在把公共图书馆的相关书籍都看完后，我跟着父亲去了大学图书馆。书库里有一排又一排关于火箭和航空的书，还有什么乐趣能跟它相比呢？我还记得那些发霉的纸页和插图。我最喜欢的书是《简氏世界飞机》。我记住了第二次世界大战时各种飞机的规格数据以及它们的发动机，比如德国的容克斯Ju-88轰炸机。我开始思考火箭的发动机是怎样运行的。

科幻小说作为技术和冒险的合成体，对青春期的男孩子有着天然的吸引力。在湖畔中学上学的最初几年里，我周末的早晨就是躺在床上读《双重王牌丛书》。随后，我开始读更复杂点儿的作家——亚瑟·克里斯·克拉克和艾萨克·科西莫夫，以及杰克·万斯——他的书是我个人最喜欢的风格。我特别喜欢读海因莱因的“硬派”科幻小说，因为他把可信的科学原理融入到激光枪战这种超现实的事物中。我厌恶那些将角色塑造成能够以超光速奔跑的人物的小说，我觉得那在理论上是不可能实现的。

（在离家25年之后，我回到自己的房间里找旧时收藏的书籍，但没有找到。“都卖掉了。”母亲解释道，“你相信吗？保罗，一个人给了我75美元买你的书！”我很难在这件事上原谅她，但一张老照片挽救了局面——在把照片放大后，我能够从书脊上认出那些书的名字。经过不断搜寻，我几乎把这些书重新收集起来了。）

科幻小说启发了我对平行宇宙等说法的疑问——这些疯狂的想法怎么可能是真的？有些概念现在已经被科学证明是不可能实现的（反引力、曲速引擎），或在经济、逻辑上是不可行的（飞行汽车）。但其他的想法，从视频会议到通信卫星，都被看作是对未来的精准预测。不管是以上哪种概念，这些平装书都引起了我的思考——科技在朝哪个方向发展。作为对儿时心愿的补偿，我在西雅图建了科幻博物馆及名人堂，这是目前为止全世界唯一的此类设施。

在亲自动手制作火箭时，我首先用到的是火柴，把火柴包在箔片里充当火箭，再把曲别针弯曲做发射台。后来我用捷泰克斯滑翔机模型套件制作，它是以胍硝酸盐颗粒做燃料，排气量很大，但推力很小。为了寻求刺激，我和道格·弗默把一根线跨过马路扯起来，在线的一端挂上一个瓶子当火箭，再固定上球形的红色鞭炮。若是计算准确的话，被点燃的鞭炮将在一辆经过的汽车上方爆炸，接着被吓到的司机就会把我们扔到灌木丛里去。

我的另一次火箭实验也未取得成功。我在一个铝制躺椅的把手里面填上锌粉和硫磺粉末，把它放到咖啡壶的上面。在表弟克里斯聚精会神的注视下，我点燃了引信，接下来就是火花飞溅，“火箭”剧烈颤抖然后倒了下来熔化掉了。我“研究”火箭燃料的终极时刻是在道格家的地下室里，我们要制作名为“奶奶的热辣糖浆”的火箭燃料。我们把钾硝酸盐和糖加热成浆，加热用的不是本生灯，而是道格他爸爸的喷灯。可能温度有点儿过热了，因为这些浆开始燃烧起来，直到化作一团火焰喷向屋顶。令我们松了一口气的是，尚未点燃他家的房子燃料就烧完了。对这件事我们俩守口如瓶，以后再也没作这个试验。

我其他的爱好还有很多，但我对火箭的好奇心一直都持续着。16 岁时，我跟母亲和妹妹一起坐在电视机前观看了“阿波罗 11 号”登月舱在“宁静之海”① 着陆的过程，6 个小时之后，我们看到尼尔·阿姆斯特朗在月球上行走。那天晚上，我跟看完加加林进入太空的那一天一样，再次来到室外。我看着天上那个苍白的圆盘，惊喜交加地想着：就在那上面，有个地球人在四处行走！

在阿波罗计划之后，航空航天局开始了无人探测器的试验。太空失去了它神秘的面纱，但我对它的兴趣却丝毫未减。1981 年春天，正当微软热火朝天地忙着 IBM 的“象棋项目”时，查尔斯·西蒙尼建议我一起坐飞机去佛罗里达观看“哥伦比亚”号的首次发射。我们俩都没有到现场看过火箭的发射过程，他曾因为在佐治亚州开车拐错了弯而错过了“阿波罗 8 号”的发射，前后仅仅差了半个小时。我决定去佛罗里达，但突然意识到“哥伦比亚”号的发射时间是 4 月 10 日，星期五，而这一天微软要召开首次全体职员会议。所以，那天我们去不了肯尼迪航空中心，只能到贝尔维尤的红狮酒店里开会。

也许是老天眷顾：因为一个小小的软件故障，“哥伦比亚”号的发射被推迟到了星期天举行。黎明前，我们就赶到了航空航天局的堤道上。7

① “宁静之海”，人类初次登月点。——译注

点，一阵震撼低沉的隆隆声传来，空气都开始晃动。火箭点火时，能够看到橘红色的光，我的脸甚至都感觉到了灼热。“哥伦比亚”号直冲而上，人群里爆发出一阵欢呼：“加油!”我的喉头哽咽了。（每次看到火箭升空我都会禁不住内心激动，甚至连看电视转播也是如此。）

比尔对我们俩在 IBM 的项目停滞不前的时候还去看发射火箭而感到恼火。不过，如果再让我选择一次，我还是会作出同样的决定，因为我看到的是罕见的盛况，我见证了历史。

1996 年 9 月，我坐飞机去加利福尼亚州的莫哈维沙漠与伯特·鲁坦会面。他是缩尺复合体公司的总裁，一位现代航空航天工程的叛逆者。伯特身材高大，虎背熊腰，穿着牛仔服，他头发银白，留着络腮胡子，皮肤是褐色的，眼睛里闪烁着狂热的光芒。他曾设计过 30 多架非正统的实验型飞机，大多数用的是轻型碳复合材料，创下许多飞行距离和持续时间的纪录。1986 年，他设计的“旅行者”号飞机成为世界上第一架无须中途着陆和二次加油而完成环球飞行的航空器。

伯特很早就在设想一架能够飞上太空的超音速飞机。两年之后，在西雅图吃饭时，他提出一个想法，要把载人火箭送到亚轨道太空去。伯特想要证明，即使没有航空航天局充足的资源条件，也可以创造商业太空旅行行业，将普通人送入艾伦·谢泼德曾光顾过的神秘世界。

我的目标则没有那么宏伟。我只是想做一件在火箭技术领域内别人未曾做过的事，我选择伯特是因为他的设计在试验中从未失事过。在政府资助的太空飞行历史中，死亡率是 4%。而要想实现太空旅行，这个比率需要控制在 1/5000 以下，相当于早期民用航空公司的安全水平。

伯特的优势也很明显：一流的工程团队，大量出色的成绩，还有来自创新者的自信。但他的最终设计迟迟不能出炉，我们的项目也就一直被搁置在那里。

1965 年，伯特受雇于莫哈维沙漠南部的爱德华空军基地，担任飞行测试项目工程师——查克·耶格尔首次突破音障[①]也就是在这里。伯特在空军基地工作期间，正值政府的 X-15 研究项目开展之时。X-15 是唯一的有翼宇航器，它并不是在地面上起飞的，而是在大气层中的 B-52 运载飞机上被发射出去的。这种设计是为了避免地面发射时最初几秒钟的危险时期——这个阶段若是发生故障，地面方式是无法中断发射过程的，结果可能就是爆炸。（若是在 1.5 万米的高空进行发射，如果发生故障，就可以扔掉推进器，而仍有充足的时间向下滑翔并安全着陆。）除了更加安全，这种分体式概念还避免了传统的一次性火箭成本过高的缺点。另外，在稀薄的大气层中，火箭所需的燃料没有以前那么多，因此可以使用更小的运载火箭。

如此一来，升空过程似乎相对简单了，但返回过程却并非如此。1967 年，那时伯特还在爱德华兹空军基地工作，一位名叫迈克·亚当斯的 X-15 试飞员在以 5 马赫（5 倍音速）的速度旋冲重返大气层时，飞行器炸成了碎片，而亚当斯也因此丧生。伯特决心寻找一种更加可靠的方式，至少能跟航空航天局的“水星计划”模式一样安全：宇航员坐在位于火箭顶端的太空舱里，返回时用降落伞着陆。他的第一个灵感叫“无忧重返大气层”，其太空舱的设计借鉴了羽毛球的原理，在太空舱返回大气层时产生的拉力可以较快地减缓降速，并将热积累最小化。

但“羽毛球式着陆”也有其缺点，其着陆过程必须借助降落伞，而若是每次降落后都需要去搜寻回收太空舱的话，太空游客是不会买账的。并且，使用降落伞着陆容易发生事故，在 1967 年苏联“联盟”号的首次飞行中，一位苏联宇航员就因为降落伞出故障而丧生。伯特想要一个能够在

① 音障：当物体的速度接近音速时，将会逐渐追上自己发出的声波。声波叠合累积会产生震波，进而对飞行器的加速产生障碍，而这种因为音速造成提升速度的障碍被称为音障。——译注

重返大气层时可靠而安全的飞行器，并且能够在宇航员的控制下在跑道上水平平稳着陆。于是，他的思路又回到了原点：设计一架有翼的宇宙飞船。

1999 年的某个早上，伯特突然灵光一现：用飞机的机翼来实现羽毛球的功能！“太空飞船一号”实际上是二合一的飞行器。在加速上升飞行阶段，机翼是正常形态；而在降落阶段机翼的后半段就会沿转轴向上折叠 65 度，从而给再次进入大气层的飞行器提供极高的阻力。回到大气层后，飞行器将再次变回飞机的样子滑翔着陆，就像 X-15 一样。从安全角度来讲，这是一个两全其美的解决办法。

伯特在莫哈维沙漠的指挥塔上，朝下扔泡沫塑料和软木制成的有翼飞行器模型进行了几次试验。2000 年夏天，在伯特的模型通过测试后，我们达成了协议。根据协议，伯特将负责开发设计和建造两架宇航飞机，作为回报可以得到我公司的少数股权。他后来把我称为“完美的客户”，因为在关键事务的决策上，我总是听从他的意见。这是我的管理哲学的核心元素——用人不疑，给他们最大的自主空间，但要应对我周期性高强度地乱出主意。

开始的时候，我的目标是实现宇航员进入太空并安全返回，从而开创一个新的商业太空飞行领域。尽管 4 年之前“安萨里 X 大奖”就已经设立了，但它所提供的资金太少，我们不能指望。但在 2002 年，就在我和伯特签下合同成立莫哈维航空航天探险公司之后不久，安萨里家族提出了一个“一杆进洞”式的保险契约，保证有 1000 万美元的奖金。为了迎合获奖标准，伯特重新设计了飞行器，将原先的单人宇航员模型改成了一名宇航员加两名乘客的样式。成本估计会增加一倍多，从原先的 900 万美元增加到 1900 万美元，我知道现在中止计划也是不可能的。根据我对尖端飞行器的了解，我认为“太空飞船一号”很可能会超重、动力不足、超出预算，而且进度落后。

莫哈维航空航天探险公司的非凡之处在于，它只用了 30 人的团队，就完成了有人驾驶的太空飞行项目。他们并非仅仅设计航天飞机，还制造火箭运载机、飞行模拟器、航空电子系统和火箭发动机测试设备。2002 年 8 月，当运载火箭“白衣骑士”号已经准备首次试飞时，我按期飞过去进行项目审查。“白衣骑士”号看上去就像是一只有翅膀的双体船，它不仅是运载火箭，还是飞行员训练平台。它上面所有的控制系统，甚至连舷窗样式都跟我们的宇宙飞船是一样的。

“太空飞船一号”的碳纤维结构渐渐成型，就像从旧时科幻杂志里蹦出来的一样，我的渴望也在增长。它的翼展有 8 米多长，而重量比一辆本田思域还轻。就像“X 大奖”主席彼得·戴曼迪斯所说的，“是一架可以装进两间车库里的飞船”。与其他航天飞机不同（除了 X-15），“太空飞船一号”将在没有计算机辅助的情况下突破音障。在伯特事业的初期，他的财力负担不起风洞测试，所以他就依赖于精心设计的试飞方案、精确的计算机分析以及技术高超的飞行员。尽管“太空飞船一号”上面的电子设备能够监视轨道和投射高度，并就潜在问题发出警告，但还需要飞行员自己进行控制——手动操作杆、方向舵踏板、在空中调整飞行姿态的燃气喷流控制，甚至火箭推进器的阻燃都需要由飞行员的操控来完成。“这个，”伯特说道，“真是超乎想象。”

缩尺复合体公司制造火箭的早期阶段问题十分棘手。为了保证安全性和灵活性，伯特使用了混合动力火箭发动机，这是第一次在有人驾驶的宇宙飞船上使用这种发动机。点火时，液态一氧化碳将从罐中流入充满合成橡胶的发动机中，以此产生可控的燃烧。随着合成橡胶的消耗，在发动机的喷口将有高速气流喷出，从而推动火箭上升。如果飞行员想要关掉发动机，他只需截断燃料流，随后可以将剩下的燃料抛掉。

2003 年 2 月 1 日，距离我们的首次试飞还有 5 个月的时间，“哥伦比亚”号航天飞机在返回大气层时在得克萨斯上空爆炸，机上 7 名宇航员全部遇难。这是一个暗示，暗示着我们所从事的工作有多么大的风险。

航天业上巨大的飞跃都是在金钱的刺激下完成的，最早的例子可以追溯到1927年查尔斯·林白赢得的2.5万美元“奥泰格”奖。竞争增加了人们对成功的渴盼，却同时带来一些应引以为戒的故事，比如对“奥泰格”奖孜孜以求的伯德将军，他在重返大气层的宇航试验中花了10万美元之多，飞行器却在一次试验起飞时坠毁，最终将大好机会留给了林白。

“X大奖”的规则十分苛刻。我们需要到达地球上空100公里处（约62英里）的太空边缘——一次还不行，需要在2周的时间里两次飞行成功，并且时间要在2004年12月31日之前。两次飞行中，飞机的构造改良修理不得超过总体的10%，并且第二次飞行完成时飞机要保持完好无损。最后一条，不允许接受政府的任何援助。

共有来自7个国家的27个团队角逐“X大奖”，而伯特并没有把他们当成对手。加拿大的“达芬奇计划”设计了一个巨大的热气球用作舰载母舰，这看上去是极为牵强的。据传闻，在欧洲还有几个潜藏的对手。但我们面临的主要挑战是时间以及不可预测的3马赫飞行。

通常说来，一名试飞员需要同时具有智力、干劲和稳定的情绪，这是很难得的。随着我对入选的试飞员们的了解，我被他们的无畏精神和对细节的专注而打动了。他们3个人都具备林白那种特别的风格。

布莱恩·宾尼曾是一位空军试飞员，身材瘦长，拥有布朗大学和普林斯顿大学的学位。他是一个在“沙漠风暴”[①]行动中有过30多次战斗经历的老手。当上头安排他去坐办公室时，他不得已离开了军队。宾尼善于思考，做事井井有条，是一个外表平静而内心狂热的人。

彼得·西博尔德是一位年轻的航天工程师，为飞机设计电子设备和飞行模拟器。他操作这些设备时就像是弹珠超人一般。他对软件的每一行程

① “沙漠风暴”指1990年以美国为首的多国部队针对伊拉克侵占科威特而发动的军事进攻。——译注

序代码都烂熟于心，是每次飞行的起飞前和着陆后检查的绝对权威。他长着圆圆的脸庞，卷曲的头发。西博尔德同样是一位高超的驾驶员，在动力飞行中他的路线与轨道严丝合缝。

迈克·梅维尔是一位门外汉，高中时就辍学。他是一位长者，秃顶而戴着棒球帽和金属丝框架的眼镜。迈克已经63岁了，比商业飞行员的退休年龄还大了3岁。但他的身体非常棒，是一位世界级的划艇选手，他每周骑自行车100多英里。自从他1978年受雇于伯特，已经两次在其婚礼上担任伴郎。他对伯特设计的每一架飞机的性能都深信不疑，只要不让他的老友伯特失望，他愿意做任何事情。

迈克在飞行模拟器上的表现并不理想，但要通过苛刻的试飞过程，更需要的是直觉、经验和被称为“感觉”的神秘因素。伯特称赞迈克是“我曾见过的最好的手动操作飞行员”。在一个风险超过了期望值的项目里，迈克的弥补作用是取得成功的关键。

一个精心设计的试飞项目应该是极为谨慎的、递增的极限扩大过程，而伯特就是按部就班循序渐进原则的忠实执行者。首先，“太空飞船一号”将被固定在“白色骑士”号的腹部进行受控运载飞行。如果一切顺利，“太空飞船一号”将尝试独立滑翔。最后进行的是一系列6次火箭推进飞行。以上每一步骤都需解决不断递加的重力、空速和高度问题，甚至三者同时存在。

2003年12月17日，在莱特兄弟首飞100周年之际，“太空飞船一号”将要进行它的首次燃料飞行，这也将是第一次私人赞助的突破音障的飞行。飞行计划的主管道格·肖恩跟伯特商量了一下，选择了曾有过超音速飞行经验的布莱恩·宾尼来担任本次试飞的驾驶员。再者，布莱恩负责了本次飞行的火箭开发程序，他对火箭发动机的了解也超过其他人——这是一个当然的选择。

这天一早，我就坐飞机去莫哈维沙漠伯特的飞机库里参加早上5点的飞前会议。“太空飞船一号”被用移动车运出来，固定在“白色骑士”号上，之后，我跟随伯特和道格一起去了控制室。在控制室里，工作人员都戴着耳机坐在连线的台式机或笔记本电脑前面，（看到现代个人电脑在各个领域大展手脚，我心里相当高兴。）他们都盯着各自的电脑屏幕。道格开始进行起飞前的检查工作：

“动力装置。”

“检查完毕。”

“推进装置。”

“检查完毕。”

“飞行系统。”

“检查完毕。”

这次飞行对伯特来说也是新的挑战，因为他所设计的飞机首次以超过0.7马赫的速度飞行。火箭发动机的推力其实是一种可控爆炸，假如有任何纰漏导致火箭的结构损坏，我们的飞行员极有可能因此丧生。另一个噩梦就是火箭也许根本不会被点燃发射，这种情况曾在早期的地面试验中多次发生：火箭动也不动，喷过一阵浓烟之后便偃旗息鼓。火箭的壳里灌注了近400公斤的橡胶，所以，在飞行员将“太空飞船一号”回归正常的重力范围之前，它的燃烧将持续很久，若是发动机内留下的燃料过多，飞机将会快速猛然着陆，而飞行员就不得不将飞机转移到一个更长的跑道上。即使如此，我们也不敢保证飞机的轮胎是否能负荷如此大的冲击。随着“白色骑士”号搭载着飞船飞向天空，我的心里不断在嘀咕：真的能行吗？

起飞后一个小时，“白色骑士”号到达了13公里的高空，“太空飞船一号”脱离了母舰。一两分钟之后，布莱恩点燃了发动机。布莱恩后来说，当时的感觉就像“坐在被海啸冲击的小木屋里”。与喷气式飞机逐渐加速不同，火箭的加速是瞬时发生的，就像对背部的猛然撞击。在地面指挥室里，我盯着监控屏幕，对我来说，没有比火箭推进更令人振奋的事了：火箭尾部喷射出橙色的火焰，尾流里的冰晶凝迹就像射向太空的箭。

能亲身经历这个过程，我的心里充满了敬畏和感激之情。

紧跟着的却是突然的一波恐惧感觉。当“阿波罗 1 号”全体队员在例行测试前的舱内大火中全部丧生时，我深深为之悲痛；看到“挑战者”号刚一升空就炸成碎片，我的感觉相当难受。理智一点儿思考的话，在“太空飞船一号”项目中，也存在机毁人亡的可能，伯特对此心知肚明，而我却无法面对。（在我的电脑软件领域，最坏的可能也不过是一个错误信息而已。）现在，我知道飞行员的生死只在弹指之间，而我却无法摆脱这个忧虑的困扰。

15 秒钟的推进之后，布莱恩以 1.2 马赫的最快速度到达了近 20 公里的高度——我们创下了新的历史。我在莫哈维航空航天探险公司的联络人名叫大卫·摩尔，在公司里担任总经理的职务。（他跟副手杰夫·约翰逊一起保证项目可以按计划进行。）看到所有的系统都运行良好，我就跟大卫走了出去，去看飞机着陆。在我看着布莱恩最后降落的过程时，大卫简要地跟我汇报一些项目情况，突然他不说话了，因为他看到我的脸色一下子变白了。

因为有过航母着陆的训练，海军飞行员们以其出色的硬着陆技术而闻名。他们苛刻而粗鲁的着陆风格在试飞员中一直是个幽默话题，但今天看来一点儿都不好笑。布莱恩着陆时过于猛烈，一个起落架被折断了，飞机倾斜在人行道上，激起漫天红色的尘土。我们跑到飞机旁，我的心都快跳出了喉咙：布莱恩怎么样了？接着人们打开了驾驶员座舱——布莱恩没事，但明显受到了不小的冲击。我的注意力接着转向“太空飞船一号”——受损有多么严重？会浪费多少时间？我们的计划是在明年夏天完成“X 大奖”的飞行，任何延误都会影响我们的日程安排。

伯特在安慰布莱恩，说着一些鼓励的话语。布莱恩推进过程做得很好，达到了超音速，开合旋翼控制得不错，滑翔技术堪称完美。谈到飞机受损情况时，伯特说：“只是一点儿小问题罢了。”接着他走到我的面前说：“我觉得可以修好。”飞机被运回了机库内检查，我们对受损情况有了清晰的了解："太空飞船一号"的机壳刮伤了，但不要紧；燃料箱完好；起落架也没问题，只是被扯出了机体。这次着陆事故大概会将项目推迟两个月的时间，但还有足够的时间进行余下的 3 次动力飞行测试。

检查还发现，最新安装的一个减震器有副作用：在高海拔的低温中，减震器会使"冷浸"的飞行控制变得不那么灵敏。在接近跑道时，布莱恩发现操纵杆很不灵活，因为害怕失速，他就猛然快速着陆了。（在以后的飞行中，我们在减震器上裹了一个电热毯，并把电力减为原来的 1/3。）

尽管不是布莱恩的错，但他的这次着陆事故还是降低了团队对他的信心，他在阵容名单上下落了一个等级。为了挽回名誉，他就需要在另一次飞行中证明自己。

自从在 20 世纪 70 年代创办了自己的公司，伯特就一直遵循着一个原则：任何试验飞行中都不允许媒体和公众的介入。2004 年 6 月 21 日，在布莱恩发生意外之后半年，他破例了。他想让外界看到，"太空飞船一号"是第一个私人赞助的越过宇宙边界的飞行器。对伯特来说，这并不仅仅是一次为夺得"X 大奖"而进行的演习，更是一个创造历史的机会。他想让公众成为其中的一分子。星期六的早上，距离发射还有两天时间，观众们就已经开始到达机场。星期一早上，天色尚暗，在刚刚改名为"莫哈维太空站"的基地外面，就聚集起了数以万计的观众。孩子、狗、自行车、望远镜、户外躺椅、烧烤……五花八门应有尽有，就像是个太空飞行的野餐聚会。

距离发射前几周的时间里，飞行员们共同在模拟器上进行训练，他们轮流操作，并互相交流意见。在决定谁将进行此次飞行时，道格·肖恩说，彼得·西博尔德在轨道的把握上胜人一筹，并最有可能达到 100 公里的高度。"是的，"伯特答道，"但是彼得可能会中途放弃。"他指的是在之前的一次飞行中，第一次用到了全满的一氧化二氮染料，彼得在飞行初期阶段失速，当时就考虑中断飞行计划了。他们最终选定的飞行员是迈克。

这是一个大胆的尝试，尽管迈克之前有过6400小时的飞行经验，但本次飞行对他来讲也是最为艰巨的挑战。

在起飞前的几分钟里，当我看着飞行员们，感觉就像目送他们上战场一样。布莱恩·宾尼的妻子送给他一枚幸运戒指。迈克的妻子萨莉给迈克戴上了一个银马蹄铁胸针，这还是在他们十几岁时迈克送给她的，那时他们还在南非。胸针上面铭刻着他们的名字和相遇的时间。萨莉将胸针别在了丈夫的飞行服左胸上——这令我想到，没有人敢肯定迈克是否还能回来。当我跟迈克握手并祝他一切顺利时，萨莉害怕起来，她自己也是一名飞行员，她知道丈夫要面临什么样的危险。

迈克挤进直径一米半的驾驶舱里，朝我们伸出拇指。早上6:47，他起飞了。在飞行控制室里，随着飞船脱离母舰，以及脱离后几秒内的猛烈推进阶段的接近，人们的紧张也在加剧。

因为没有航空航天局那种离心机，我们的飞行员不能完全实现对火箭推进阶段的模拟训练。当他们驾驶的飞行训练机上升加速时，能够达到4倍地心引力，但他们无法模拟平行加速时所产生的3倍地心引力的效果，只有火箭发动机才有这个功能。这些合力会令飞行员们失去方向感，不能再凭身体的感觉而需要依靠仪器来进行操作。

迈克将火箭点火。10秒钟之内，他的速度就达到了1马赫，接着他的第一个问题来了：在设计“太空飞船一号”时，伯特将机翼做得比机身要高，以求在旋翼折叠后利用其超音速飞行的优势。所以，在飞机以接近音速的速度飞行或者从次音速加速到超音速过程时，飞机就会失去横向稳定性。虽说飞行员都经受过这种情况下的补偿操作训练，但我们是不能预测风的切变的。这种突然的风速改变往往发生在飞机在大气层内爬升的过程中，现在，迈克在近20公里的高空正遭遇此种境况。“太空飞船一号”向左偏移了90°，迈克踩了方向舵，飞机又偏向了右边。

看着飞机尾部的摄像头传回的画面，我从椅子上跳了起来。我一紧张就不停地踱步，这还是早先跟比尔讨论软件开发而苦无进展时落下的毛病。现在我都快把脚下的地毯磨薄了，只等着迈克中止飞行活着回来，改天再飞。但迈克是个不喜欢中途放弃的人。在他之前的动力飞行中，航空电子屏幕黑屏了，他凭借对地平线的判断就将飞机调整好了飞行轨迹。我知道，除非是他的生命面临威胁，否则迈克是不会中止飞行的。而即使是他的生命正在面临威胁，他还会考虑一下是否真的要中止。

大气层中的空气越来越稀薄，飞机的操纵杆和方向舵没什么用处了，迈克试着调整飞机尾部的水平稳定器来调整飞机的方向，而那些电子控制面板也被冻僵了，这可是重返大气层时的噩梦。幸好几秒钟之后它们恢复了工作状态。迈克将飞机方向调整过来，仰头向上飞去。这次耽搁浪费了一些燃料，而且还使得飞机偏离了轨道。

我还在伯特和其他工作人员的身后踱着步子，眼睛却盯着数字高度计，随着飞机的爬升，高度计上的模拟指针在飞速旋转着。我想到了迈克，这个热情的家伙身在一个狭小的射弹里面，正以 3 马赫的速度飞着。这时我的心里已经全然忘记了“X 大奖”的事，我只是不断对自己说：“只要他能活着回来，比什么都好！”

这时我听到伯特说迈克还没有切断发动机。直到燃料耗尽时他才关掉发动机——预计的“远地点”，根据高度计显示，应是 100 公里处，这是官方规定的外层空间的最低界限。当他关掉发动机时，飞机的离地高度是 55 公里，距离最高点一半。飞机借着惯性又向上走完剩下的路线，然后以弹道弧线向下降落。当它到达 100 公里时，我们的眼睛紧紧地盯着高度计的显示，指针慢慢接近标线，几乎刚刚越过标线就开始反向旋转。我们满心喜悦，但还不是十分肯定——它真的到达外层空间的标准了吗？我跟伯特握握手，他也很激动。

在今天早上上班的途中，迈克在一家便利店门口停下来，一时冲动买了一包巧克力豆。当飞机进入 3 分钟的失重阶段时，他打开糖果包，看着五颜六色的巧克力糖在机舱里上下飞舞。（这些上过天的巧克力糖我留有几块，包在塑料袋里。当时飞机上还有一棵小松树苗，现在种在我家的院子里，这是我的“太空树”。）透过舷窗看出去，迈克被眼前的景象惊呆了：墨黑的空间、地球蓝色的边线、洛杉矶上空的白雾、莫哈维沙漠的红土……

下落时，“太空飞船一号”一直在加速，达到2.9马赫，约3550公里/小时。在进入大气层前，机翼的“羽毛球”设计开始发挥作用，迅速将飞机的速度降到了亚音速。在17公里处，迈克将飞机调整成滑翔模式。我不禁注意到，迈克偏离航向近50公里，就问是否需要在别的机场着陆，伯特说我们的机场就在飞机的滑翔范围以内。

我走出去，看着迈克着陆，我看到他在跑道上停下来（他告诉我们说“就像掉到了羽毛褥子上面”）。围观的人群发出一阵热烈的欢呼声。“太空飞船一号”的全部飞行过程，从母舰分离到着陆，一共用时24分钟，而我却感觉像过了好几年一样。

“白色骑士”号和护卫机还在空中嗡嗡地飞着，萨莉·梅维尔跑到了“太空飞船一号”前，扑入驾驶舱里和她的丈夫拥抱在了一起。随后，迈克从驾驶舱里走出来，高举双手。他先跟伯特拥抱了一下，又朝我张开了双臂。有很多时刻是值得人们拥抱庆祝的，这就是其中之一。

20分钟里，迈克站在机顶上，由拖车拖着在跑道上来回巡游，不断朝人群挥着手。我和伯特把他带回机库，“还给”了萨莉。他们再次重逢，迈克把银胸针又交给妻子。萨莉说道：“你能回来太好了！我们再也不要分开了，就坐着摇椅一起老去吧!”

我们仍不能确定“太空飞船一号”是否进入了太空。迈克告诉萨莉，他觉得自己没能达到目标。而伯特则更确信一些，只是尚有一点儿担心。根据我们的内部计算，我们刚刚越过太空边缘一点点，大概有5米的距离。最后，从加州中国湖的海军航空武器站传来消息，他们一直在用雷达跟踪“太空飞船一号”，“太空飞船一号”的确切远地点是100.124公里，超过临界线10%。在向上直飞了100多公里之后，迈克仅仅越过太空边缘五号高尔夫球杆一击的距离。伯特说，若是飞船再重0.25千克，我们恐怕就不能成功了。

当天我们创下很多纪录。迈克是第433位进入太空的人，是第一个商业飞行员。他获得了美国联邦航空管理局（FAA）颁发的“太空羽翼”徽章，这是首个获此殊荣的非政府太空项目。“太空飞船一号”是首个突破2马赫的私人制造飞机，也是当年唯一一个穿越大气层的飞行器——因为自从“哥伦比亚”号出事故以来，航空航天局的航天项目都停止了。

这次飞行引起了全世界的关注。2004年6月21日，几乎世界上所有的报纸头版都在显著位置刊登了“太空飞船一号”的彩色照片。

在迈克这次历史性的飞行之前一个月，理查德·布兰森找到我。几年前刚刚认识他时，我就发现，他是一个机敏而好动的人，似乎永远都静不下来。布兰森此行的目的是想获得我们专利技术的许可，并把我们的太空项目再推进一步，实现条件成熟的太空旅行。2004年9月，在迈克成功飞行3个月之后，我与布兰森的“维珍银河公司”签了合同，在未来15年里，我能净赚2500万美元。布兰森是一个品牌化经营的高手，他迫切希望在签完合同后就把“维珍银河公司”红色的标志印在“太空飞船一号”的机身上，去参加“X大奖”的首次飞行，而留给我们的时间只有3天了。

伯特早期对竞争对手的估计是正确的。在8月的同一天里，“太空运输公司”和“犰狳航空航天公司”的无人驾驶飞机都坠毁了，无法修复。据说“达芬奇计划”将要在10月2日升空的热气球能符合“X大奖”的要求，但我不信——他们连一次试飞都没做过，一蹴而就的火箭发射在历史上还从未有过。机会是我们的了。

我们最大的担心是“太空飞船一号”还需要携带180公斤的重量，以满足“X大奖”规定的承载3人的要求。我们在驾驶舱后面的两个座位上，固定了装有扳手及其他压舱物的玻璃纤维盒子。（他们告诉我，试飞时将不会真的坐进去3个人，因为“万一出事了，1个遇难者总比3个要好一点儿”。）后面加上的重量令人担忧——我们火箭的燃料能够把它送入太空吗？

其实，在6月份的飞行中，“太空飞船一号”还没有达到极限。迈克关停发动机的时间被作为预防措施而事先调整了，他本可以将发动机多运行5秒钟。（伯特限制时间是因为太高的高度会给重返大气层带来危险。）若是航线正确完美的话，“太空飞船一号”还会有3公里的富余距离。即使如此，我们也知道，在“X大奖”的飞行中，一个不完美的行驶轨道是我们无法承受的。

为使风险最小化，伯特改良了飞机的坚稳设计。美国航空航天局的无人火箭能够承受住25%的额外最大空气动力载荷，其安全系数是1.25；航天飞机的安全系数是1.4；民用航空设备的安全系数是1.6。“太空飞船一号”机翼的安全系数是2.1，而驾驶舱的安全系数是3.0。（伯特将驾驶舱的安全系数设计得很高，因为我们的飞行员没有加压宇航服。）一氧化二氮燃料罐和火箭发动机都是易出事故的元件，所以为它们设计的安全系数也是3.0，这些都给伯特提供了重要的余地。

迈克6月份的飞行中，一氧化二氮燃料罐容量的15%被预留出来，为加热的燃料体积膨胀留下空间，防备燃料罐爆裂——这是标准措施。但考虑到“白色骑士”号的发射时间是在日出前半小时，并会迅速进入上层的冷空气里，伯特觉得可以将燃料罐加满，这样就能飞得更久一点儿。这是典型的莫哈维航空航天探险公司的处理方式，干净利落。为保险起见，伯特在燃料罐上包裹上了保温圈，在起飞前才取下来。

为了让飞机飞得更高一点儿，公司的团队设法减少飞机的重量。在同等推力下，每减少半公斤重量，飞机就能多飞45米的距离。于是在飞机的非关键部位，都打出了很多小洞。同时，“X大奖”的律师决定，飞机上像降落伞这种可选择的安全护具可以不计入有效荷载重量，这样，我们一共省下了16公斤重量。

还有一个问题。到底选择哪一位飞行员去实现我们夺得“X大奖”1000万美元的目标呢？迈克已经取得了徽章。道格和伯特选择了彼得·西博尔德作为首飞驾驶员，让布莱恩·宾尼做第二次飞行的替补。迈克觉得自己的工作已经完成了，就减少了在飞行模拟器上的训练，把更多的时间让给彼得和布莱恩。但是，在距离起飞只有不到一周时间时，彼得退出了。一个月前，他在体检时查出身体有恙，而他的第二个孩子刚刚出生。虽然生病只是一场虚惊，但彼得觉得自己还没有为飞行作好准备。

我们只有一个选择了，那就是迈克。道格去了迈克的办公室，“我也不愿这样做，但我们还是需要你来飞这一次。”迈克很快答应了。他去见妻子萨莉，她只是看了丈夫一眼就开始流泪。她先前就得到过保证，她的丈夫不会再去飞行了。想到丈夫又要去拿生命冒险，她的情绪失控了。

在接下来的几天里，迈克每天做 6 次模拟飞行训练，专注于将飞机的航向尽量垂直，把火箭的推力都转作向上飞行的动力。他驾驶着“白色骑士”号和伯特设计制造的 Long-EZ 飞机做了一系列着陆练习，还用特技飞机练习在 5 倍重力下的身体适应能力。9 月 29 日，迈克准备好了。

这一天早上，“X 大奖”主席彼得·戴曼迪斯告诉围观的群众，“女士们先生们，此时此刻，我们正站在个人宇航革命的入口！今天将要发生在莫哈维的，不仅仅是技术，它是一种意志——去冒险、去梦想、去面对可能的失败！”

起飞的时间被定在了上午 7 点 12 分。我坐在地面控制室里，在伯特的后面看着监视器里的“白色骑士”号抵达了投射点。迈克点燃了火箭发动机，“太空飞船一号”突然从水平飞行转成垂直上冲。它的飞行轨道和飞机的凝迹都是完美的。我看着高度计上的数字嗖嗖地攀升：30 公里、33 公里、36 公里……

那时，我已经学会了阅读团队人员的身体姿势。正常情况下，他们会轻松地坐在椅子上，查看电脑并通过耳机听着道格和迈克的交流。但是，在“太空飞船一号”点火不久，迈克的飞行速度刚到 2.6 马赫时，我发现团队人员都弓着背趴在电脑前。我又看了一眼监视器，发现他们都紧盯着自己的屏幕。“太空飞船一号”的凝迹是向上的螺旋形，这是个不好的兆头。飞机就像一个陀螺一样，以无法控制的超音速旋转上升。当时观看飞行过程的“X 大奖”委托人，查尔斯·林白的孙子艾瑞克·林白说，他相信“飞机将要爆炸，迈克也完蛋了”。

在那一瞬间，我也是心怀这种恐惧的。接着我看到了伯特，他正镇定地在控制室里来回巡查，一点儿都没有惊慌。他曾在飞行模拟器上见过这种程度的旋转，相信飞机能够应付这种动力载荷并安全地重返大气层。“我们能应付得了，”他稍后说道，“一出大气层就可以控制住了。”

试飞员们也会害怕，但顶级的试飞员不会让害怕影响自己的驾驶。在“太空飞船一号”里面，迈克正随着飞机每秒钟旋转一圈，他的左手从航向微调控制器上拿开，放到盖有红色塑料保护罩的两个拨动开关上面——这是切断发动机运行的开关。（在飞行视频中，能够看到他的手在颤抖。）迈克知道，要摆脱困境绝非那么容易。虽然“太空飞船一号”有一个紧急逃生措施，飞行员只需转动曲柄拔出塞子就可以跳伞。但是，在 15 公里以上的高空，降落伞也救不了你的命，那里的空气太稀薄，气压很低，肺部的空气将会迅速膨胀导致肺泡破裂。而迈克现在身处 67 公里的高度。他的手从拨动开关上挪开了，他要把飞行坚持到底。

迈克一边抵抗着眩晕的侵袭，一边盯着航空电子显示仪。舷窗外的阳光随着飞机的旋转时隐时现，迈克用控制杆和方向舵控制飞机向旋转的反方向运行。又转了 8—10 圈之后，他不再感觉晕了。现在飞机处在大约 91 公里的高空，那里的大气太稀薄，以至于手动控制已经没有作用，旋转也慢下来，大概一秒钟转半圈。“太空飞船一号”的全球定位系统中断了，迈克的高度计比地面指挥中心的慢一些。所以，在道格对他说“100 公里，关闭发动机”的时候，迈克让发动机多运行了一两秒钟，直到他的高度计显示为 101.8 公里。这时他也不需要道格再次提醒了，关掉了发动机。最终，“太空飞船一号”停在了距离地球 103 公里的位置。

在接近远地点之前，迈克就将飞机的尾翼张开了，并让飞机的喷气口打开，渐次减弱旋转的势头。在旋转了 29 圈之后，飞机终于不再转圈了。

他的飞行轨迹是完美的，旋转也将飞机保持在了稳定的航线上，就像射出枪膛的子弹一样。在 18.6 公里处，迈克收回尾翼，开始滑翔返回。在距离地面 12 公里处，他为自己的飞行做了一个标志性的胜利旋转动作，就像第二次世界大战时从战场归来的飞行员们所做的那样。他的旋转圈数正好变成了 30。

事后在会议室里我们得知，迈克是吃了自己的苦头。他像训练时做的那样把“太空飞船一号”拐成了垂直上冲，然而没有意识到这种垂直的 90 度飞行会导致旋转的不稳定，而一旦开始旋转，仅靠方向舵和副翼是无法控制的。

伯特很高兴。迈克的此次飞行证明了“太空飞船一号”的结构是完整的，这架小飞船比看起来要结实得多。更重要的是，飞机不需作调整就能进行第二次飞行了。团队的空气动力学家彼得·西博尔德和吉姆·泰伊迅速作出结论：下次飞行时，若要避免旋转，可采用渐增的上拉，并且将角度控制在略小于 90 度上。

5 天后，2004 年 10 月 4 日，伯特进行了第二次“X 大奖”飞行。选在这个时间，一是为了纪念第一颗绕地人造卫星“史波尼克一号”（Sputnik 1）发射 47 周年；二是若是出了问题，能够在 2 周的限定时间里留有再次尝试的余地。团队提前做好了准备。发射前一天——周日晚上，伯特邀请所有人员到他家里观看探索频道首次播出的《黑色太空》节目，这是我们自己的“火神制片公司”出品的 2 集纪录片，讲述的就是“太空飞船一号”。（这部纪录片后来获得了皮博迪奖，获奖理由是其卓越的成就和可贵的公益服务。）

周一早上，太多的事情将在此尘埃落定：1000 万美元的奖金，还有布兰森“太空飞船二号”计划的全面启动。不用说飞行灾难，哪怕是飞行失败都会给我们的事业带来沉重打击。我原先想的是迈克会再次驾驶飞机，没想到的是，伯特让迈克去辅助布莱恩的飞行训练。8 月下旬开始，迈克就带着布莱恩开着 Long-EZ 飞机以最佳的速度和下降率模拟“太空飞船一号”的进场着陆。为了再现飞船的舷窗，一个工程师甚至用黑纸板照着“太空飞船一号”的舷窗剪了一个图样描在 Long-EZ 的座舱罩上。他们两个飞行员一起做了最后一次飞行后，迈克告诉道格和伯特说：“布莱恩可以了。”

周一早上，我很早就来到了莫哈维，但观众和电视台摄制组比我来得还早。在接下来的几个小时里，全世界的目光都将关注在这个偏远沙漠的一角。尽管我对团队怀有信心，但还是止不住脑中的一个声音在回响，因为每次动力飞行都会有预料不到的事情发生。那个声音说道：“这次会怎样呢？不同的飞行员、不同的时间、不同的冲角——能一切顺利吗？”

就在箭机分离的一刻，意想不到的事情就发生了。布莱恩在飞船刚刚分离的时候就点燃了火箭发动机。在 15 公里的高空，声音传导不良，所以“白色骑士”号的驾驶员，包括随机工程师马特·斯汀麦茨都真真切切地听到了以前从未听过的火箭轰鸣声。伯特大叫道：“天哪，这么近！”但他并不担心，考虑到“太空飞船一号”的高加速率，即使两个飞行员想撞也不会撞上。

布莱恩严格按照飞行计划驾驶着飞船。他将“太空飞船一号”的上升角度调整为 88°，以最小的旋转上冲。在地面控制室里，我们的眼睛都盯着高度计。我一边看着高度计，一边在地上踱着步子。理查德·布兰森在我身旁坐下，问道：“保罗，这是不是比你最爽的性爱还要刺激？”

我想，要是做爱时这么揪心焦虑，我才不会喜欢。

“91 公里。”道格在无线电中说道，依据的是他的高度计。刚过了 8 秒钟：

“雷达显示已经 100 公里了。”

“收到。”布莱恩答道。爱德华空军基地证实了我们已经进入太空。控制室里一片欢呼。

7 秒钟之后，“107 公里，建议关闭发动机。”道格说。

“收到。关闭发动机。”事实上，布莱恩还是多让发动机运行了一点时间，总共 84 秒。

7:52，尾翼打开，但布莱恩还在上升。“X-15 的纪录！”伯特喊道。“太空飞船一号”的飞行高度达到了 107.9 公里，这是 X-15 保持了 41 年的纪录。“太空飞船一号”是迄今为止飞得最远的飞船了。

“X-15。”道格回答。

布莱恩说道：“太棒了！”

对伯特而言，创下这个纪录有太多的意义，我为他感到高兴。最终，这次飞行的远地点达到了 112 公里，比我们获得“X 大奖”的要求还多了 12 公里。

布莱恩的下降速度达到了 3.25 马赫，又是一个民用飞行器的纪录。然后布莱恩收回尾翼开始滑翔。我跟伯特开车去看他着陆。像“太空飞船一号”这么小的飞船在远处是很难看到的，更别说还没有凝迹的指引。参观发射的大多数人都是在飞机几乎到了头顶上才看到它。但伯特很早就在天上找到了它，于是就把我和理查德·布兰森叫到身边指给我们看。当时我们拍了一张姿势很自然的照片，照片上我们举着左臂，手指伸开遮在眼上，望着东边天际那个小白点儿的归来。

从“白色骑士”号分离后 24 分钟，布莱恩着陆，这是一次无可挑剔的飞行。我们终于有了一次完美的飞行过程，自始至终都完美无缺。

伯特、理查德和我在柏油路上打开了香槟，然后坐在拖车的后挡板上，慢慢地将这架粗短的自制飞船运回伯特的机库里去（我把这个机库称为世界上最棒的车库）。这是一个朴实无华而没有官方意味的场景。“太空飞船一号”是一架小飞机，没有虚饰浮夸的制作，但它载着一个人去了太空又返回地球，没有人受伤。我觉得心头一大块石头落了地。我们在滑行道上欢呼的人群里艰难地前行，我突然想到，“太空飞船一号”不仅仅是一个瞬间的奇观，它给每个梦想太空旅行的人带来了希望。

我们在机库里举行了招待会。布什总统打来电话表示祝贺，他说我和伯特“打开了太空的边界”。我结结巴巴地向他表示了感谢。早在6月，我们实现首个私人制造的航天飞行时，伯特的愿望就已经实现了。但对我来说，没有什么能超越“X大奖”的荣誉。尽管压力和审查的强度都很大，但我们的团队还是通过了。

一个月后，我带所有人一起飞去圣路易斯参加“X大奖”的颁奖典礼。在典礼上，伯特和我举起了一张1000万美元的巨额支票。几年之前，我曾在合同里加入了一个刺激条款，将“X大奖”奖金的一半分给缩尺复合体公司。伯特把这些钱分给了公司的所有员工，甚至连清洁工都有份。

在获得了“X大奖”以及因“在美国航空学或航天学上杰出的成就”而获得2004年的“科利尔奖”后，我本可以心满意足地在这个领域画一个句号了，却没想到一个更大的荣誉还在眼前。在布兰森加入之前，伯特的最初计划是在连续5个月里每周都让“太空飞船一号”发射一次，以吸引投资者并加强公众对商业太空飞行的信心。但在迈克6月的历史性飞行之后，我们收到一封来自“史密森国家航空航天博物馆”的信，他们想把“太空飞船一号”收藏到“飞行里程碑馆”中。这里收藏着1903年的赖特飞行器和“阿波罗11号”的指挥舱。因为我们已经不需要再用“太空飞船一号”去证明什么，也为了保留一份历史遗产，我们把未来的飞行计划都取消了。

2005年7月，迈克·梅维尔驾驶着“白色骑士”号飞往杜勒斯国际机场，飞机的下面固定着“太空飞船一号”。当他从云层下面出现时，旁边一个航线上的飞行员说道：“那架飞机下面挂的是什么东西?”机场的空中交通管制员因为事先没有接到通知，命令迈克将飞机下降到1.8公里高度并调头离开本区域。这时候，一个主管干预进来，指挥着迈克继续飞行并着陆。随后“太空飞船一号”被装在卡车上，运到了“史密森国家航空航天博物馆”。

这一年的 10 月，“太空飞船一号”就挂在了查尔斯·林白的“圣路易斯精神”号和查克·耶格尔的“贝尔 X-1”之间。依照博物馆的规定，我们的飞船经过重新喷涂，被恢复到迈克首次驾驶进入太空时的样子。机身上有制造者的名字（缩尺复合体公司）、飞船的名字和编号，还有黑色字体印刷的“保罗·G. 艾伦项目”。

这是我最为自豪的一天。

就像预料的那样，我在“太空飞船一号”上所花的时间和金钱都超过了预算，最终投入资金是 2800 万美元，但这些钱花得很值。加上“X 大奖”的奖金、捐赠给博物馆之后得到的税额减免，还有“维珍银河公司”的许可收入，我们在 2006 年有了净收益。

一段时间里，我试着继续努力实现商业太空旅行计划。伯特和我合作得很愉快，他也让我继续下去。但在获得“X 大奖”之后几个月，我退出了，只是远远地看着布兰森开始着手开发“太空飞船二号”关于 2 名宇航员外加 6 名乘客的设计。飞机的设计与“太空飞船一号”大体相似，只是舱内的设计更加豪华了：用于缓和重力冲击的可调式座椅、可获得更好观景效果的大舷窗。到 2006 年早期，“维珍银河公司”已经收入 1300 万美元，他们向每位乘坐“维珍企业号太空飞船”的旅客收取 20 万美元的费用。

2007 年 7 月 26 日，在一次“太空飞船二号”例行的一氧化二氮燃料流测试中发生了爆炸，缩尺复合体公司的 3 名员工身亡，另有 3 人受伤。这就是在航空项目里随时可能发生的事故。

那时，伯特在缩尺复合体公司已经处于半退休状态，不再每天上班，并把公司的指挥权交给了道格·肖恩。2010 年 10 月，“维珍企业号太空飞船”完成了首次滑翔飞行，其试飞项目在 2011 年里还将继续。我相信他们一定能成功。在未来 10 年中，尽管票价很难预知，但大型轨道太空旅行还是面临很好的发展前景。俄罗斯现在为“空间站”旅行收取的费用跟我们为“太空飞船一号”的所有投资一样多。（为了与其竞争，埃伦·马斯克的SpaceX计划的价格要稍低一点儿。）

40多年前，尼尔·阿姆斯特朗改变了我们看待月球的眼光，到别的星球上旅行也突然变得实际可行。从那个时候开始，我们就产生了走出地球的渴望。我对其他迫切的社会问题——从医疗保健到全球变暖——的重要性都相当清楚，但我也明白，对我们人类来说，拓展外太空同样是必要的。一个火星项目可能需要花费几十亿美元的资金和几十年的开发时间，还需要具有能够接受失败和打击的勇气。若是政府从行星探索的挑战面前躲开了，民间将很难保持独自面对这一切的积极性。

我还记得，有人问沃纳·冯·布劳恩①：“登月最困难的事是什么？”

他答道：“是决心。”

2009年3月，查尔斯·西蒙尼要乘坐“联盟”号到“国际空间站”进行为期2周的太空旅行，我去哈萨克斯坦为他送行，祝他旅行顺利。（查尔斯把艾伦·度卡瑟西餐厅和玛莎·斯图尔特的外卖也一起带去了，相当有个性。）火箭就在1961年把尤里·加加林送入太空的那个发射坪上起飞。看着火箭升起，我再次体会到在莫哈维时的激动和恐慌。

有时候，我也想让自己跟查尔斯一样进行太空旅行。但曾经如此近距离地了解到太空飞行的前前后后，我还是退缩了。我不是一个爱冒险爱刺激的人。比如说，我从来没有跳过伞，因为我觉得不值得去尝试。那年10月，当我凝视着天空中的飞船滑翔归来，童年时仰望星空的惊喜感觉再次袭来。原来，我从未真正丢掉这种感觉，只是在匆匆的人生中把它忘记了。再次找回它真好。

---

① 沃纳·冯·布劳恩，德裔火箭专家，20世纪航天事业的先驱之一。曾是著名的V1和V2火箭的总设计师。移居美国后任美国国家航空航天局的空间研究开发项目的主设计师，主持设计了“阿波罗4号”的运载火箭“土星5号”。——译注

虽然我可能永远都成不了宇航员，但我的一部分已经在宇宙中遨游：在探索太阳系的“新地平线”号探测器上面，就搭载了一小片“太空飞船一号”的机体。2007 年，它经过了木星，并继续朝着冥王星前进，然后进入科伊伯小行星带，最终飞离太阳系。

第十七章 吉 米

我是伴着音乐长大的。在西雅图歌剧院里，每当有罗马尼亚舞剧团和西班牙弗拉门戈舞剧团来表演，我们全家都会去看。我们家收藏的唱片大都是古典乐，最爱听的是贝多芬。7 岁时，我甚至开始模仿指挥《第五交响曲》。

父母很少在给我们买礼物上面挥霍金钱，但在学习上他们从不吝啬。我妹妹是个学习狂人——芭蕾、钢琴、单簧管、横笛她都学过。我在二年级时开始学小提琴，过程有喜有悲。好的时候感觉很棒，但我的老师是个音阶狂：大音阶、小音阶，讨厌得要死。我零零星星地练着，从未得过第一，有段时间里拉出来的都是噪音。我练习的时候，我们家的狗就开始狂吠。这时母亲就说："你在练提琴，很好！坚持就是胜利！"然后她就躲到外面去了。

我不是很想放弃，并且我知道，只要我全力以赴，父母就会给我缴学费。9 岁时，我给父亲写了这样一封信：

亲爱的爸爸：

我希望能再学一年的小提琴，原因有下面几个：有时候拉琴很快乐，我等不及要学莫扎特了，等等。我以后会每天努力练习的。

你的儿子

保罗·艾伦

事实上，父母不愿我停止学习小提琴。直到我进了中学，岁数已经“足够大”，可以自己决定是否要继续下去。于是，我的告别演出就在六年级的毕业典礼上举行了。假如我没有因为太过紧张而跟不上节奏，那次室内音乐表演还是值得纪念的。

1964 年，我还在拉文纳学校。有一天回到家里拨弄晶体管收音机，偶然听到了“披头士乐队”的《我想握着你的手》，这首歌是我对流行音乐最初的印象。我在“艾德苏利文秀”节目上看“最高权力乐队”和魔城唱片公司其他乐队的表演，我觉得他们的水平之高简直令人难以置信。七年级的一次舞会上，我第一次听到了现场摇滚乐，只感到那些节奏在我的皮肤下面跃动，烙下了永久的印记。

每年 8 月，父母都会出门度假，把我和妹妹托给街区的卡塔尼亚一家照看。1966 年，我就要上八年级了，特里·卡塔尼亚比我大一岁，她知道“排行榜精选 40 首”音乐。我听了她介绍的一些“获奖 45 首”的音乐，如尼尔·戴蒙德的《Cherry，Cherry》。现在她又弄到一些新歌。“你知道‘顽童乐队’吗?”她问我。

我摇了摇头。我从来都没听说过这个乐队组合，尽管他们的单曲一直稳居各大排行榜首。“听着。”特里说道。接着我就融入到《Last Train to Clarksville》的节奏里面去了。随后，我也买了“顽童乐队”的专辑，反反复复地听。后来我开始看他们演的连续剧。两年前“披头士热潮”席卷北美时我还小（我曾跟父母一起去加拿大的温哥华，“披头士乐队”刚刚在那里开过演唱会，当我得知竟然有人买下了他们所住酒店房间里的床单时，很是惊讶），但好在我赶上了“顽童乐队”的流行。

第二年 8 月，特里迷上了一张新专辑。这张专辑于这一年春季在英国大肆流行，而在美国尚鲜为人知。“保罗，你一定得听听这个!”特里大叫着。当她抽出唱片时，我盯着封面看了看，在黄色背景上紧密排列着迷幻的紫色艺术字体：

> Are you experienced?（你体验过吗?）

我体验过吗？我不明白它说的是什么意思，但我猜答案是“没有”。连这个乐队的名字都很奇怪，“吉米·亨德里克斯体验”。唱片的封面是一张鱼眼镜头的照片，照片的正中是一个系着橙色围巾的黑人，他的两边各站着一个白人，这是很不寻常的景象。封底也同样引人注目，白底黑字的歌曲目录就印在乐队成员炫目的爆炸发型照片上。此时此刻，我觉得吉米才是最酷的。

特里将唱针放下，开始播放第一首曲子《紫色迷雾》，我不再关心唱片的褐色包装纸，我被序曲给震住了。亨德里克斯与他的贝斯手诺埃尔·瑞丁反复演奏《魔鬼音程》，既怪异又刺耳。这就是吉米的个性：这就是我要做的，好好看着吧。接着，在一阵急转直下的吉他旋律重复中，他的声音传了出来。吉米的演奏是既朴实又咄咄逼人的，但他的变音十分顺畅自然，没有人能跟他相比。（卡洛斯·桑塔纳曾说过：“大多数吉他手的演奏都能做到快，但缺点在肤浅。柯川、查理·帕克和吉米不仅能弹得快，还能做到深刻。”）

我陷在音乐中不能自拔。《紫色迷雾》中有大量的失真和回授，产生一种旋涡样的立体声音效，但吉他的声音始终丝丝入扣，清晰而美妙。还有那些歌词，是怎么从他沙哑的嗓音中倾吐而出的？

> Purple haz all in my brain（紫色迷雾全在我的脑海中）
>
> Lately things just don’t seem the same（最近发生的事都不一样）
>
> Actin’funny, but I don’t know why（滑稽的行为，而我不明白原因）
>
> Scuse me while I kiss the sky（在我亲吻天空时 放开我吧）

哇！他在唱什么啊？这是什么诗？他的声音因为纵深混响的效果愈发显得唯美灵动，就像在隔壁房间里唱的一样。歌曲中有非洲音乐的咕哝和吸气声，就像“非洲音乐皇后”米瑞安·马卡贝那样；还有不断的停续收放，让你的耳朵也随之跌宕起伏。歌曲的最后，吉米用定做的奥克塔维亚吉他效果器将音调提了一个八度，以绚丽的吉他独奏结束。

当时，我并没有足够的专业知识去分析《紫色迷雾》这首曲子，但我知道它既新鲜又美妙。吉他大师埃里克·克莱普顿、滚石主唱米克·贾格尔都倾向于旧时的布鲁斯风格，亨德里克斯也采纳了其中的根元素（还有R&B、爵士乐、少量弗拉门戈曲调和乔治·弗雷德里克·亨德尔的作曲风格），并将音乐做得更快、更深刻、更灵活。《你体验过吗?》这首歌为我打开了一个新的天地。（还有他一年之后推的代表作《电气女儿国》，他还会更进一步。）

我不再迷恋“顽童乐队”，听过亨德里克斯之后，我就被他深深吸引住了。他并不是那种符合大众口味的音乐人，而这更令他显得与众不同。我记得有个名叫博莱特·克顿的邻居，他曾是一个“前嬉皮士”，穿着时髦的衣服、焚香，并且跟我一样喜欢亨德里克斯。尽管我看起来还是一个传统的西雅图中产阶级家庭的男孩，但自我感觉还是很前卫的。（我还没作好准备去模仿“花之子”——嬉皮士的自称——和大学城区的嬉皮士们，但我在湖畔中学有一个伙伴就系着涡纹图案的围巾。）

我买了《你体验过吗?》这张唱片，在我们家客厅的音响里不停地播放。母亲心里十分不悦，“保罗，你怎么受得了这种音乐？它们只是噪音而已啊！”

就像在我之前无数代青春期孩子对他们父母的回答一样，我说道：“妈妈，你听听看，好好听一听。”但每当我想向她解释喜欢这种音乐的原因时，她总是摇摇头离开房间。

我的欣赏口味开始改变。我买了巴迪·盖伊和B. B. 金等蓝调音乐人的唱片，还常收听爵士乐电台——他们播放亨德里克斯、“地下丝绒乐队”、“奶油乐队”的音乐。湖畔中学在学校礼堂的地下室里有一套开盘式录制设备，只要一有机会，我就用它从电台里录亨德里克斯的歌，包括蒙特利音乐节上的《像一块滚石》，还有在伍德斯托克音乐节上，令听众震惊的回授技法演绎的美国国歌。有一天，当我正在播放这首国歌的演绎版时，音乐系的主任冲进来说道：“关掉！停下！这是我听过的用乐器发出的最难听的声音！”

我很不自在，却也不愿示弱。我知道他是错的。一个热爱音乐的人怎么会听不懂亨德里克斯呢？我听到的东西他们怎么听不出来？

我梦想中的乐器是一把芬达吉他，就像吉米的一样。我常常在第一大道的当铺里游荡，亨德里克斯就曾经在这里眼馋着面前一排排的吉他，它们近在眼前却又遥不可及。我很肯定，要是有一把这样的吉他，我的演奏水平能提高5倍。但一把二手的芬达吉他都要好几百美元，用我的零花钱远远支付不起。在16岁时，母亲送给了我人生中的第一把电吉他，她是在廉价商店里找到的，只花了5美元。母亲完全清楚买吉他给我之后，生活里将充满什么样的声音。那把鲜红色的吉他是日本产的空心吉布森吉他的仿制品，音色效果不好，拾音器也很嘈杂，但我还是很兴奋。

我的同学道格·弗默正在上吉他课，我就从他那里偷学，但大多数时候我是在自学。因为先前有过小提琴的学习基础，我还是能读谱的，但我想要学的音乐的曲谱根本买不到。所以，基本上我还是一遍一遍不断听同一张唱片，尽力把听到的练会。回头想想，我真希望当时能有个老师教教我，或者加入一个乐队，为我的吉他演奏和音乐理论打下坚实的基础。系统地学习还是有一定道理的。但吉米对我的吸引力实在太大了，我就艰难地跟着唱片练习，提高很慢但一直在进步。

我开始时练的是《嘿，乔》，这首曲子相对简单一点儿。然后去学《紫色迷雾》，这首曲子是他在伦敦成名时所作，比起后来在录音棚里修改调整后的乐曲显得有点儿生涩，但不可否认——《紫色迷雾》是一位成熟的音乐人的作品。对初学者来说，这首曲子是个严峻的挑战，也是我的奋斗目标。为摸索伴有捶弦音的和弦，我听了无数遍。在独奏时，亨德里克斯的弹奏速度快得令人惊叹，我基本上是跟不上他的速度的，有时候能跟上 1/4 的乐段节奏我都能傻乐一番。我感觉我正在慢慢熟悉他的演奏。

尽管我可能永远都达不到技术上的无可挑剔，但我还是努力将自己的风格和感情融入到演奏中去，就像吉米所做的那样。即使在像《机关枪》这种充满了烟火和特效的音乐中，亨德里克斯都富于表现力。放学后我跟朋友们一起演奏《嘿，乔》，那时，我就将身心都投入到和弦中去，并在独奏时加入一点儿深情。我喜欢即兴演奏的自由，因为你可以演绎出属于自己的音乐。

现在来想象一下我父母的处境：他们的十多岁的儿子正沉迷于吵闹的音乐，并一遍一遍随着曲子弹吉他。更糟的是，家里的狗也跟着狂吠……看到母亲的容忍已到了极限，我识相地把乐器连在音响上面，这样就能在耳机里面同时听到我的吉他和唱片的声音，而尽量保持外界的安宁。不过，一旦家里只剩我一个人，或者只有妹妹在家的时候，我还是会把音量调大“制造噪音”。最后，我独自练成了扫弦和回授技巧，虽然还做不到像吉米那样控制自如，但我还是感觉相当酷。

1969 年 5 月，我上十年级时，湖畔中学同学杰夫·韦奇伍德告诉我，在西雅图中心体育馆里会有吉米·亨德里克斯的演出，它将是我经历的第一次摇滚音乐会。我们俩带着女伴，偷偷从后排座位上离开，挤到靠近舞台中心的位置去听了前 3 首歌，接着就被赶了回去。我们前面全是人，除非亨德里克斯走到舞台口，否则根本看不到他的身影。即使如此，我还是为之倾倒——吉米是一位真正有魅力的音乐大师，气镇全场。我满怀期望而来，而他的表演远超我的预想，我们 4 个人在音乐会上听得神魂颠倒。散场后，一个女伴邀请我们去她家里听《你体验过吗?》。杰夫和我兴奋了好几天。

到了 1970 年夏天，我已经是亨德里克斯的铁杆粉丝了。每到周末，我就会穿上前裆系扣的紫色喇叭裤，胸前挂着圆形徽章，头戴密西西比河赌徒帽子（贫民版的亨德里克斯帽子），四处炫耀。我在卧室里挂了一张吉米闭着眼睛弹吉他的黑白海报，海报上，亨德里克斯穿着乐队夹克，裸露的胸口上挂着一个金色的圆形徽章，他的手从吉他上弹开，而他的右把吉他（亨德里克斯是左撇子，所以他使用的是右把吉他）撇向另一个方向。

亨德里克斯也是西雅图人，这一年的 7 月，他回到家乡，在希克斯棒球场举办演唱会。这次演唱会是不固定座位的，我跟女伴早早赶到会场，在距离舞台五六米的地方抢好了位子。亨德里克斯出来的时候天还是晴的，但不久之后就开始下起小雨，随后雨越下越大。工作人员给他准备了塑料篷挡雨，但他根本不用。他闭着眼睛站在舞台的边缘，雨水浇到他的身上，浸透了他的丝绒连身裤，也在吉他上飞溅流淌着。近距离看去，亨德里克斯是一个气势很强的人，他演唱的声音也大得令人崩溃，你经常会听不清到底他唱的是哪首歌。

那天晚上，亨德里克斯看起来有些疲倦，他的表演也不如上次在西雅图中心体育馆那么好。但即使他只发挥出一半的水准，也是有闪光之处的，特别是在近距离观察他手的动作时。在弹到《巫毒婴儿》、《红屋》和几首新歌时，他的手指动作是那么华美流畅，只是在琴头上轻轻移动，而不会弹错一个音符。亨德里克斯身材瘦小，却有一双大手，手指也出奇地长。他能让自己的吉他发出类似人说话的声音，还能抖动手腕使吉他发出深颤音让音符“跳起来”。更夸张的是，他可以一边用拇指演奏贝司，一边用其他手指弹出主音，或弹出伴奏吉他的旋律。听起来就像是一把吉他产生了两把吉他的效果。

在演唱会上，吉米大多是即兴表演，他的独奏每一晚都不相同。当伟大的音乐人现场表演时，他们会将内心感受用音乐表达出来，传递给听众。这既是礼物，又是邀请：我要离开了，跟我一起来；狂欢过后，再原路返回。

希克斯棒球场的这场演唱会是吉米在西雅图最后一次露面。两个月后的一天，我听到了一个令人震惊的消息：亨德里克斯在伦敦因酒后服用安眠药入睡而窒息死亡。那天我回到家里，几个小时不停地弹奏《电气女儿国》。父母看出了我的情绪，他们很贴心地并未提出抗议。

很久之后我的悲伤才慢慢淡去。在短短的 3 年时间里，吉米创作、录制了太多伟大的音乐。我禁不住想，若是有机会，他还会创作出多少作品来？他被埋在了西雅图东南方的连顿市，但我从未有勇气去他的墓前表达敬意。

我所收藏的亨德里克斯纪念品中，最重要的一个就是他在伍德斯托克音乐节上用过的白色吉他，他曾用这把吉他表演过令我们湖畔中学音乐总监瞠目的技巧。1991 年，我花 75 万美元把它买了下来，创下了吉他价格的最高纪录，但我觉得这个价格尚不足以反映它在摇滚和吉他历史上的试金石地位。我抚摸着吉他生锈的琴弦和琴头，心中想：在吉米的音乐生涯中，经手过的吉他有几十把，而我手中这把恰恰就是其中之一，就是它们把吉米高超的演奏技巧体现了出来。这把吉他已经无法弹奏，于是我就将另一把吉他接上吉米的 Uni-Vibe 效果器（也就是能产生其独特的涡旋回响效果的踏板），我感觉仿佛是在触碰吉米的声音，虽然只有一点儿而已。

在索斯比拍卖公司的一次拍卖会上，我买下了亨德里克斯拍摄《Smarsh Hits》专辑封面照片时所戴的黑色大宽檐毡帽。我打开箱子掀去薄纸，将帽子拿在手里，这一刻感觉很奇怪——仿佛其中早已融入了他的灵魂和气息。而这一瞬间的感触激发了我的一个想法：建一个公共展馆来纪念吉米的艺术成就。我想，别人也会从他遗留的物品中感受到他的音乐魅力。

那时，亨德里克斯在西雅图的正式纪念物，只有在林地公园动物园里人工石景上的一枚铜星，仅此而已。（在我们的“音乐体验馆”项目进行过程中，西雅图市又将一个吉米跪着弹吉他的铜像立在了国会山上。）我觉得对他的纪念值得更多地被重视。按照朱迪和我最初的设想，我们打算在 1962 年西雅图世博会所建的“旗帜广场”里面，占用近1000平方米的面积修建吉米·亨德里克斯陈列馆。吉米的父亲名叫艾尔·亨德里克斯，是一名绿化工人，他拥有儿子音乐和遗产的所有权。我跟他见面商量了这件事。他是个性情温和的人，似乎对我的想法抱有很大热情。

几个月以后，艾尔和珍妮·亨德里克斯①来到我的办公室里，珍妮说：“我们被人骗了。”就像艾尔在诉讼中所解释的那样，他听从当时的律师里奥·布莱顿的建议，签署了一些文件。他原以为那是些许可协议，可后来慢慢发现，儿子的遗产都被转移到了一个复杂的公司网络里面，而所有公司最终都指向同一个人，就是里奥·布莱顿。艾尔说，吉米的遗产价值数千万美元，而他仅仅得到每年 5 万美元的收入。而提起全面诉讼的费用太高，他们负担不起，所以就来找我帮忙。

为了能让双方平等地进行诉讼，我答应支付他们的法律费用，以夺回吉米的遗产。若是官司打赢了，他们就从以后的遗产收益中还我；若是官司输了，就当我无偿帮忙了。1993 年，艾尔·亨德里克斯提起诉讼，控告布莱顿诈骗。与此同时，我们继续进行非营利的吉米·亨德里克斯展览馆项目。我们向他的家人要求使用吉米的名字和肖像，并且展示一些家庭纪念品。但我们说得很明白，这并不是作为我们帮忙的回报。为此我们还签署了谅解备忘录。

到了 1994 年中期，我已经为这场官司花了 590 万美元，打算就此打住。亨德里克斯家的前景看起来不错，似乎也不再需要我的帮助了。就在那时，亨德里克斯家与我们展览馆的授权谈判却遭遇了僵局。我很惊讶，但也理解他们的想法。之前丢失的吉米遗产权已经给艾尔和珍妮留下了心理阴影。为了避免重蹈覆辙，他们不得不谨慎一些。

---

① 珍妮·亨德里克斯，吉米同父异母的妹妹。——译注

1995 年 5 月，在案子审理前一个月，当事人达成了和解，对方同意将“所有吉米·亨德里克斯遗产的权利、债权和利益”还给艾尔·亨德里克斯。尽管被告未被认定有罪，但这已经是亨德里克斯家的巨大胜利了。我也很高兴正义得到了伸张，对亨德里克斯家、对吉米的音乐来说都是如此。

1992 年，在一次多人参与的公开讨论之后，我们觉得“用一些衣物和吉他来代表吉米音乐的独创性是远远不够的”，朱迪对当地一个杂志作家说道：“我们需要有大量实质性的内容，来将纪念展品和我们的理念联系起来。”简言之，我们的展馆需要具有叙述性，它需要将吉米放到西雅图市和太平洋西北部地区的音乐遗产这个大背景之下。在此过程中，我希望能够找到一个重要问题的答案：音乐灵感从何而来？

这个志向更大的展览馆需要一个新名字。我想到了“音乐体验计划”几个字，这个词暗示了展览馆是一个动态的、永远在进行中的项目。（“体验”二字当然是来自吉米和他的乐队。）1995 年 2 月，朱迪宣布“音乐体验计划”将建在从西雅图市太空针塔旁边租来的一块地皮上。展馆将占地 1.3 万平方米，总投资 2.5 亿美元。朱迪是一个杰出的经理人，她能在促进合作的同时将发展方向和执行效率同时融入。1986 年我们俩联合创办了“火神投资股份公司”，处理我的生意和投资。作为公司的总裁兼首席执行官，她广泛地与各方开展合作，代表我从事慈善事业，包括筹建了玫瑰花园球场和奎斯特体育场。“音乐体验计划”是一个很有挑战性的项目，但朱迪一定能做好。

我们在全国范围内搜集适合展览馆风格的物品，比如在蒙特利音乐节上吉米作为“祭品”而点燃并摔碎的吉他碎片、《电气女儿国》专辑的记录本（这是他最后一张专辑，记录本上写满了歌词和女歌迷的电话号码），还有他个人的唱片收藏。这些唱片也是从索斯比拍卖会上得来的。从收藏品可以看出吉米对其他音乐人的喜好：鲍勃·迪伦（9 张）、

“披头士乐队”（5张）、布鲁斯音乐人莱克林·霍普金斯（5张）。从唱片的磨损情况来看，吉米喜欢的歌曲有：雷·查尔斯的《不朽的奥蒂斯·雷丁》、《哭泣时代》、西蒙和加芬克尔的《挡书板》（Bookends），还有亨德尔的《Messiah》片段。这些唱片收藏的风格都大不相同，一如吉米变化多端的想象力。

朱迪是设计师弗兰克·盖里的崇拜者，所以希望他能为我们设计展览馆。1996年，盖里还在西班牙毕尔巴鄂市进行古根海姆博物馆的建造工作，尚有一年才能完工。这时朱迪与他取得了联系。盖里是一个典型的古典音乐迷，但他个性中有顽皮而特立独行的一面，以上都符合“音乐体验计划”的设计思路。盖里也像吉米一样，无所畏惧，在接受了设计工作时他说道：“我接受这个工作是因为它是独特的，是我尚未征服的领域。”我们在他位于圣莫尼卡市的办公室里会面，作为一个多年设计流程工作的开始，他直截了当地问我：“你想要什么样的建筑？”

这个问题很难回答。我想要的是多姿多彩的，因为吉米的音乐就像他喷涂的吉他和狂野的舞台服装一样远离单色。盖里之前设计的很多作品都有着粗犷的边缘和棱角，但我想要的是流动而柔美的整体性，就像古根海姆博物馆一样。我心目中的吉米展览馆应该是一种自由自在的精神体现，但很难用文字表达。

盖里问我对吉米音乐的看法，于是我回想起了听歌的几百个小时。我想到了心情随着音乐高飞又跌落的大起大伏，于是我说：“我想要的建筑应该是连绵起伏的。”

盖里把我带到一张桌子跟前，桌子上是他设计作品的模型，他让我从中选择一个“最是连绵起伏”的。我挑中了一个银色波浪状的贝壳样式建筑——这是盖里为柏林中央合作银行设计的“马头”会议中心。它有着强有力的曲线，即使是在这个缩微的模型上也能感受到其波浪般的涨落，它的非线性形式令我想起了亨德里克斯的即兴吉他演奏。盖里说道：“这也是我要设计的方向。”他所设计的第一个“音乐体验计划”展览馆的立体模型是不对称结构的，有着明亮的金属色彩，上面断裂的线条代表着吉他上的琴弦。（我对盖里说，看到这些线条就会想到意大利面。恐怕这句话会冒犯到他。）他又对设计进行了两次调整，把断裂的线条改成了彩色的玻璃带，这下我满意了。

“音乐体验计划”展览馆在造型上没有一处直线或直角，是盖里曾设计过的最为复杂的建筑之一。它的不规则线条会令人联想起音乐旋律，就像我之前看到模型时的感受一样。我们原本也可以把它设计成灰蒙蒙的方盒子样式，但那样就太枯燥了。“音乐体验计划”展览馆是一个摇滚建筑：咄咄逼人、叛逆而夸张，它充满生气而无所畏惧，就像那个它所代表的人一样。

我们把“音乐体验计划”展览馆的盛大开幕仪式定在 2000 年 6 月，前一天晚上是一个隆重的慈善募捐活动。我曾举办过很多名人聚会，但这次是规模最大的。到访的客人有：格瑞斯・斯里克、雪瑞・克罗、安妮・兰尼克斯、吉娜・葛森、比尔・盖茨和梅琳达・盖茨夫妇、杰佛瑞・凯森伯格和斯蒂芬・斯皮尔伯格。在展馆的“舞台”上，他们都变成了摇滚明星，背后是五彩的灯光、烟雾和模拟人群声效。

那天晚上，我们等备 8 年之久的计划和建设达成了圆满。我加入了即兴表演跟大家一起庆祝，跟我一起演奏的有赫比・汉考克、罗比・罗伯森和戴夫・斯图尔特，我们演奏的场所是展馆内的“天空教堂”。这是一个有着 260 平方米巨型屏幕的 26 米高的空地，它的名字来自吉米所设想过的一个集会场所，在这里不同国籍不同肤色的人们能够一起创作音乐、让精神高飞。我们合奏的时候，赫比弹的是我从未见过的和弦，但没关系，当晚我的兴致极高。

第二天，在剪彩仪式上，我说：

> 修建这样一个世界级的展览馆不是一件容易的事，它需要体现出

流行音乐的强势和变化，以及它的活力、吸引力和叛逆精神。“音乐体验计划”展览馆是一个独特的结合体，它结合了无与伦比的建筑设计、展示设计、技术，尤其是对音乐本身的热爱……

致辞结束后，他们递给我一个玻璃艺术大师戴尔·奇胡利做成的芬达吉他玻璃复制品。为了向亨德里克斯表示敬意，我把玻璃吉他高举过顶，喊道：“体验开始！”然后跳起来把它摔在脚下。戴尔的作品做得很完美，玻璃吉他被摔成了无数“糖玻璃”① 碎片。

戴尔还做了很多吉他模型，色彩各异。我把它们收藏在我的游艇上。每当从这些玻璃吉他前面经过，我总会忍不住笑起来。

我在“音乐体验计划”展览馆里举办“第二眼：从莫奈到里奇特斯坦”展览，展示我收藏的28幅油画时，清楚地看到了一个问题：音乐展览馆面对着一个特殊的挑战——美术馆用展示品来让参观者获得体验，但你不需要到“音乐体验计划”展览馆里就能听到《紫色迷雾》。因此，我们没有把展览馆当成一个参观者看过一次就再不光顾的静态项目。我们的“音乐实验室”能让参观者自己创作音乐，只要他们有所准备，甚至可以录制自己的CD。一把真正的吉他弹奏起来要比电子游戏《吉他英雄》困难得多，但参观者会发现，其难度比他们猜想得要小。展馆为年轻的参观者设计了青年艺术家作坊或夏令营活动，我们还为那些有志于从事音乐事业的年轻人提供指导和奖学金计划。每年我们都会举办流行音乐交流会，还有一个本地区的21岁以下乐队擂台赛。

我知道以上这些机会有多么重要的意义。湖畔中学的计算机室给了我一个创作的出口，改变了我的人生，如果我们通过“音乐体验计划”也能为年轻人提供类似的机会和帮助，那么就是在以最好的方式向吉米表达敬

① “糖玻璃”：用糖和糖浆原料制成，一般用于影视特技镜头。——译注

意：将改变人生的机会交给所有想要它的人。

若是有一周时间不弹吉他，我就手痒不已。弹吉他不仅是一个爱好，它能让我平衡自我，并让我在同时处理一大堆事务时保持清醒的状态。

微软搬到贝尔维尤之后，我对弹吉他的态度也严肃起来了，我跟一伙程序员组成了自己第一个真正的乐队。我们演奏布鲁斯和摇滚乐，真是大开“耳”界。那时我还是会跟着唱片弹吉他，我还要学很多东西。当你跟别人合奏时，就需要变得严谨起来，我的弹奏技巧也随之提高了。我们在生日宴会和婚宴上会进行表演，收费是每人 25 美元。从严格意义上来讲，我已经是一个职业音乐人了。

1996 年，我跟特里·戴维森成立了一个名叫“成熟男人”的乐队，他几乎会演奏所有的乐器。我负责节奏吉他和主音，还负责写我们的原创歌曲，有时候是跟特里合写。我仍对现场演奏情有独钟，只要有机会就一定去表演。我曾很幸运地与很多崇拜的音乐人合作，在一次“音乐体验计划”创始人奖庆典上，我有幸与比利·考克斯——吉米乐队的贝司手和音乐搭档同台演奏。业余演员可能永远都没有机会与出演莎士比亚戏剧的专业大腕同台演出，但在音乐界，我们有着兄弟般的情谊，哪怕你只会弹一点儿，他们也会邀请你一起加入。

即兴演奏会是我的重要时刻。听着其他人的弹奏，一起合作出完美的旋律，或者凭空演绎出新的音符——这种体验无可比拟。即兴演奏只有很少一部分会成为成品音乐，但其过程令人难忘。对我这样倾向于分析型的人来说，即兴演奏触发了我的创造性、我的直觉和更情绪化的一面。（戴夫·斯图尔特帮助我加入了一个美国国家卫生研究所的研究，看看爵士乐即兴演奏是怎样“关闭”了大脑的“监视器”，而让灵感迸发而出的。）

在即兴演奏时，我的四肢不再紧张，头脑也运转缓慢，我变得悠闲而放松。弹过很长时间之后，我的身体很累，但我的精神很振奋，感觉焕然一新。

罗比·罗伯森是一个歌曲作家和吉他手，最先成名是在“the Band”乐队，他是极好的叙述者和音乐历史学家。在20世纪60年代中期，他与亨德里克斯在格林威治村①相识，那时他们俩还都是年轻的艺人。有一次，他去吉米的旅馆找他，发现了吉米是怎样“虐待”吉他以保持完美音调的。“在给吉他上弦的时候，”罗比说，“吉米会把它们放在手里揉搓拉伸，直到几乎没有弹性为止，这样也就不会跑调了。”整个过程需要40分钟时间。罗比评价说：“吉米·亨德里克斯的音乐是渗出来的。”

还有一次，他们在纽约肉品市场区②演出之后，第二天早上才离开。一个俱乐部外面的建筑工人对他们说：“你们演得挺好。继续努力，总有一天你们会成名的！”

当你第一次见到一个人时，不会知道开口时将谈到什么话题。米克·贾格尔是一个历史迷，也是一个研究不同文化的人。但是我们初次见面时，他第一句话竟然是：“你对园艺设计知道多少？”那时，他正在想办法美化自己在法国的住处。

让·皮高奇是一个意大利商人，也是一个摄影师。他邀请我去米克的56岁生日宴会，宴会于戛纳电影节期间在米克的海边别墅举行。我从游艇上带了些乐器过去——吉他、扩音器、架子鼓等。在宴会上我找到了很多合奏的伙伴，包括强尼·蓝（当时只有18岁），还有“滚石乐队”的吉他手罗尼·伍德。那天晚上，我真正体验到了跟世界级的吉他伴奏合作是什么感受——不管我弹到什么，罗尼立刻就能将伴奏完美地加进来，就像我的手指还没碰上琴弦，他就已经知道我要弹什么一样。

我不断鼓动米克也跟我们一起表演，但他不愿意。当天晚上，我去找

① 格林威治村，位于美国纽约曼哈顿，是艺术家的聚居地。——译注

② 纽约肉品市场区，原为屠宰场，现在是市场潮流区。——译注

波诺帮忙。他说：“我知道一个好办法。等会儿我站起来慢慢地唱他的歌，他就会开口了。”

我们一起走上前去，我开始弹起那首著名的歌曲——《满足》，这时波诺深情地用慢节奏唱了起来。我看到米克似乎很惊讶——这是干吗呢？第一节结束时，他再也忍不住了，抓过麦克风用相同的节奏唱了起来。我在给米克·贾格尔的《满足》伴奏——对一个业余吉他手来说，这是多么疯狂的事啊。波诺看看我，点了点头，仿佛在说：我告诉过你这招能行吧！

无论到哪里，我都与音乐相伴。我的游艇上有全套的音乐设备，每艘游艇都有一个录音室。一些音乐界的朋友们定期来游艇上用用我的设备，有时是纯粹为了玩，有时是准备新的专辑。去年，戴夫·斯图尔特把他的超级音乐团队带到了船上——米克·贾格尔，印度作曲家兼乐器演奏家 A. R. 拉曼，还有年轻的英国灵乐歌手乔丝·史东。达米安·马莱为迎接第一个孩子的出生留在了家里，没有跟乐队一起过来。

我第一次遇到戴夫是在 15 年前纽约的一次宴会上，那时他刚刚跟安妮·兰尼克斯解散了“尤里斯米克斯”乐队。我们很合得来。他充满活力，对什么事情都好奇，甚至关注最新的科技发展趋势。他不在舞台上的时候，你看不出他是个摇滚明星。

几年前，戴夫来西雅图见我，那时他把头发染成了金色。他陪我去大学大道的理发馆，我理发，他就把玩手里的录像机——对戴夫来说，生活就是记录。我还在理发时，两个一身横肉的飞车族走进来修剪胡子，他们的胳膊上、脖子上都布满了刺青。戴夫问他们可不可以录下来。

坏了。我想。飞车族一定会对这个多事的金色长发录像男发火，后果不堪设想。但戴夫太过彬彬有礼，两个飞车族很高兴地向他介绍起刺青的来历：“这个是在伊拉克刺的……”

我常把戴夫叫成“允许先生”，因为他就像是一个诱骗犯，刺激着你去追寻自己的想法。他鼓励我为《成熟男人》（Grown Men）专辑写歌词，后来在2000年出版。在电脑技术成为我的生活重心之前，写歌是我一直梦想的事。我全身心地投入到里面，把心底的感觉用歌词表达出来，结果令我自己都感到惊讶。（我弹给母亲听时，她说："这些歌都太悲伤了，我希望你能写高兴点儿的歌。"）

还有一次，戴夫加入我们的"成熟男人"乐队，参加一个在拉斯维加斯举办的慈善音乐擂台赛。校音结束后，我注意到旁边堆着一些动物笼子，一个无精打采的人站在那里。

"这些笼子是干什么用的？"我问道。

他回答说："为今天晚上的犰狳赛跑准备的。"

"犰狳赛跑？什么时候？"

"9点。"

我们乐队的表演时间是7:30。我跟保管员的对话戴夫全都听见了，他冷冷地对我说："保罗，我的音乐事业落到这种地步，要给犰狳赛跑作开幕演出？"

彼得·盖布瑞尔是那种很和善的人，他多才多艺，深谙塞尼加尔鼓乐和现代艺术。他在意大利撒丁岛的小旅馆是他的个人天堂。

2005年，在"现场八方慈善义演"（Live 8）上，"平克·弗洛伊德"乐队成员时隔24年后将在演出上重聚，这个消息顿时被炒得热火朝天。在跟彼得一起吃饭时，我谈起乐队的鼓手尼克·马森的经历，并说道："在台下，你们几个一定有着深厚的情谊吧？"

尼克停顿了一下，答道："保罗，事实上，我们是握手之交。在英国，握手就是情谊。"

我第一次见到尼克是在彼得再婚之后，我们在我的游艇上庆祝。我演奏了几首"披头士"乐队的歌，然后是一首"平克弗洛伊德"乐队的，每个人都很随意，我们都玩得很高兴。后来，特里·戴维森对我说："嗯，在'平克弗洛伊德'的曲子上，那个鼓手敲得很好。"我愣住了。

“你真的这么认为?”我说。

“是的,”他答道,“他很懂这首歌。”

我说:“特里,他就是‘平克弗洛伊德’乐队的鼓手。”

20 世纪 90 年代末,戴夫跟保罗·麦卡特尼①一起创作了一首新歌,他邀请我去麦卡特尼在伦敦市郊的音乐室。我看着他们录音,听到前披头士的成员演奏总给我一种不真实感——我从小学时起就耳熟的声音,就从几米开外的监听音箱里传来。

戴夫随后让大家休息一下,麦卡特尼带我参观他的工作室,那里有任何音乐展览馆都万分珍惜的物品。我看到一个电子琴,“披头士乐队”曾用它在《Strawberry Fields Forever》、《Lucy in the Sky with Diamonds》等歌曲中弹出过萦绕于心的旋律。还有麦卡特尼在 1966 年谢亚球场演出时用的低音吉他,那次演唱会是他们最后几场演唱会之一。麦卡特尼拿起吉他来弹了几下,我看到在琴的背后贴着东西——一张泛黄的曲目单。

麦卡特尼说:“我要去为‘披头士’的选集挑几张照片。你想跟我一起看看吗?”我们走进一间小房间,墙上挂满了各个时期“披头士”乐队的照片。麦卡特尼挑选着自己喜欢的照片,变得伤感起来,他说道:“人们只是说约翰、约翰、约翰②。你知道吗,‘披头士’有的歌是我写的。”

我惊呆了,但还是得回答他的话:“你写的那些歌也是最出色的。”事实的确如此,但我的感觉很怪——他还在为一个不在人世的队友出尽风头而耿耿于怀,我却需要去安慰他。

当然,麦卡特尼也实现了自我。波诺曾对我说过:“我每天早上都是听着‘披头士’醒来。”波诺最大的志向是组建世界上最伟大的乐队,他用 U2 乐队实现了梦想。但他还在努力写歌,想比得上“披头士”乐队曾

① 保罗·麦卡特尼,前披头士成员。——译注

② 指乐队主唱约翰·列侬。——译注

经完美的旋律。然而这个目标太难实现，即使对一个最具才华的音乐人来说也是如此。

我再次跟麦卡特尼和戴夫见面是在几年之后的伦敦艾比路录音室，在这里披头士们曾录下过很多具有历史性的著名歌曲。这时他们正在为“46664 音乐会”录制另一首歌，音乐会的名字是戴夫根据前南非总统纳尔逊·曼德拉的囚犯编号起的。麦卡特尼的乐队流利地进行演奏，对于真正的录音室音乐家来说，演奏就像呼吸一样。他们经过三次录制，完成了四声部的和声。我听得入了迷，忍不住对戴夫说：“在最后的合唱那里，快到顶点时，要是有点儿钢琴的旋律会更好一些。”

戴夫答道：“我跟麦卡特尼说一声。”一两分钟之后，他们推出了一架立式钢琴。这架琴曾多次在“披头士”的歌中演奏过。麦卡特尼随便弹了点儿曲子热热身，然后说道：“好，开始！”就这样，他把钢琴的旋律加录进去，《Whole Life》由此而生。

不夸张地说，我听《紫色迷雾》有好几千遍，却仍能在其中听到新意，特别是在歌词和吉他间的互动上。（亨德里克斯惊人的一面在于，他不仅是滚石唱片评出的史上最伟大的主吉他手，还是一个无与伦比的伴奏吉他手。）直到 20 世纪 80 年代末，我才在一本法国杂志上发现《紫色迷雾》的曲谱，吉米的独奏也用音符誊写出来，这就是我要练成他那种非传统的指法所必需的秘籍。自从我开始跟着唱片练习已经过了 20 年，终于准确合拍地完成了全曲。我尽最大努力才能弹个差不多，但我非常高兴。

通过丹·艾克罗伊德的帮助，我的乐队出席过拉斯维加斯、达拉斯和新泽西的蓝调之屋的开业典礼。跟那么多的音乐家在一起，我的自我意识在表演中渐渐消失。演出顺利时，我甚至能感受到听众也融入进我的独奏中来了，就弹得更好了。在达拉斯表演时，乐队很受欢迎，又加演了一首，我忘情地弹起了《紫色迷雾》。在接下来的 3 分钟里，所有以往岁月的聆听、吸收、练习都化作一体。我还不算是个技术精湛的吉他手，但我常常试着去攀登一些吉米所说的“巅峰时刻”，在演奏中寻找音符，往旋律里面灌注灵魂和力量。亨德里克斯的歌，仅仅会弹音符是不够的，你要去感受。

那天晚上，我长久追寻的目标得到了实现。我的独奏不断叠加，接着我松一口气，换了另一个不同的指向，再次独奏完成全曲。在此过程中，观众们都起立欢呼，甚至跟着第三节开始合唱。这可能是我最棒的一次现场演出，用最难演绎的歌曲展现出超水准的发挥。

我知道，自己永远不可能弹得像吉米那样好，但我已经很满意了。

第十八章　连线世界

20世纪80年代末，我开始与西雅图市南部的小公司SkyPix进行联系。它拥有世界上第一个数字卫星直播系统，根据它的商业计划，一次性缴费699美元就可以收看按次收费的好莱坞电影，没有叠影和雪花，信号质量远超当时的模拟有线电视接收系统。SkyPix信号接收器的直径有半米多，比我在麻沙岛上用的C-Band〔人们把它叫BUD，是“big ugly dish”（又大又丑的盘子）的戏称〕，接收器小且便宜。卫星通信的发展潜力打动了我。SkyPix的信号一天内就可以在全国范围内送达，还没有有线电视系统挖坑布线等大量资本投入的基础设施建设负担。

1991年，距离发射第一个直播卫星DirecTV还有3年时间，我试着向SkyPix投资1000万美元。一年之后，证券管理委员会调查SkyPix证券欺诈行为，造成了它迅速破产，连一个接收器都没来得及卖出去。我的投资血本无归。但这件事打开了我的眼界，使我开始关注新的数字传送技术。我在计算机领域的经历教会我一件事，那就是永远都不要低估一个新的平台在短时间内掀起革新狂潮的速度。若是有海量数字信号接入我们的家里，并影响到我们对影视剧、数据信号或音乐的消费，那将会怎样？这里面是否“有机可寻”？

1992年11月，在距离第一款图形网络浏览器发布几个月之前，我对《商业周刊》说，我们正处在一个拥有无限衍生物的“连线世界”的尖端。

“总有一天，”我说道，“身处工业化世界的每一个人都有可能接入计算机，彼此相连。”我的这一设想可以追溯到微软的初期，那时我就不断在比尔跟前唠叨一个连线的世界——无论何时何地，服务和信息触手可及。1977年，我在接受《微型计算机接口》杂志采访时，就曾预言个人计算机的社会影响会很快超过便携计算器。

> 计算机——我所说的是家用信息检索系统——我觉得它可以开发出更多的用途，比只能做加减乘除运算的计算器要强大很多。绝对如此。只要把计算机用到极致，你就可以用它安排送货、处理账单。如果你是一个程序员，甚至可以在家里办公，无须离开房子。那将是个戏剧性的变革。

在20世纪90年代初期，社交应用程序刚刚开始生根，人类对交流的渴望刺激了CompuServe和“美国在线”在近代的发展，并仍在发挥影响。就像个人计算机一样，“连线世界”的理念与我的创新想法不谋而合。个人计算机与连线网络，这两个强大的元素一旦结合，将会发生翻天覆地的变化。1992年3月31日，我对《纽约时报》这样说：

> 看看眼前，高速宽带的数据通信和全然价廉的计算能力无处不在，把这两者结合起来，你就能做更多有趣的事情。

那时，数字光纤技术和新的数据压缩技术决定了光速双向多媒体网络的前途，这是一个全球化的平台，上面运行着新的软件和应用产品。高速信息传输——或称为信息高速公路，将重新定义娱乐的传播和体验。计算机也将从工作的工具演变成传递各种内容和信息的媒介。

在我看来，这些发展和变革并不是纯理论性的。建造一个高速宽带的网络，人们就会使用它——我对此极为肯定。难的是去预测谁来承担连线的任务。卫星还是电缆？电信还是无线？或者是尚未被研发的东西？不管传输系统将怎样出现，我都决定要涉足这个领域。于是，我投资了 100 多家互联网公司、媒体公司和通信公司，心想如此广泛的投资总会有所收获。看起来，在连线世界形成过程中，分散投资是个不错的策略。

20 世纪 80 年代末，我首先注意到了美国在线。那时还不存在互联网用户，若想连入一个早期的网络，你需要一款特殊的软件，进入初期的电子布告栏系统，或者使用一款新的网络服务图形用户界面软件。美国在线（在变成 AOL 之前）的天才之举是，它让计算机菜鸟也能体验网络。它的安装极为简单，就像安装了辅助轮的自行车：一站式专属内容（新闻、天气、游戏、股票），还有其他公司“店面”的嵌入连接，而这都发生在现代网页出现之前。美国在线不仅为公众提供了早期的电子邮件服务，还引入了聊天室和即时通讯系统。美国在线是一个生气蓬勃的网络互动先驱，也符合我连线世界的构想。于是，在 1992 年，我买下了美国在线公司的 5 万股股票。我深信，股市低估了将数以千万计的用户连接在一起的潜在价值，所以，那年夏天，我开始认真地对美国在线的股票进行建仓。10 个月后，我已经拥有了美国在线 15% 的股份。

我的预想是将美国在线从低速宽带的拨号上网转变为高速上网形式，这是个必然的趋势。1993 年春天，我去弗吉尼亚州与美国在线的总裁兼首席执行官史蒂夫·凯斯和他的团队见面。当我向他们提起宽带网络的想法时，却明显感到他们的冷漠。凯斯和我不是一类人，他固执于自己的拨号上网，即使这意味着模拟网络内容的受限，也不愿接受我宽带上网的创意。他觉得对于美国在线的经营策略来说，我的想法过于超前了。即使以我当时微软的第二大股东兼董事会成员的身份劝说也无济于事。微软此时尚未真正涉足网络生意，但凯斯却觉得我们是个巨大的威胁。

事实上，他想错了。我购买美国在线的股票只是为了避免在微软和其他连线世界生意上投资有损失而做的保险措施。随着我购买美国在线的股票，其董事会通过了一项“毒丸计划”（又称股东权益计划，是一种反兼并措施），将其阈值定在了20%（我持有的股权早就过了这个界限），随后又改为25%。一旦他们执行反兼并措施，我的控股比例就会被稀释，避免了敌意收购的可能性。但那绝不是我的目的，因为在高科技领域，恶意收购是极难奏效的。不过我明白了，我的积极合作态度是不受他们欢迎的。

直到1994年夏天，我仍保持着原有的美国在线股权。这时，伯特·柯德到比尔在华盛顿湖的别墅里参加了他的家庭招待会。微软刚刚把目标定在了网络服务生意上，项目的名字叫“黑鸟”，是Microsoft Network的前身。在庭院草坪上的自助餐选菜桌前，比尔找到伯特，他们在谈话中说到我在美国在线的持股问题。比尔问道：“保罗为什么要跟微软竞争？我刚刚告诉罗斯·斯格曼（Microsoft Network项目的负责人），在取得网络市场头把交椅之前，可以一直烧钱。他怎么能比得过？”

伯特随后将比尔的话转达给我，也取得了预期的效果。一年之前，我在微软参加了一次会议，比尔在此前告诉凯斯，他正在考虑全部或部分买下美国在线，否则，就把他的小公司“埋了”。现在，听起来比尔已经把坑挖好了。我看到凯斯陷入了腹背受敌的困境，一面是微软，另一面是新兴的万维网。突然之间我在美国在线的股票不再那么有吸引力了，特别是它已经失去了与我其他投资项目的协同效应。于是我开始倾售股票，盈利7500万美元。

一年之内，网络流量的暴涨，比尔意识到真正的威胁并不是美国在线，而是网景浏览器。这个新生的网络浏览器已经变成了互联网的核心。“黑鸟”项目夭折了。1995年5月，比尔发表了著名的《互联网浪潮》备忘录，并加快了Internet Explorer的开发。浏览器之战开始了。

美国在线终于远离了微软的威胁，抓住机会在90年代末兴旺了几年。它有着明显的缺陷——不愿接受宽带接入方式，也跟不上网络内容向万维网高速转移的趋势。但这些缺点都被膨胀的科技泡沫掩盖住了。有时候规模大了就能成功，至少能撑到出现新生的、更好的东西把你击败。2000年

1月，在我卖掉美国在线的股票5年之后，它宣布与时代华纳合并。听到这个消息时，我觉得AOL的产值得到了不合常理的高估（1.63亿美元）。仅仅在3年之后，《纽约时报》称这次收购是“互联网泡沫中最为愚蠢的‘丰碑’”。

但其收购也是铁的事实。如果当初我没有卖掉股票，继续持有AOL 24.9%的股权的话，现在我就坐拥4亿美元的财富了，甚至比我在微软股票上得到的还多。

我在连线世界中寻找商业机会时，发现在线售票服务似乎是符合时代的市场需求的。它有着海量的客户群，我可以往里面加入一些交互特点：搜索功能、预订服务、座位位置图像等。1993年11月，微软在最后一轮竞价中退出了，我花3000万美元买下了“特玛捷票务公司”80%的股权。买下公司的同时，我也得到了它的总裁兼首席执行官弗雷德·罗森。他在1982年加入特玛捷票务公司，把它从一个落后的地区售票公司变成一个价值过亿的业内巨兽。他跟体育场馆进行交易，花钱买下优先购票专有权——没有人敢跟他竞争。

我觉得应该跟弗雷德熟悉一下，于是就坐飞机去了洛杉矶请他吃饭。当时正赶上“史迪利·丹乐队”重新组合后在“好莱坞露天剧场”巡演，我们弄到中心第10排的好票，但弗雷德在演唱会期间睡了过去。他根本就不是一个音乐迷。

特玛捷票务公司通过两种经营策略实现了自己的主导地位。如果说你想去看U2演唱会，你可以：一，在唱片店的特玛捷票务公司零售点排队买票；二，通过特玛捷票务公司的售票电话中心购票（希望等待对方接电话的时间不要太长）。我的解决办法是把购票过程放到网上。我们可以创建一个网页，把我们的售票服务链接到体育和娱乐栏目中，从“超级碗”橄榄球赛到滚石乐队下次美国巡演应有尽有。这些都是新颖的想法，那时，Amazon.com（亚马逊网站）两年之后才会出现，电子商务尚在襁褓之中。只有少数人通过 AOL 或 Prodigy 在网上预订机票和酒店，但网络商务还没有涉入娱乐业。

弗雷德·罗森跟我的想法不一样。尽管业务计算机化已经很多年了，但他还是拒绝将服务搬上网络。偶尔我问他新的售票系统进展的情况，他的态度就一下子变得强硬起来，像个老派创始人一样。“我不要在网上卖票！”他咆哮着，“因为银行不会接受信用卡付款，顾客也会怀疑它的安全性！保罗，在这件事上你得听我的！”

我把电话拿到距离耳朵 1 米远的地方，试着插几句话：“可是，弗雷德……”

“保罗，售票这一行你不懂！我一辈子都在干这个，人们不会想要在家里打印门票的——行不通！我不会那么做的！要是碰上假票或偷来的票，我们怎么办？”

“可是，弗雷德……”

“我的客户不是买票的顾客，而是体育场馆！他们是不会支持这个想法的！行不通的！”终于，在狂喊了 20 分钟之后，他安静了下来，咕哝道，“还行，我们进展不错。就要完成了。”

两年之后，弗雷德很不情愿地把售票网页挂到了网上。这是一个复杂的软件工程，包括信用卡结算、用户认证和实时数据库更新。一切准备就绪，当第一笔网上售票交易完成时，我们的网络售后给客户打电话回访，“祝贺您，您刚刚购买的是历史上第一张通过网络卖出的音乐会门票！您能告诉我们，您为什么会选择在网上买票吗？”

那个人回答：“因为我不喜欢跟人说话。我也不愿跟你说话。”然后挂了电话。

厌倦情绪再次作怪。1997 年，我把特玛捷票务公司的股票卖给了“家庭购物网”的巴里·迪勒，换取迪勒的 USA Networks 公司的等价股票。然后又在 2002 年把这些股票卖出，获得了当初投资的 2 倍收益。巴里跟弗雷德合伙经营着特玛捷票务公司，不久之后就将其 90% 的售票服务转移到了网上。

在买下特玛捷票务公司那段时期，关于连线世界，我总是在问自己一个问题：人们最想从一个高速网络上面获取什么样的内容？为了找到答案，我成立了一家名叫“星浪”的中型软件出版公司，雇用前微软的高管麦克·史雷德——一个有着雄心壮志的经理人——来担任公司的总裁。我们的想法相互碰撞产生创意。我们俩都是体育迷，而我们的第一个，也可能是最好的一个灵感就是——开发世界上最为综合化的体育信息资源库。

体育比赛的本质就是比分，所以它是由数据驱动的，而数据就是计算机软件的天然原材料。一部分体育迷每天都会关注比分情况，但《西雅图时报》的体育版仅勉强能报道所有比赛结果。而我和麦克希望做得比它更深入、覆盖面更广。我们要把比赛的每一场甚至每一回合都囊括在内。更重要的是，我们要提供比赛的统计数据——大量的数据，这样体育迷们就可以根据喜好，自己进行分类整理。

现有的网络体育信息服务只是借用了美联社的体育报道，超过他们没什么难度。我们大致考虑了两家 AOL 的竞争者，但他们很快就破产了。于是，我们把合作条件限定在某家可直接在网络上发表内容的、公认的体育信息业务经营者上。当时网民的数量极其稀少，网页的下载速度简直比蜗牛还要慢，麦克的团队几乎是在零的基础上建设一个网页。但是我们的策略被证实是正确的：一个独立的网页，通过嵌入其他网页的超文本链接，就可以提供更加丰富更具想象力的内容，超过任何封闭的网页设计。我们还发现，这样会更赚钱。

《体育画报》符合我们的条件，但 ESPN 对我们的提议更加热情。ESPN当时还是一家新兴的电视网，属于“大都会传播公司”。在以一档半小时长的全国性节目——《体育中心》引起轰动之后，ESPN 迫切地想要进军网络。我们在 1995 年签下了为期 5 年的许可协议，星浪公司将向ESPN提供原创内容并负责管理其网站，ESPN 则利用其电台广播的影响力，每小时两次广播网页地址一次。收入由两家平分。

当年春天网站上线了，“体育地带”也改版了体育内容，集报纸对本地新闻的关注性、杂志的深度、电视的即时性和网络的实时性优势于一体。网站的首次亮相是在全国大学生体育总会（NCAA）的四强赛，时间是周末，碰巧又是在西雅图举行。我们抓住时机在网页上投放了第一个网络视频剪辑：外号“大乡村”的布莱恩特·里弗斯在国王球场的练习赛中扣碎了篮板。尽管视频剪辑只有邮票那么大，而且只有宽带用户才能连接播放，但它还是引起了轰动。

“体育地带”开创了实时比分的先河（我们的 NBA 比赛比分每 15 分钟更新 3 次，这是前所未闻的）。我们第一个做到了将通信社的报道进行分类（体育/棒球/俱乐部/旧金山巨人队/巴里·邦斯），也是首个提供互动式统计数据库的公司。我们提供了原创的虚拟体育游戏、在线调查、直播聊天服务。到劳动节时，我们又在“体育地带”的免费“前沿”栏目里增添了需要付费高级区，这个举措表明了强盛的网络内容一样可以吸引广告投入，并赢得用户。

我们迅速建起了多达 6 万文本页的内容数据库，还有 6000 张照片、2500段音频、1000 段视频剪辑。“体育地带”无疑变成了世界上最大的体育版块。但在 1995 年，只有 7% 的美国家庭接上了网络，并且几乎都是拨号上网。低带宽的传播速度使得我们的网页大都缓慢而不实用。我们拥有最好的信息产品，可是怎样才能送到用户手里呢？

幸运的是，我们先前并未考虑到还存在一个“上班时忙里偷闲”的市场。上班时在办公桌上看报纸也许是很不自在的，但他们会抽出 2 分钟时间在计算机屏幕上查看球队的成绩。“体育地带”的浏览高峰一般是在周一早上，年轻人此时会用办公室里的以太网去查看周末的比赛比分和评论；另一个浏览高峰在中午人们出去吃午饭的时间，西海岸的体育迷则会趁这个时候浏览体育新闻；还有一个高峰出现在下午 5 点，人们下班回家之前。到了 1996 年中期，网页的日点击率达到 750 万次，而到了夏季亚特兰大奥运会期间，日点击率上升到了1200万次。我们的核心用户是35岁以下的生活富裕的男性网民，他们每次点击都使得我们的收入增长。“体育地带”不仅改变了人们对体育新闻的消费模式，更为以内容为基础的商业化网页制定了标准。

我们再接再厉，陆续为NBA、全国橄榄球联盟（NFL）和全国汽车比赛协会（NASCAR）开办了主页，并开始向娱乐业进军。星浪的另一个网页“户外在线”连载了乔恩·克莱考尔珠峰探险的故事，后来这个故事成书出版并热卖，名字是《走入空气稀薄地带》。《纽约时报》将我们网页上的帖子改写，并向“户外在线”表达谢意。这是互联网第一次被当成实时新闻媒体来看待。

1998年，就在与ESPN的许可协议快要到期时，我将自己在星浪公司的股份卖给了ESPN的新主人——迪士尼公司，获得了3.5亿美元的收入。“体育地带”最终演变成了今日的ESPN.com，仍在体育网站中引领风骚。

我永远都忘不掉曾在施乐帕洛阿尔托研究中心对未来生活一睹为快的经历。那里有一群有创造力的智囊团，就是他们这样的人曾经设计出了电灯、留声机和晶体管。20世纪90年代早期，我有了一个想法，在数字技术和媒体领域，是否可以重建一个类似的创造力源头呢？大多数本领域内的研发工作都是短期的开发，只盯着眼前一两年的回报。谁的目光足够长远，能够带来下一次突破的浪潮？

1992年，我在加利福尼亚州帕洛阿尔托市成立了Interval Research公司，就在帕洛阿尔托研究中心旁边，步行就可到达。为管理公司，我雇用了前帕洛阿尔托研究中心的科学家大卫·利德尔。他曾带领开发团队负责施乐Star（即Alto的商用版本）的研发工作。在宣布Interval成立时，我说：

> 很多有趣的技术等待我们去开发利用，却受困于典型的两年一个

周期的产品研发过程……大卫和我对未来的计算机能力的设想，远远超过今天我们所见到的情形。所以，我们创办了 Interval 来实现这个设想。

我们把 Interval 定位为一个盈利性的公司，但以钻研开发为主。《连线》杂志把它称为“融合工业研究实验室和风险投资基金特色的非同寻常的混血儿”。或如利德尔所说，它是一个“没有施乐的帕洛阿尔托研究中心”。与帕洛阿尔托研究中心一样，Interval 公司也要研发下一代的应用产品；与帕洛阿尔托研究中心不同的是，它要把这些创新转变成特许产品或干脆派生出新的公司。我的计划是，10 年内 Interval 可以不盈利。

在全力发动起来后，Interval 招募了 100 多位科学家和研究人员，他们大多来自斯坦福大学、麻省理工大学和贝尔实验室等顶尖学术机构。我们公司里有明星级的科学家，如世界上第一款便携式计算机 Osborne 1 的设计者李·费尔森斯坦、喷墨打印机之父吉姆·博伊登、因特网的基础——通信协议的发明者大卫·里德。公司的研发团队兼容并蓄，利德尔雇用了记者、虚拟现实艺术家、人类学家、音乐家，甚至还有一名玄学家。艺术家是必需的——利德尔告诉《财富》杂志，他们将新的技术“推到一切皆有的可能性的边缘……我们需要非理性的人来参与研发工作，其中原因却无法用语言表达”。

从理论上说，Interval 公司万事俱备——人才、资源，还有探索技术前沿的时间。它的领导人聪明、缜密而且敢于冒险。但最后 Interval 却成了“好心办坏事”的典型案例。当利德尔告诉我，他让研究人员自己决定项目的存亡时，我的心一下子沉了下去。我把这种情况称为“奔跑综合征”。想象一下，一个人朝着山顶的目标跑去，他又累又渴，但他还要继续跑下去。这时就需要管理人员给他做体能测试并把他没有前途的想法排除掉。“Interval 开始的时候，我们只去做最酷的事情，”公司的一个录像艺术家告诉《连线》杂志，“100% 的研究，0% 的开发。”因为缺少对市场的关注，

Interval 的发展偏离了航向，研究起了超常现象、交互式机器人、另类艺术装置等被公司里一位科学家评价为“不务正业且离奇古怪”的项目。我们原本打算让研发人员免受盈亏底线的压力，却不曾想到这样会把他们弹到另一个极端。

连线世界是一个范围广泛的领域。比尔·萨瓦是我的个人投资公司——火神资本——负责投资的代表，他似乎得了“交易强迫症”，四处投资。我本该让他放缓步伐的。到了 90 年代中期，我已经卷入到 140 个公司的经营中去，无法对 Interval 公司进行有效的管理，并把它的注意力控制在互联网上。在 Interval8 年的存续时间里，它一共拆分出 7 家新兴公司，大多是计划不周或不成熟的产物。除了一两家公司之外，其他都在市场上溃败了。没有一家盈利。

在 Interval 众多有趣而超前的创意中，有一个叫“生活老鼠”的设计。它是一个“魔术棒”，在条形码上挥舞一下就可以即时查看产品信息，从超市罐装玉米的价格到二手汽车的经手信息都可查到（这个概念现在已经在手机应用程序上体现）。还有“上网板”，它是一个实验性的触屏平台，是集合了网络浏览器、电子邮件终端、GPS 地图定位显示、个人数字助理（PDA）、家庭电视机遥控器于一体的混合物。“上网板”的屏幕有 10.7 英寸，重量不到 1 公斤，是苹果 iPad 概念的先行者。但它预计 1000 多美元的零售价格在当时是不会被消费者接受的。

1999 年，我重新指引 Interval 公司背水一战，在互动视频和宽带有线电视领域进行尝试。我们试图开发出 3D 相机（3D 电视机和电影的先驱），却遭遇失败。尽管 Interval 曾研究出许多潜力无限的突破性创意，并申请了大约 300 项专利（有些专利将来可能会变得极有价值），但这个研究实验室及其派生公司都无法对其进行有效开发。于是，2000 年 4 月，在投入了 3 亿美元之后，我宣布 Interval 公司倒闭了。与其他跟我有相同想法的人一样，我得到的结论是：施乐帕洛阿尔托研究中心可能是一个特殊时期特殊地点的独特产物，是不可复制的。

现在，我已不愿投资完全开放式的研究项目。因为我在上面这件事上得到一个教训：要实现一个创意，就得为它制定一个现实的目标，还需要作出艰难的抉择。

20 世纪 90 年代初期，为管理特玛捷票务公司的业务，我每个月需要两次飞去洛杉矶，也因此接触到好莱坞娱乐圈。赫伯·艾伦是一个与娱乐界交往甚密的金融家，我的知名度使得我得到邀请，参加艾伦举办的太阳谷避暑聚会。在聚合上，我遇见了大卫·格芬，并发现我们俩有共同的爱好，特别是在艺术和音乐方面。格芬是个聪明而有魅力的人，对如何经营生意、如何经营人生有独到见解。

他还是一个精明的说客。一天，他打电话告诉我，他要跟史蒂芬·斯皮尔伯格、杰弗瑞·卡森伯格一起创办梦工厂电影制片公司。这是一个经典的说服式推销方案。“不知道你感不感兴趣，”他说道，“要是有意，就让你公司负责投资的人跟我们联系。你若能加入进来，我们都欢迎。”

不需要花言巧语的怂恿，我已经被他的提议打动，并且，我对这个投资项目也有兴趣。我是一个电影迷，小时候在西雅图殖民剧场里看着 3 部连放的电影长大。（不久之后，西雅图市经典的电影院希内罗摩电影院要被拆掉时，我介入其中，把它买了下来并重建其辉煌。）在格芬说出这个提议之前，我早就将电影制片厂作为潜在的投资方向。

梦工厂是几十年来好莱坞第一个新的大制片公司，具有特殊的意义。对我来说，这是一个参与到制片工业中，与行业内最具创新意识的头脑合作的好机会——天才导演斯皮尔伯格、剃刀般锋利的完美主义者卡森伯格，还有做生意的好手格芬，他们看起来已经准备好加入我的团队，将娱乐业与数字技术结合起来。也许我们会利用制片厂的内容来充实宽带媒体的价值，或者我们可以将梦工厂和星浪公司结成战略伙伴。那时互联网泡沫刚刚开始发酵膨胀，似乎一切都是可能的。

1995 年 3 月，我投资 5 亿美元获得梦工厂 18.5% 的股权——这是我迄今为止最大的一笔投资，虽然事后看起来并不是一单合算的生意。他们三个人一共投资 1 亿美元，却得到梦工厂 2/3 的股权。也就是说，我每买一股都要比他们多花 18 倍的价格。更惨的是，我要承担最大的风险，却没有得到相应的投票权。

他们对此的解释是，他们投入的还有价值不菲的“血汗产权”。然而，正如汤姆·金在《经营者》中所写，这个生意的操作方式是格芬的惯用伎俩：

> 在以前的生意中，格芬就显露出老练的经营能力，善于规避风险、控制开支。但是格芬意识到，若要从零开始创办一家资本密集型的动画制片公司，梦工厂不可避免地需要巨大资金保障。于是，他精明地想到了过去屡试不爽的一个办法：借鸡下蛋。

在梦工厂中，我不打算变成一个消极的投资人。虽然我不会强行干涉公司的电影制作，但我觉得在公司大的发展方向上面，我还是有决定权的。一篇新闻稿曾将我描述为梦工厂董事会的成员：“在梦工厂的发展战略方面，特别是在多媒体和交互式开发领域有发言权”。他们三个还说：

> 保罗能成为我们的合作伙伴，很是令我们激动。因为他的眼光和技术专长是我们电影、动画、音乐、电视的有益补充。保罗·艾伦是世界上最早意识到技术将从根本上给我们的生活和工作方式带来积极改变的人之一，对我们这个准备建立起21世纪的数码制片厂的公司来说，他是一个完美的合伙人。

我无从判断他们所表现出的热情是真是假，但有一点是肯定的：我的创意所拥有的机会，不会达到我预想的效果。

梦工厂用了 3 年时间才推出第一部电影，电视和唱片部门的建设也滞后了。1999 年，梦工厂和朗·霍华德的想象力娱乐公司合资创办了 Pop. com 公司，我获得 50% 的股权。这是一个专为互联网生产电影短片的公司，乍看起来是一个完美的连线世界的应用，但问题是我们高估了消费者对宽带和短片的接受程度。当时，数百万网民要么是在 AOL 的聊天室里聊天，要么是通过 Napster 下载音乐。在他们之中，只有不到 1/10 的人拥有宽带连接。而在没有宽带的情况下，一个 6 分钟的短片都需要一个小时才能下载完毕。一年之后 Pop. com 就倒闭了。像 SkyPix 一样，它也是一个"早产儿"。

在与梦工厂合作期间，我也有难忘的时刻。《美国丽人》获得奥斯卡最佳影片奖时，我在颁奖晚宴上遇到了男主角凯文·史派西，他欣喜若狂地紧紧抓着奥斯卡小金人，一刻都不松手。还有一次，斯皮尔伯格邀请我去《侏罗纪公园》的续集《失落的世界》的拍摄现场。几个小时的时间里，我看到了拍摄、重拍、摄像机走位等一大堆辛苦烦琐的过程。对我这种不参与影片制作的人来说，就像等着油彩变干一样枯燥。

卡森伯格定期招待董事会的成员们去制片厂里参加盛大的放映式，但当我向他建议应该把胶片动画完全改成计算机设计［就像在《怪物史莱克》中用到的那样］的时候，他总是反对。（几年之后他终于这样做了。今天，所有的梦工厂动画电影都是用 3D 计算机合成图像做成的，这种技术简称为 CGI。）另外，我还曾对影片作出过艺术方面的贡献。在对《怪物史莱克》预审时，看电影的过程中我总觉得有点儿不大对劲，接着意识到，主人公的脚并没有在地面上留下痕迹。我向卡森伯格指出了这个问题，后来他告诉我已经修改好了。

虽然梦工厂是一家完全现代化的电影制片厂，但他们对待投资者的态度还是好莱坞的老方式：把钱给我们，我们就把你带到圈里，但我们真的不愿受你的干扰。董事会提供的信息少之又少，卡森伯格只是大略讲讲公司的计划，告诉我们一切顺利，明天会更好就草草了事。梦工厂的公司文化与我在微软体验到的自发性截然不同。

到了2003年，唱片公司受到文件共享的冲击开始萎靡，梦工厂卖掉了它的音乐部门。而随着网络泡沫的破碎，交互式电脑游戏和其他网络投机计划也纷纷被搁浅。真人电影部门的进展也不顺利。梦工厂定期到我这里来要钱，又投入了2亿多美元之后，我的股份涨到了24%。然而，随着一系列挫败的来临，尤其是《辛巴达：七海传奇》的失败，令我的投资前景暗淡无光。根据我们的协议，我可以尽快选择股权套现，再耗下去是不明智的。

2004年，经过艰苦的谈判之后，梦工厂同意将动画部门——公司一直以来的收入来源——拆分出来上市。为避免引起股价动荡，我慢慢地将手里的股票脱手。2006年，当梦工厂的真人电影部门卖给了传媒巨头维亚康姆公司时，我的投资又得到了一大笔回报。第二年我辞去了在梦工厂董事会的职务。

一切烟消云散后，我的投资最终获得了双倍的产出。在这个迷人的、高空走钢丝般的电影制片行业里待了12年之后，我本该学会从容应付其中事务。但好莱坞不是我该来的地方，我甚至分不清这些人的话里有多少是真的。

即使如此，梦工厂没有让我消减对电影制作艺术的热爱。我的火神制片公司仍与理查德·赫顿保持合作。我们遵循的是一条“非好莱坞”的制作模式：低成本制作（真人影片的投资不多于100万美元）、导演的创作自由、慷慨的收入分成协议。我们的纪录片（尤其是《进化》和《生存处方：全球卫生健康挑战》）获得过三次皮博迪奖，还有一个艾美奖的最佳信息项目奖。我们制作的人类心理学系列片《情感生活》已被美国国防部选中，把它与20万份工具包一起发送到退伍军人和他们的家人手里。

我们所拍摄的故事片《水果硬糖》和《上帝留下鞋子的地方》广受好评；由朱莉安·摩尔和丹尼斯·奎德主演的《远离天堂》获得四项奥斯卡

提名。这样的影片都会使我想起表演、导演、剧本制作的神奇之处，我也乐得享受这样的时刻——坐在黑暗的屋子里，看着银幕上铺开一个精彩的故事……

第十九章 通信线缆

预知能力是把双刃剑。预计准确，你就会抓住时机，就像“牵牛星”BASIC 和星浪公司一样；若是在技术和市场还未成熟的情况下跑得过于超前了，结果就是 Metricom 公司那样了。

20 世纪 90 年代早期，随着数字蜂窝技术的到来，我突然想到，未来全球的连线世界恐怕未必是“有线”的，无线技术的无约束接入特点无疑具有更大的吸引力。因为人们在日常生活中都需要从家里出来，去工作、去购物、去饭店……我觉得网络也该是“随身携带”的。能在坐车时上网，在百货公司诺德斯特龙①的鞋类专柜前收发电子邮件……这样的网络生活谁会拒绝？

Metricom 是一家志在全美市场的宽带移动数据服务提供商。1993 年，我买了 Metricom 公司的首批股票。那时，它是唯一可靠的无线接入手段，它的用户不论是在街边的咖啡店还是在机场大厅，只需要把调制解调器连接到笔记本上，就可以通过广域网（WAN）获取持续的数据流。这是个很

① 诺德斯特龙创立于 1901 年，第一家店铺位于美国西雅图，当时的店名叫华林—诺德斯特龙鞋店，是以创始人卡尔·华林和约翰·诺德斯特龙的名字命名，在 1930 年 8 月，正式更名为诺德斯特龙鞋店。1963 年，诺德斯特龙收购了西雅图的贝斯特服装店，开始经营女士服装、饰品，从此转变为百货零售商。1971 年诺德斯特龙公司正式挂牌上市，1973 年正式更名为诺德斯特龙股份有限公司。——译注

有潜力的创意，所以我很快就购买到了大量股权。但 Metricom 的经营战略有缺陷，想在多个市场里一口吃成个胖子。然而其设备的安装速度远远滞后于生产速度，公司仓库里堆满了大批昂贵的设备，占用了我们的流动资金。考虑到网络浏览还是个新奇的事物（我们在全国只有 5.1 万个用户），打算一举成功无异于痴心妄想。

随着损失的增加，资金已经枯竭了。在网络泡沫破灭时，电信投资者是最先受到冲击的，而他们也没什么可投资的了。与此同时，手机服务商开始将数十亿的资金投入到蜂窝系统和廉价芯片组的 2G 无线网络中去。Metricom 在 2001 年 7 月申请破产。仅仅在一年之后，黑莓就证明了我对移动数据的预见是正确的。又过了 5 年，在 iPhone 的帮助下，一个移动无线数据的巨大市场建立起来了。而 Metricom 公司的产品出现得太早了，消费者并未作好准备，公司管理不当也是导致破产的致命因素。Metricom 的失败暴露了从创意的起源到实现之间的许多缺陷。

1995 年 8 月 9 日，网景公司甫一上市股价就翻了一倍，达到了 28 美元。随后其价格一路飙升，当天收盘时股价已经涨到了 75 美元。互联网的发展势头持续强劲，像 AOL 这样封闭落后的网站很快就会被超越过去。连线世界必不可少的平台已毫无疑问地降临了，它就是互联网。到了 1996 年，浏览万维网的用户已经达到 3600 万，比一年前增长了一倍多。

对我而言，只有一个问题尚不明确：究竟哪种线缆将承担起传输数据流的任务？它不仅需要适应现在的网页浏览，还要能应对将来要求更高的内容传输。1995 年时，模拟网络使用的双绞电话线的传输能力是 28K 字节/秒；使用铜线的数字用户专线（DSL）传输能力是 125K 字节/秒；卫星广播运营商提供的宽带信号则更有竞争优势，其传输能力达到了 12M 字节/秒，但是它是有缺点的，它主要用于从运营商到用户的单向传输，用在互联网服务方面就不太实用了。

那么，剩下的选择就是有线电视网了。这是一种低等的传输系统，以其平庸的视频质量、糟糕的服务和冷傲的垄断心态而闻名。即使如此，从长远来看它的前途还是很光明的——它所使用的同轴电缆的传输能力是10M字节/秒，作为传输骨干的光缆可达到24亿字节/秒。所以，很多运营商已经开始使用的光纤同轴混合网能够轻易胜过其他线缆种类。

我对有线电缆的热情其实和电视信号没什么关系，我关注的是其线缆可以传输的其他数据——从家庭购物到流媒体。它看上去就是人们用得起的最理想的高速数据传输方式，是星浪公司和特玛捷票务公司等1000多个网络应用的最佳平台。有线电视电缆虽然不如电话那么普及，但早已进入普通人的家庭。在20世纪90年代末，有线电视已经拥有6 500万家庭用户。就像曾经激起了个人计算机繁荣的应用软件（如文字处理程序和电子表格软件）一样，有线电视线路即将成为连线世界互动的基础。

早些时候，我曾投资了一些公司，比如，宽带互联网门户Go2Net，还有ZDTV（即后来的TechTV）——这个公司曾报道了最新的科技发展。随着高速数据网络的扩张，这些公司也全都兴盛起来。为了达到更大的影响力，我想拥有属于自己的网络线路。有线电视系统很值得搏一下，但比起业内大鳄如时代华纳和康卡斯特，我的资历太浅。再者，这个领域的“入场费”也太高了。但我很想把自己连线世界的构想变成现实，并且，我深信自己能用革新的技术和互动式内容为这个行业增加价值，它们都是未来计算机网络世界的关键元素。

正当我寻找“进场”机会时，一连串的发展让整个行业产生了翻天覆地的变化。1996年通过的《电信法》向卫星和电话服务公司开放了有线电视经营权，为赢得竞争，有线电视网络经营商投入大笔经费将模拟信号升级为数字信号。然而这条解决问题的道路时间耗费长，费用又昂贵。到了1997年年底，只有1/10的有线电视升级成为数字电视。如此巨大的压力随即引发了合并的狂潮，大公司吃掉小公司，交换系统，集中客户群。对一个怀揣创意且不缺资金的人来说，此刻就是介入的最佳时机。但是，在我加入了有线电视网的争斗之后，却发现情况并非如料想的一样；正如

《财富》杂志在2000年的一篇文章中说的：“在任何一个狼多肉少的新技术行业里面，有的竞争者必定会惨败倒下。”

1998年4月，我花28亿美元买下了马库斯有线电视公司，这是一家位于得克萨斯州的有线电视提供商，有100多万用户。我告诉媒体，这笔交易实现了我长久以来的梦想：“20年之前，甚至在我还没有帮助成立微软公司的时候，我就预见到一个连线的未来，我把它称为“连线世界”。而在买下马库斯有线电视公司之后，我的“连线世界”里终于有了“线”。

3个月后，一个关键的购买时机来到了。宪章通讯公司——一家位于圣路易斯的多系统运营商，其规模在全国排名第10位，有着1200万用户。在群雄割据的洛杉矶市场上，宪章通讯公司是第三大有线电视供应商，并且，我认为它是市场上一支很有潜力的支柱力量。算上其19亿美元的债务，宪章通讯公司将花去我45亿美元，是该公司计划运营现金流的14倍。《洛杉矶时报》评论这个交易：“即使是以有线电视业界合并狂潮中的标准来衡量，也是一个高昂的价格。”

1998年7月，比尔·萨瓦的一封电子邮件对上面这种观点作出了回应，他在信中乐观地劝解道：

> 同样需要着重说明的是，宪章通讯公司有着业内最好的线缆属性，不论是以增长势头来看，还是按单个用户的现金收益来衡量都是如此。所以，花运营现金流14倍的价钱买下宪章通讯公司并不值得大惊小怪。我们买下马库斯有线电视公司时花的钱是其运营现金流的12倍（确切数据是11.1倍）；而AT&T买下TCI时这个数字是16倍。

萨瓦没有提到的是，我在一个声名狼藉的周期性产业里，在电信繁荣的顶峰时期达成了这笔交易。3个月的时间里，我投入的资金已经高达70亿美元。

在有线电视行业，规模和密度是“成也萧何，败也萧何”的因素。我定下一个500万用户的目标，宪章通讯公司的首席执行官杰里·肯特对此甚是欢喜，因为他跟萨瓦一样是个爱做生意的人。在马库斯有线电视公司和宪章通讯公司合并之后的19个月里，我们又连续做成了12笔并购生意，总额达到230亿美元。1999年，为协助公司扩张及系统升级，宪章通讯公司上市，其初次公开募股就筹得了37亿美元，是美国历史上募集资金最大的IPO之一。

这一系列变化令人眼花缭乱。我们没有详细调查过宪章通讯公司的新“零件”是否有效整合。或者，更重要的是，如果宪章通讯公司的增长曲线变缓，它是否能够应付一大堆的债务负担。有线电视行业是个资本密集型产业，在扩张和基础设施升级方面过度依赖外部投资。在90年代末的电信繁荣期间，银行放心大胆地把钱借给有线经营商们。而像康卡斯特和考克斯（Cox）这种谨慎的公司小心地将公司的负债产权比率维持在运行现金流（未计利息、税项、折旧以及摊销之前的利润，或称EBITDA）的4倍水平上。而反观我们，在宪章通讯公司疯狂并购的几个月时间里，债务已经达到EBITDA的9倍，我们的负债率过高了。（我还记得比尔·萨瓦说的话：“杰里认为9倍的EBITDA差不多正好。”）沉重的债务造成了公司的负现金流，使我们变得极其脆弱，无法应对利息上调、经济动荡或经营失策等冲击。如果一切顺利，公司的股价将得到提升，但万一有个闪失……

这是我的盲点，也是我在宪章通讯公司犯的第一个错误。我的第二个错误是：在用宪章通讯公司的股权买下其他公司时，我向宪章通讯公司原所有者保证，他们可以预先商定的价格买回股权。若是有线电视业价值回落和股价下跌，其代价就太大了，他们会不惜一切来保护自身利益的。

我犯下的第三个错误是低估了具有决定性作用的大多数用户群的重要性。其他多系统运营商多年以来都在各大主要城市建设系统，而宪章通讯公司所并购的小公司主要是在偏远的乡村市场，只有相对较少的用户群。

尽管我们在圣路易斯市、得克萨斯的沃思堡市有部分市场份额，在洛杉矶的市场上占有率也不错，但我们从未抓住高端市场。我们统治洛杉矶市场的战略也因为价格高过阿迪尔菲亚传播公司和世纪传播公司而失败。

此外，我们收购的那些规模稍大的公司也是二流，甚至三流的档次。Falcon 公司的大多数系统都布在了南加利福尼亚州的偏远地区，只有 35 个频道，仅仅是有线电视行业平均数的 1/3。宪章通讯公司若想追上其他大鳄就需要海量的资金投入，若要升级其基础设施需要的钱则更多。并且，相比那些扎根在城市市场的对手来说，我们的收益也暗淡太多。

1999 年 10 月，急于在纽约等大城市里立足的我，投资 16 亿美元买下了 RCN 公司。它是一家针对高端市场的光纤网络的“豪华战舰”，我试图用它从城市有线大鳄那里偷些用户过来。但问题是这点儿用户带来的利润远不够其建设的费用。由于不堪持续亏本和沉重的债务负担，公司最终在 2004 年申请破产保护。虽然在几个月后，在新的管理层操作下，公司走出了破产的深渊，但是我投资的钱却完全耗尽了。

当我的有线电视事业进入新的世纪时，其所有的情况都在我的头脑中有了清晰的轮廓：一个负债产权比率过高的公司、卫星信号运营商的激烈竞争、一个独断专行的首席执行官，还有我对这个行业——多变的金融市场的生疏。接着，在 2000 年时，高科技泡沫破灭了。宪章通讯公司准备第二次公开发行股票以扩充资本的计划泡汤了。华尔街对有线电视行业的资产负债偿还能力持怀疑态度，宪章通讯公司的估值衰降。

我们危在旦夕。

在 2000 年 11 月发表的《有线电视世界》访谈中，杰里·肯特被问到，“在保罗·艾伦的‘连线世界’里担当顶梁柱是怎样的？”

肯特回答：“当一个人委托一个经营团队，经营其 70 亿美元的投资时……它意味着我们在执行和经营上责任重大。”

然而，肯特私下的表现却与在公众面前所说的大相径庭。2001 年秋季，“9·11”恐怖袭击刚过，他宣布辞职。这个决定在当时看起来既冲动又不可思议。

一年之后，宪章通讯公司的付费用户数增长到了700万，但科技泡沫仍在崩盘，有线电视运营商受到了沉重打击。阿迪尔菲亚传播公司破产了，导致华尔街对这个行业的整体信心再次降低。每用户营收估值萎缩了1/3还要多。像宪章通讯公司这种负债产权比率过高的公司估值在运营现金流的10倍以下，低于我投入资金的总额。宪章通讯公司的股票价格一年前还是25美元，现在暴跌了80%。

这一年夏天，我得知宪章通讯公司管理层正因做假账而面临调查，并最终有4名公司高级主管遭到起诉。我们公司的声誉毁于一旦，股价大跌而下，有时候甚至跌到1美元以下。宪章通讯公司的债务已高达170亿美元。我明白当初杰里·肯特为什么会突然辞职了，他早就察觉出公司存在严重的问题。

我把宪章通讯公司的现状和管理团队的经营情况告诉大卫·格芬。他对我说：“你用错人了。”接着，他就给我提出建议：“我告诉你该怎么补救。去纽约找最好的律师，最好的公司改组专家——真正懂行的人。”我雇用了纽约的世达律师事务所来解决火神投资公司的法律问题，招来米勒·巴克菲提供战略决策咨询。另外，宪章通讯公司得到了顶级顾问投资银行拉扎德兄弟国际投资公司的帮助。在此危急时刻，我们身边终于出现了合适的人手。

外部的财务分析既发人深省又暗含希望。宪章通讯公司的200亿美元市值中，有85%是债务，它正在不停地吞噬我们的周转现金，并且不止于此。但是另一方面，因为我们的资本升级已经完成，分析表明，公司的负债产权比率能在2010年降到一个可以接受的倍数。我的信心恢复了一些。只要财务经营稳定住了，我相信能够加速革新以拓展生意。

但是还有一个难题，有分析师提醒道：“现在有线电视行业所面临的挑战是如何在日益加剧的竞争中有效地向市场销售其基础与高级的服务。”

果然，竞争比预想的要激烈得多，而我们在接受挑战时慢了一步。

在杰里·肯特辞职后，继任公司首席执行官的是卡尔·沃格尔，他竭尽全力与债权方重新谈判，以放宽还款期限，使得我们能够维持下去。但是问题依然存在，宪章通讯公司在运营线上也同样很羸弱。一个有线电视行业的经营者应该时刻把握用户服务细节，从定价到上门服务解决用户的次数问题都需考虑在内。在我看来，卡尔不足以胜任这份工作。

多年来，我一直在呼吁有线电视业通过加快数字录像机顶盒和点播节目（VOD）的布局来击败卫星和电信的竞争者。我知道用户一定会喜欢这样的功能，因为我自己使用这样的自制多媒体系统已经好几年了，到我家里来过的客人——包括很多业内领袖人物，都对此有热切的反应。但随着考克斯公司和 Cablevision 公司强势推出他们的数字硬盘录像机（还有高速电话服务、电视/电话/上网三合一业务套餐和后来的高清电视），宪章通讯公司的资金和精力都跟不上他们的步伐了。

嗅到我们的弱点之后，卫星业务提供商通过促销和海量广告等手段向我们的市场展开攻势。我们的用户大量流失。在沃格尔 4 年的任期之内，我们的用户流失了 50 万。到了 2003 年，宪章通讯公司的债务已经高达 200 亿美元，大部分债务以低于票面价值一半的价格被交易出去，对于公司的清偿能力来说，这是一个恶兆。而随着股价的下跌，原先把公司卖给我们的人又买回了他们的股权，我为此被迫支付了 20 亿美元的现款。

这一年秋天，已经到了“清理”的时候（后来我接受《商业周刊》采访时，用的是“通便”这个词）。我解雇了比尔·萨瓦，将我的投资范围缩减为 40 个公司。我要在投资的多样化和回报的最大化上找回平衡——在我追求连线世界的过程中，几乎忘掉了这个法则。（其中一个公司是 Asymetrix，是我独自开办的第一个公司。在经过后来的合并之后，将它改名为 Sum-Total Systems，继续占据在线学习软件领头羊的地位。）令人哭笑不得的是，我的设想被别人实现后，却转过头来把我打败了。

宽带数据开始蔓延渗透，1998 年只有 0.8% 的美国家庭连上了宽带网络，2000 年涨到 7%，到了 2005 年，已经是 61% 了。我曾设想过的数字平台终于变成了现实。

2005 年 8 月，宪章通讯公司终于迎来了它梦寐以求的首席执行官内尔·史密特。他曾是一个海豹特种部队士兵，曾在时代华纳工作过，是一位杰出的高级管理人才。在接下来的 3 年里，我们通过延长债券的到期期限、保证债权持有者分红等方式慢慢恢复稳定。

内尔以其专业的知识技能和必需的沉稳心态管控着宪章通讯公司的日常经营。在他通过制度结构来治理公司和在整个体系里利用数字电话运营的过程中，流失到卫星业务提供商那边去的用户越来越少。宪章通讯公司的现金流每年以 10% 的速度增长，很快能够应付利息支付了。看起来公司已经起死回生，还有未来可言。

但是，只有在信贷市场给我们空间让我们喘口气后，我们的进展才能继续。2008 年 9 月 15 日，雷曼兄弟投资银行破产，信贷市场一下陷入僵局，经常性贷款慢慢放缓并最终停止了。我们的再融资选择一夜之间化为乌有。宪章通讯公司的债务膨胀到了 210 亿美元，其中有 20 亿美元在 2009 年就要到期，而公司没有钱去偿还它。

2009 年 2 月，在连续亏损了 10 年之后，宪章通讯公司终于扛不住了。在拉扎德兄弟国际投资银行提出的改组方案中，宪章通讯公司的所有股东——包括我的 52% 股份——都将消失殆尽。但宪章通讯公司解除掉了 80 亿美元债务包袱，非优先债券持有者将投入 16 亿美元的新资本。宪章通讯公司将会重生，比以前更强大。

只是无法预料，公司该怎样偿还摩根银行和其他大银行高达 120 亿美元的高级担保债务。若是这些债务恢复到它们原有的低利率的水平，宪章通讯公司的重组就可以继续进行。但若是美国汇率过高，每年数亿美元的清偿包袱就足以压垮整个重组计划。一旦失去偿债能力，非优先债券持有者就不会再将债券转为股本，那时宪章通讯公司将面临自由落体般的破产之路。受其牵连的未知因素太多，包括公司1.6万名职员的未来。

为避免自由落体式破产，顺利恢复债务状况，宪章通讯公司必须保证重组前后投资者的利益保持不变。非优先债券持有者需要我的合作（以及我保留35%投票权的股权）才能使协议生效，我也想确保一个顺利的转变。但是，在这个将为公司的利息支付省下数十亿美元的改组方案中，我还要考虑自己所处的地位。最终我们达成折中方案。3月，宪章通讯公司申请破产保护。

摩根银行主控破产法庭的陈述。11月17日，美国纽约南区破产法庭做出了对我方有利的裁决，批准了宪章通讯公司的重组方案。一个月之后，宪章通讯公司走出了破产旋涡。我辞去了董事会主席的职务，内尔·斯密特去了康卡斯特公司担任有线电视业务的总裁。我们留下了一个有着正现金流和坚实基础的公司。但我从中得到的教训却是相当惨痛的，我在有线电视行业里的净亏损是80亿美元。

事后看来，我其实是听取了错误的人的建议而购买了宪章通讯公司。我需要更精明、更有经验的管理层来评估其风险并负责公司的经营，但直到危难关头我才找到这些人手。无论如何，事实还是摆在那里，这些投资是我做的，是我对其风险估计不足。最严重的是，我未能预见到过高的负债产权比率的消极影响。我的“连线世界”梦想最终被宪章通讯公司沉重的债务压垮了。

在我把人生中最大的赌注压在有线电视行业时，我只看到了它改变世界的潜力，而没有看到其中的潜在危机。早先买下SkyPix公司时，我低估了卫星传输系统的挑战，只看重他们一流的服务有着良好的声誉。在电话公司的视频和数据提供方面，我犯了同样的错误。另外，我未能意识到有线电视网的一个弱点：它无法自发地进行改革，或至少不能如我想象中那么快地进行改革。运营商从销售高速数据业务上收获了丰厚的利润，但他们尚未在数据流的产品和服务上得到太多附加价值。即使到了今天，其网络优势仍未得到充分利用。

与此同时，最近的趋势表明，我在对未来宽带业务的预见上正确率还是很高的。随着有线电视服务的付费利润空间变得越来越小，高速数据服务正成为有线电视行业增长的收益来源。用户对更快的信息流需求正劲，光纤技术使其成为家庭数字数据无可争议的霸主。它已经使得亚马逊、Google、Facebook 和 YouTube 迅速普及，改变了人们的生活方式。

当有线电视运营商开始着手推广我早先呼吁的数字录像机机顶盒等服务时，他们发现消费者竟然很乐意为此付费。现在，他们终于能够将额外的收入维持到下一轮技术创新的来临了，由此进入一个虚拟的技术更新周期。

那些曾在 Interval 研究所和我的“连线世界”设想中出现过的创意，在每年拉斯维加斯举办的“消费电子展”上都有类似的身影出现：可佩戴式高清摄像机、全息显示、内嵌网络浏览器的全功能多媒体机顶盒和电视机……有些时候，是我的创意过于超前了，而另外一些情况下，则是因为诸多的原因导致了创意在实现过程中的失败。

但是，即使我能更好地把握时机，有线电视行业对我而言也是个错误的选择。在消费电子行业，产品更新周期只有短短的 6 个月；在计算机软件业，其周期是两年；而在有线电视行业，需要 5 年甚至更长的时间才能让消费者接受新的产品和服务。有线电视行业就像一辆骡车，它尽全力往前走，却总也到不了目的地。一个很好的例子是，当我投资的 Digeo 公司开发出一款能获得艾美奖的机顶盒时，并未得到康卡斯特和时代华纳的认可，他们仍固执地使用其老旧的机顶盒。只是在最近，他们才授权 Digeo 公司的机顶盒用于未来的业务。

试着想一想，移动手机业务已经渐渐取代固定电话，而有线电视业务还未能将其吸收合并，形成三合一整合服务（语音、数据、视频）或四合一整合服务（语音、数据、视频、移动服务）。

用户虽然处在数字时代，却对数据的传输系统知之甚少——数据就是数据，而不管它是怎么来到手上的。尽管我们很多人在追赶互动式电视（包括倒霉的网络电视）过程中遇到挫折，但毫无疑问，电视和计算机这两个平台正在合二为一。人们也许不会在55英寸的电视机屏幕上阅读长长的电子邮件，但他们会用平板电脑遥控电视浏览Facebook的页面，或者，他们会用Xbox游戏机来管理照片和音乐。

在高端电视机上嵌入网络接口将很快成为行业标准。假如有线电视行业不能抢先在电视信号服务中加入网络功能，那么Apple TV、Google TV就会以其出色的服务迅速填补这个空缺。如果能在电视上观看亚马孙网站上的流媒体或网飞公司①的电影和视频，再考虑到它们数以万计的节目选择，以前按次计费的收费模式还有多少吸引力可言？更严峻的是，像CBS、TNT、喜剧中心频道这样的宽带频道正在推广其网站流媒体视频，多频道电视将逐渐被流媒体取代，只留下受节目实时性限制的体育和时政频道。

现实的技术早就存在了，用户也就在眼前。数字化的未来将属于抓住时机的人。

① 网飞公司，一家美国的音像产品租赁商，向用户免费提供音像产品租赁服务。——译注

第二十章　探　索

在20世纪90年代初期，天文学家卡尔·萨根与我见面，极力向我推荐他心爱的事业——探索外星文明。联邦政府一直通过航空航天局为探索外星智能学会提供资金支持，其目的是在10年的时间里观察邻近的恒星。但是，美国国会反对这个计划，一位内华达州的议员将它称为“火星人大追逐”。政府的拨款被取消了，寻找太阳系之外生命迹象的计划就要终止。

萨根说：“SETI解决的是重要的科学问题，我们需要有人站出来拉它一把。”萨根是个很聪明的人，讲话很有说服力，况且，我也喜欢这种探索。萨根制作的《宇宙》在公共广播公司（PBS）电视台播出，是关于宇宙和人类对其探索的经典系列纪录片，我几乎每集都看。我同意捐出100万美元以维持“探索外星智能学会”的运转，与我一同捐款的人还有英特尔的创始人戈登·摩尔、HP的创始人比尔·休利特和戴维·帕卡德。这些钱正好够SETI项目支付在澳大利亚、西弗吉尼亚州和波多黎各的大型射电望远镜上的观测费用。那时，SETI观测了750个恒星，而仅在银河系内就有2000亿个恒星——这种观测方法是绝无可能获得成功的。很明显，它需要一个专用望远镜。

几年之后，研究人员找到了用联动的小型无线电天线来处理数据的方法，这是射电天文学上的一个巨大的突破。若是只花一个大型卫星接收天线很小部分的钱，就可以建成世界上最好的SETI望远镜，其设想还是很有吸引力的。我同意付钱在位于加利福尼亚州东北的拉森国家森林的帽子溪天文台建设这个平台，微软的前首席技术官内森·麦沃尔德捐助了一个电子实验室。2007 年，经过了几年时间的研究和开发，艾伦望远镜阵列睁开了眼睛——42 个直径 6 米的抛物面天线对天空进行彻底地搜查，系统探索任何可能带来翻天覆地变化的外星信号。

望远镜阵列的理论依据是太空中的任何物体都会放射出无线电波“信号”，这些信号“描述”了物体的大小、形状和化学属性。无线电波的波长比光波要长，受太空尘埃的散射影响较小，可以几乎完整无缺地到达星系的边缘甚至更远的地方。艾伦望远镜阵列的射频频谱是其他同类设备的 10 倍，可以更敏锐地探寻信号。它的单射束探测可以一次锁定 6 个恒星，或用双射束模式同时锁定 3 个恒星。

艾伦望远镜阵列的另一个优势是其广角高分辨率的镜头，它可以覆盖到 7 倍满月跨度范围的太空。（位于波多黎各的直径 350 米的阿雷西博望远镜要比艾伦望远镜阵列灵敏得多，但它的覆盖范围就像一个太空里的汽水吸管那么小。）SETI 已经制订了一个涵盖 25 万个类太阳恒星的观测名单，这些恒星系中最有可能存在距地球 600 光年距离内的有生命体的行星。在 5 年左右的时间里，随着盖亚天体测量卫星开始发回测量数据，观测名单会增长到数百万恒星，对这种层级的探测来说，这个数字才不算寒碜。

另外，艾伦望远镜阵列是一个符合“摩尔定律”的望远镜，其数字信号处理能力将成指数增长。现在，它的观测能力已经是 1960 年弗兰克·德雷克创办 SETI 时的 100 万亿倍了。SETI 的目标是将艾伦望远镜阵列的接收器数量扩增到 350 个，如此一来，艾伦望远镜阵列有可能成为世界上最强大的射电望远镜。

我们不敢保证 SETI 是否将会开启外星通信的大门，但天文学历史表明，新技术总会带来意想不到的发现。加利福尼亚大学柏克莱电波天文学实验室使用艾伦望远镜阵列的部分观测时间，进行更加传统的天文调查：伽马射线爆发、黑洞、恒星爆炸。通过描绘银河系的氢气分布图——恒星形成的必需要素，柏克莱实验室的数据将对暗物质的本质、银河系生命周期、宇宙的构造获得更为清晰的理解。

无论何时，一旦艾伦望远镜阵列从普通的电磁噪声背景中捕捉到“候选信号”，就会用一系列测试对其进行层层筛选，电子计算机会迅速判断出该信号是来自观测的恒星，还是来自轨道卫星，或者只是一个发散的手机信号。若有信号通过了所有测试，其他射电望远镜将联合对其进行独立验证。若是SETI确实查证了一个来自宇宙的工程通信信号，学会的主任吉尔·塔特将负责发布这个消息，而他们告诉我，我将会是第一个专业圈之外得到通知的人。

可惜，到现在为止我一直没有接到这个报喜电话，也不知道是否会有那么一个时刻。弗兰克·德雷克制作了一个计量恒等式，从理论上计算银河系里存在的地外文明数量。但由于我们不能确定其恒等式的参数（比如一个拥有无线电技术的地外文明的存续时间），这种可能性很难被计算出来。假如这些地外文明的寿命只有短短几百年时间，那么SETI的运气就太差了；若其已经持续了几百万年时间，我们才真正有机会找到他们。

说到外星文明是否存在这个话题，支持方和反对方都有强硬的论证。在《稀有的地球：为什么复杂生命在宇宙中罕见》一书中，作者彼得·沃德和唐纳德·布朗利阐述道，地球上产生动物生命的特殊条件——距太阳的距离、大气层中水的含量等，共同组成了一个独一无二的巧合。然而，研究证明，细胞生物体可以在比我们想象中更为极端的环境中生存。人类已经发现了近500个属于其他恒星系的行星，随着盖亚的探测，还将探索到数以万计的类似行星。从理论上说，找到一个有生命体的行星就像中彩票一样。

探索外星文明是一个“粟里寻珠”的尝试，但我觉得它所反映的问题还是很深刻的：在宇宙中，甚至就在我们银河系里，是否有人类的伙伴存在？若答案是肯定的，那么我们只能去猜测其可能的后果了。因为任何一个能用信号表示其存在的地外文明，其存在时间肯定比我们长，其智能水平也比我们高，其高端的科技将对我们大有裨益。即使我们永远不能与他们取得联系（或听从史蒂芬·金最近的警告，拒绝对外星信号做出回应），仅仅是证实存在一个这样的信号，也会永久改变我们对宇宙的看法。

如果说“探索外星智能学会”代表的是智能的外向搜寻，那么“火神公司”的“光环计划”就是在帮助进行智能的内向探索——设计一个计算机软件，模拟人类大脑的某些思考能力。我们现在称为“人工智能”或 AI 的设想，最早可追溯到 1921 年，一个名叫《罗索姆万能机器人》的捷克科幻剧首创了“robot”（机器人）这个词。我小的时候，HAL9000（斯坦利·库布里克的《2001：太空漫游》）和 Colossus（电影及小说《巨人福宾计划》中的同名主人公）启发了一个噩梦般的科幻题材：超级智能计算机叛变了人类。幻想即将出现跟人一样或跟疯子一样的机器人，这在当时很是流行。

但对我来说，更有趣的其实是这样一个科幻主题：一个即将灭亡或受灭亡威胁的文明，通过已有的知识拯救了自己的命运。小时候跟父亲去他工作的大学图书馆，看着里面森林一般的书架，它们似乎蕴含着无穷的知识和信息。若是能在一个知识库里集中起世界上所有的知识——就像加拿大科幻作家戈顿·R. 迪克森经典的《终极百科全书》所描绘的那样——将会是一个壮丽且吸引人的设想，并且会带给人类数不清的益处。

随着 20 世纪 90 年代万维网的发展，在网络中建造这个“知识库”似乎可行性较大。但实际上，因为“知识大爆炸”留给我们大量的资源，却缺少得到答案的直接而简明的方式，我们很容易就会在海量的文本和链接中迷失方向。虽然在现代搜索引擎的帮助下，我们可以用关键词搜寻已有的网页列表并筛选想要的答案，但它们仍无法达到“理解我们的问题”这个最终目的。

古希腊的哲学家和科学家亚里士多德算是一个无所不知的人，他掌握了所处时代的几乎所有知识：历史、政治、医药、物理等。但在当今世界，科学知识以每年翻一番的速度在增长，哪怕只去吸取其中的一小部分，对一个人来说都是不可能的。

在过去的10年当中，我开始考虑一个“数字亚里士多德”创意：一个简单易用、无所不包的知识仓库。我并不是打算去解密人类的意识，只是想推进人工智能的发展，将计算机（组织和分析信息的能力）发挥到极致，帮助人类完成梦想，并将人类的创意萌芽浇灌成参天大树。

这就是我们开始“光环计划”的初衷，这个研究计划的目的是创建一个“数字亚里士多德”。“光环计划”的短期目标是“光环书库”，它是一本电子书，能够以专家水平回答键入的问题。“光环书库”可以在笔记本或平板电脑上运行，就像一个科学家研究助理或大中院校的学生导师——一个个人电子助教。

“光环书库”的首次发布时间被定在2015年。届时，我们将完成大部分生物学教学大纲的大学选修课编码工作，这项工作在我们之前没有先例。之后，其内容将被扩展到生物化学，或另一个如土木工程这样的整个新的研究领域，也许还会收入经济学或美国政府研究的内容。人文学科——哲学、宗教、历史、古典文学——是很难操作的，因为其内容不像理科那样研究事物的原理，而是对人的境况（公平、道德、爱）进行价值评断和语言描述，软件系统达不到这样的思考深度。早在1977年接受《微型计算机接口》的采访时，我就提出了这个障碍的存在：

> 若要变得“智能化”，计算机必须能够“理解”——这是最难以做到的事情。把小说《双城记》载入计算机，和让它理解书里的内容是完全不同的两回事。计算机回答不了“本书的主旨是什么？”“主人公为什么这样做？”这样的问题。在智能计算机的开发上，我们还达不到这样的水平。

时至今日，我们还是没能达到这样的水平，但已经取得不小的进步了。（若要了解更多“光环计划”的内容，请参看本书附录。）

从根本上说，“数字亚里士多德”计划将使人类变得更有创造力。它在“学习”、“语言”、“推理”这些智能化难题的解决方法上正取得持续进展。我认为，总有一天人工智能将会强化人类的能力，找到疾病的治疗方法或帮助人类保护环境。1962 年，道格拉斯·英格巴特在《增进人类智能：一个概念性架构》中写道：

> 人类人口数量和生产总值在以相当大的比率上涨，但人类所面临问题的复杂性也在增加，找寻问题的答案和解决方法变得越来越紧迫……“增进人类智能”所说的就是提高人类的能力，面对复杂的问题情境，为适应特别需要而获得理解并得到解决问题的方法……
>
> 要达到这个目的，一个最直接的方法就是使用计算机。我们可以把它用做直接的在线帮助，并将新的观念和理论与其相结合。

随着计算机变得越来越廉价，功能越来越强大，世界上所有的数据信息很快就都能在网上获得了。将这些数据信息合理而连贯地组织起来，需要付出巨大的努力。鉴于人类知识正以超高速膨胀，再考虑到其广度和复杂程度，“终极百科全书”是一个很难达到的目标，但我们离这个目标已经更近了一些。

未来主义者雷·库兹韦尔在其《加速循环定律》一文中曾预言，计算机处理能力的发展将很快带来“非凡”的科技革命，“其速度和深度将在人类历史的架构上产生一个巨大的断层”。库兹韦尔预见到，与人类一样聪明的强大人工智能即将到来，而这只是变得越来越聪明的机器们加速发展过程中的第一步，最终我们可以将性格和自我意识下载到计算机上，以达成“数字化永生”。

我相信存在这种可能性，但那应该是在几百年之后的事了。库兹韦尔极为推崇“摩尔定律”，但戈登·摩尔本人的观点跟我是一样的，他觉得人类的发展“所包含的并非仅仅是智能的进步”，他对机器“能够克服与人类之间的整体差距”持怀疑态度。人类大脑功能的复杂性已经到了极致。尽管通过简单的时序逻辑和穷举法，就能使一台机器达到大师级的国际象棋水平，但我们用了40年时间，才设计出了一个能够下赢人类最高水平棋手的计算机程序。让计算机读懂人类的语言则更加困难，我们无法复制大脑的功能，因为我们还没有了解其工作原理。

有两种方法可以实现人工智能，而任何一条都包含着无数小的步骤。第一条路是像“光环计划”这样，编写软件以模拟人类大脑的某些功能；第二条路就是对人类大脑进行逆向建构，去发现它到底是如何运作的。而这第二个方法，就是我在西雅图所建立的一个学术机构正在做的，也就是下一章所要讲到的事。

第二十一章　人脑图谱

大脑对我来说是一个无尽魔力的源头。它使我们人类成为一种物种，并与其他的物种区分开来。它使我们呼吸、站立，使我们兴奋、忧虑，还让我们迸发创意——当然不止如此。大脑是进化工程中最不可思议的一环，可以做的事情又多又好，超过现在最先进的计算机。不过，我们才仅仅使用了大脑的一小部分功能。

20 世纪 90 年代，一些新的理论如基因组学、信息学（将数据转化成有用的信息）、分子神经生物学开始崭露头角。2001 年 2 月，人类基因组计划开始了 11 年之后，首次发布了构成人类基因的约 30 亿组基因图。人类基因组计划证实，有不到 2. 5 万个基因与大脑的 1000 亿个多层面的神经细胞有关，它们共同组成了一个错综复杂的网络，总计有 1015 个脑神经链接。如此少的基因是怎样完成如此复杂的器官的构建的？如何利用人类基因组计划的研究来发展神经学？

当时，我跟一些“早期学习”专家和语言学家会谈，发现他们的研究十分有吸引力，我尤其对人脑这个终极机器内部的研究着迷。为了解更多知识，我与吉姆·沃森取得了联系。他是“冷泉港实验室”的主任，也是 DNA 双螺旋结构的共同发现者。当时他已经 70 多岁了，是一个反传统的人，总是乐于进行反常规的尝试。他建议我成立一个行为研究中心，研究大脑的基因表达——不同基因控制不同细胞的现象。细胞把基因所携带的遗传信息转变成多种特别的蛋白质，使其分化成心脏细胞、皮肤细胞（或肿瘤细胞）并控制它们的功能。

我还与史蒂夫·弗兰德见过面，他是西雅图一个前沿基因组分析公司的创始人。他也觉得时机已经成熟，可以成立一个机构对人类心理学、基因组学、行为遗传学和脑生物学进行交叉研究。先进的数据存储和信息检索技术将帮助我们对收集到的大量信息进行编译和分析。

“关于大脑的内容读得越多，我越是对它感到陶醉和着迷。”在2000年12月的一封电子邮件中，我这样写道。那时我第一次提到了大脑研究所的想法：“我特别感兴趣的是，‘基因蓝图’是怎样使得大脑运行起来的。”

大多数神经学科研究都是高度专业化的，它们在独立的大脑区域从事研究，就像用一根针扎进一个橘子一样。我想做的是研究这个“橘子”的外皮，帮助科学家们确定“扎针”的位置，让他们能在短时间内又快又深地进行探索。2002年3月，我邀请了21位科学家（包括4位诺贝尔奖获得者）进行了一次为期3天的创意交流，也就是专家研讨会。科学家们在巴哈马首府拿索的码头上集合，然后乘渡轮到我的“塔图”号游艇上度过周末，并在这个宁静的环境里进行激烈的讨论。

除了沃森和弗兰德之外，我的客人们之中还包括：诺贝尔奖获得者理查德·阿克塞尔，他是一位神经系统科学家，揭示了人类嗅觉系统的奥秘；史蒂文·平克，哈佛大学心理学家，他所写的语言学书籍广受好评；马克·特希尔拉维尼，他最早对胚胎和胎儿的大脑活动进行编译工作；李·哈特韦尔，因发现控制细胞分裂的基因而获得了诺贝尔奖；大卫·安德森，加州理工大学科技中心的神经生物学家，他在本次研讨会上将起到明确任务的作用。

我带着一个前沿脑科学研究机构的初步构想来到研讨会上。有一位专家建议我成立一个类似“洛克菲勒研究所”那样的顶尖研究机构，并从全世界招募最好、最聪明的研究人员，总投资是10亿美元——一半用于启动，一半用于运作。

抛开钱的问题不讲，我对传统的学院模式研究机构持谨慎态度。高水平的科学家们习惯于追求他们最感兴趣的研究项目，很难被驾驭。我曾见识到 Interval 研究所松散管理的组织任务所产生的负面影响（火神公司在两年之前关掉了 Interval 研究所），我不想再重蹈覆辙。即将筹建的研究机构应该关注于一个大规模的、给本研究领域带来改变的课题，就像“人类基因组计划”一样。我们需要在几年的时间里取得里程碑式的成果。我希望这个机构应该以工业模式运作，既有生物技术的紧迫性，又没有利润动机的驱动。

来宾们讨论着这个机构所应从事的项目研究。讨论过程中气氛活跃、话题广泛，常常十分激烈。伟大的科学家善于推销他们的提议（为争取新的资金投入他们只好这样），一时间各种创意纷至沓来。是否存在一种潜在的基因控制着人类的快乐或爱？如何才能提高脑部成像技术？哪种疾病最值得研究？

第二天，讨论的话题又回到了我与沃森和弗兰德会谈时第一次提到的问题上面：神经系统科学最需要的是什么？我听着他们的讨论，其答案竟然还是最基础的东西——一个更好的人脑图谱。

在现存的与基因表达有关的图谱中，大脑解剖结构图过于粗糙，在破译大脑运行原理时没什么用处。美国国家卫生研究所不得不在最近资助了一个名叫“脑部分子解剖计划”的项目，但其工作组织不力，无法始终如一地保持质量控制，并且其资金仅够每年描绘 600 个基因。若是如此，要得到一个完整的大脑图谱可能需要 50 年的时间。大脑图谱的绘制被困在了一个家庭作坊式的阶段，就像在“人类基因组计划”和克雷格·文特的塞莱拉基基因公司，在系统地进行基因研究之前，蹒跚而行的基因组测序项目一样。

在研讨会结束时，科学家们达成了一致意见：对“艾伦研究学会”来说，“首个恰当的研究课题应该是大脑图谱的绘制”。因为“若要在分子和基因层面上分析解决基本的人类行为问题，一个大脑图谱能作出的贡献是不可限量的”。图谱将把遗传学和解剖学与覆盖在三维大脑结构图上的基因联系起来，并将为神经学和神经紊乱的研究开辟一条通路，还会帮助解决脑科学的基本问题。与会的科学家们一致认为，我们的首个努力方向应是绘制成年小鼠的大脑，关注健康标本（当时的大多数研究关注的是胚胎脑组织，美国国家卫生研究所的研究则放在了疾病方面）。

一个用基因表达式绘制的大脑图谱符合我行事的准则——去做该做但未做的重要事情。这是一个有着实际效用的“大科学”。现在，老年痴呆、帕金森症、精神分裂、精神紊乱等疾病折磨着数千万美国人。一旦我们绘制出了一个正常大脑的“参照”图谱，就可以找出引起这些疾病的活性基因，科学家们就可以有针对性地对其进行治疗——其潜力是无限的。

更长远来看，我认为，我们的工作甚至能够揭开记忆、欲望、同情的本质，找到人性的源头。

我爱与亲朋好友一起旅行。我母亲喜欢塔希提岛和日本，她不大喜欢非洲，因为有一次一头河马闯进了她驻扎的围地，最后不得不用绳子把它从游泳池里吊出来。她最喜欢的旅游线路是去密西西比河畔的种植园，在那里，她可以在当地人家的门廊里稍作停留，与他们分享冰茶并聆听他们的故事——就像以前在阿纳达科，她从学校回来时会在邻居家逗留片刻一样。母亲是我认识的最好的倾听者。

多年以来，我一直在麻沙岛上我的房子周边购买地产，为母亲和妹妹添置房屋。母亲房子里的书架上整洁地摆放着 1.5 万本书籍，大部分是以不到 25 美分的价格从旧书店买来的。她在读书中得到了最大的乐趣。她的藏书都按作者的姓氏顺序一丝不苟地整理排列，每当在书架上找到一位“老朋友”，她都会欣喜万分。

母亲曾专门负责为华盛顿大学教师的妻子们组织的读书会，有一年为她们挑选过非洲作家的作品，而在下一年则选出东欧作家的小说……母亲喜欢为读书会挑选书目，也乐于加入读书会的讨论。当她为我编制 100 本推荐书籍时，最终推荐的却是 165 本——就像她常常说的，“有什么东西能好过一本好书?”但是她作为一个书迷的日子已经不多了。2003 年 1 月 21 日深夜，我在日志中写道：

> 母亲正承受老年痴呆症的痛苦（前两周刚刚诊断出来），对此我心如刀绞。
>
> 开始的时候，母亲的症状还很轻微——前一刻还能轻松地做完填字游戏，下一刻就忘了刚刚对我说过的话。她对自己的记忆力下降感到十分恼怒。随后她经历了一个痛苦的阶段，明明知道自己的境况正在恶化，却对此毫无办法。接着就是黑暗慢慢累计，最终连一丝灵光都消失不见。如此近距离地看到老年痴呆症的可怕之处，我极为震惊。假如有方法能使其他人免受同样的疾病折磨，我一定全力以赴。

写下上面那篇日记时，我 50 岁。这个岁数的人们已经开始考虑为后人留下些什么。2003 年 9 月，我捐款 1 亿美元成立了艾伦脑科学研究所。研究所的目标充满雄心壮志：“我们相信这是一个历史性的契机，将基因组与大脑结合起来，利用数据和技术来解决与神经发育、神经变性和精神病有关的疾病。”

我们在弗里蒙特市运河畔找到一个地方，供所有职员在同一栋房子里进行工作——流程工程、分子生物学、解剖学、软件开发、数据库创建都在一起。妹妹朱迪担任总裁兼董事长，再次监督我的创意实施过程。一个顶级的科学家团队——包括曾参加过那次研讨会的几个重量级人物——将组成我们的顾问委员会。

要绘制一个大脑图谱，最困难的就是数据的收集和整理。在“人类基因组计划”用字母表示的地方，我们需要用高分辨率的图像呈现出来，这就需要极大的存储空间。最初的图谱将包括 25 万个显微镜载片的8500万个图片——600T 字节（600G 字节）的数据，相当于艾伦脑科学研究所开始时全部互联网数据的一半还多。

在项目的早期，我们面临一个关键问题：是否要对访问艾伦脑科学研究所数据的人收费？从用户和商业工作中收取使用费将有助于我们的运营扩展。但另一方面，艾伦脑科学研究所的成功是以其大脑图谱所能启迪的发现来衡量的，图谱的使用范围越广，取得突破的机会就越大。对数据使用者收费将会把图谱局限在精英大学和大型制药公司这个范围里，而身在约翰内斯堡或首尔的有才华的研究者，将会由于付不起使用费而被隔离在外。我们最终决定将研究数据免费向公众开放，我们开放了互联网网站并设计了功能强大而友好型的用户界面，甚至连注册登记都免了。

从尸体解剖中得来的大脑，彼此间存在较大差异，捐献者的年龄、遗传背景、成长环境等都会影响大脑的构造和功能。所以，与之前无数以人为导向的研究一样，我们选择了最理想的实验哺乳动物——老鼠。老鼠的大脑比杏仁还小，重量还不如一汤匙糖，但它是进行图谱描绘的绝佳模板。鼠脑与人脑在结构和内容上极为相似，老鼠基因的 90% 能在人类身上找到对应。而同系繁殖的老鼠可为我们提供近乎相同的年龄为 8 个星期的实验对象，这是一个近乎完美的实验系统。

我们选择了由德国马克思·普朗克研究所开发、由贝勒医学院实施的最先进的杂交技术。鼠脑将被纵向切成数百个切片，然后浸入核糖核酸（RNA）溶液中，查找一个特殊的活性基因——每个切片只查找一个基因，每个鼠脑用于查找 5 到 6 个基因。所有表达这个基因的神经元都将被显示出来。

为实现一个完整的基因图谱，需要精心设计一个高效的方法将数十万显微镜载片转换成数字数据。我们按照贝勒医学院的模式，用实验室自动机械昼夜不停地进行流水作业（每周达到 400 小时），将载片染色，给显微镜下的切片拍照，再把图像输入到数据库中。

项目启动一年后，我任命艾伦·琼斯来负责项目的主管工作。他曾负责我们与贝勒医学院的合作，并招募了大部分项目成员。这是一个重大的职位晋升，而艾伦很快证明了自己是可以胜任的。2004 年 12 月，我们发布了“艾伦大脑图谱”的第一部分研究成果——近2000 个大脑基因的可视数据。我们顾问委员会的成员大卫·安德森是最早提出这个项目的人，而根据他的计算，我们在 14 个月内取得的进展，是一个科学家需要用 77 年的时间才能完成的。

一个数据库只有结合了交互性搜索功能才算完美，如果用户找不到要找的东西，也不能下载，它就成了一个没有图书编目号码的图书馆。在建造鼠脑图谱数据库时，我们开发了一个软件，能够回答“XXX 在哪里”和“XXX 是什么”的问题。比如说，你要寻找一个增加对吗啡等止痛药敏感性的基因，并想找到它“启动”的位置：首先你看到的是一个细胞水平的高分辨率的二维数据，接着“3D 大脑浏览器”会向你展示同样的基因在所有被研究的老鼠大脑中的分布情况。或者，你只需输入“杏仁核”（大脑中管理恐惧和预感的区域），看看在那块区域中激活了哪些用颜色编码的基因。以上任何一种方法都可以获得细胞水平的基因表达式。

神经科学界最初很欢迎我们的工具，但留有一些怀疑。艾伦脑科学研究所是业内的“插班生”，而出资人是一个毫无神经专业知识的计算机技术专家，再加上我们非传统的工业模式的运作方式，使得人们花了很长一段时间才相信我们真的是免费的，而没有任何附加条件。

第一部分图谱发布不到两年，在 2006 年 9 月，鼠脑的完整图谱终于如期发布了。整个项目用了 3 年时间。我们的首个完整的数据库使得公众取得以下发现：

大脑包含的遗传活动比我们想象得要多。科学家们以前估计，有 2/3 的基因组在大脑中有表达，但“艾伦大脑图谱”表明这个比率接近 80%，这也就帮助解释了为什么针对其他器官的药物治疗会产生副作用。

基因表达发生在独特的区域。大部分的基因表达发生在特殊的细胞集团或大脑的某个特殊区域。这个发现揭开了为什么在大脑中不同部位的生物化学情况不同，以及为何这些部位具有各自不同的专门功能。了解到这些变化，将有助于科学家调整患疾病的大脑结构的生化活动。

从总体的解剖水平上看，之前的大脑图谱有时是错误或不完整的。随着科学家们明确了基因表达式模式，我们发现了之前并未注意到的结构细分。这些发现加深了对大脑区域分割的理解，并由此改善了诊断和治疗的效果。

在华盛顿宣布了鼠脑图谱完成的消息之后，我与前“人类基因组计划”的领导弗朗西斯·柯林斯会面。柯林斯现在是美国国家卫生研究所的主任。早些时候，我们能够感到他们部门对我们的警惕和紧张——有些美国国家卫生研究所的人可能是把我们当成了竞争对手，但是当天柯林斯由衷地向我表示了祝贺。从那时起我们两个机构的关系慢慢好转过来。(2009 年，作为奥巴马总统经济刺激方案的一部分，艾伦脑科学研究所通过美国国家卫生研究所获得了 GO Grant 资金捐助。)

总有一天，所有对我们的工作的抵制态度都将消失。利根川进是一位诺贝尔奖获得者，也是麻省理工学院皮考尔学习及记忆研究中心的主任。他把鼠脑图谱称为“神经系统科学上的突破。它是揭开大脑奥秘的全新的、强有力的途径。我觉得它是革命性的”。《时代》杂志说鼠脑图谱是“对一个研究人员来说，不管他是研究脑脊髓多发性硬化还是脑瘤，这都是一个关键的信息资源”。2007 年，艾伦·琼斯在《自然》杂志发表了一篇合著的关于本图谱的论文之后，我们网站的访问量迅速增加，现在已经达到了每天 1000 次。

我去一些科学机构访问时，每当听到他们说到我们的研究给了他们多少的帮助，就会高兴不已。一位斯坦福大学的神经学教授告诉美联社记者：“我们每天都在使用艾伦脑科学研究所的网页。”有一次我们的主页出了故障，研究生们焦急地冲进了他的办公室里。“我们已经离不开这个工具了。”他说。与基因组序列一样，大脑图谱能够为研究生和博士后们节省数年繁复的准备工作。研究人员可以在我们的数据库中追查所需的基因表达图谱，并以此作为研究的起点。这就像是交给了采矿者一张本地区钻石矿的地图，他们知道自己被指向一个宝藏，剩下的就是埋头苦挖了。

当初在筹备研讨会上，一个热烈的话题就是广度和深度的选择——我们究竟是要面向整个大脑，还是只针对某个区域？看来，当初选择全脑图谱还是明智的。一位哈佛的研究人员在下丘脑上发现了一个受体基因，指出某些神经元中的一个与肥胖症有关。我们的图谱加快了他对控制食欲的安全有效的药物治疗方式的研究。在瑞典医疗中心的西雅图瑞典神经科学研究中心，一位研究人员使用我们的数据对恶性胶质瘤（一种致死的脑瘤）中活动水平异常的基因进行了针对研究。类似的来自研究人员的回馈还有很多，他们的研究范围有老年痴呆、癫痫、唐氏综合征及其他所有与大脑有关的病变过程或疾病。

让我最为激动的，还是艾伦脑科学研究所在自闭症的起源研究上所起到的核心作用。这种神经系统失调损坏了人交流、情感表达和形成社交关联的能力。这个项目始于 2008 年，由“自闭症之声”组织捐款，由加利福尼亚大学圣地亚哥分校卓越自闭症研究中心的埃里克·库尔谢尼领导。库尔谢尼很早以前就确定，自闭症是由婴儿期和幼儿期大脑的发育障碍引起的，尤其是在小脑和额叶。但他的研究受到低分辨率的图像的限制。同时，其他的研究也识别了十几个可疑的基因，但不能确定其位置及功能。库尔谢尼想查明基因的身份及位置，在分子水平上找到引起紊乱的原因。幸运的是，他有稀有的患有自闭症儿童的尸体解剖大脑组织。（之前的自闭症研究大多使用成年人的大脑作为研究对象，对发展障碍的研究来说是一个不利条件。）

这时就轮到我们出场了。我们的高分辨率技术能令研究人员更加深入地研究细胞结构，并将注意力放在特定皮层的某些基因表达正常的细胞上面，而后就可以判断出在自闭症儿童大脑的相同位置情况是否一致。从本质上来说，我们可以追查到自闭症的根源所在。

我们首先将自闭症儿童的大脑和正常大脑的组织都进行切片，在切片中找到前额叶的一部分组织——它控制着人的注意力、工作记忆及“心理理论”（一种认知能力，对象是其他人对周围环境的感知）。我们的目标是查出自闭症儿童大脑的相同部位是否异样。

我们利用鼠脑图谱和艾伦人类大脑皮层研究的目录，再加上两个对照组大脑的数据，发现了在目标区域内有大约20个基因表达式一直不断且很强烈。在这20个基因中，有5个已经确定与自闭症有关联。接下来我们研究了2000多个载片，对自闭症和正常大脑的基因表达进行对比。我们预想着能在分区中找到畸形，事实的确如此。但是，我们被它的性状吓了一跳：那是一些小而独立的区域，神经元异常密集，大部分目标基因的表达锐减。我们的科学家把它们称为病理斑块，它们在所有的自闭症实验对象里都有。而其周围的大脑组织是完全正常的。

以上证据充分证明，自闭症可能是大脑中独立区域的焦点式紊乱。大部分病理斑块都只有几毫米大小，在紧密啮合的神经元中间，很容易被人忽视掉，除非以每个大脑皮层为单位进行细致检查。几十年来，由于只有低分辨率的磁共振成像的辅助，研究人员从未发现它们。

加利福尼亚大学圣地亚哥分校和艾伦脑科学研究所的这次合作，开创了一个在分子水平上进行大规模神经病理学研究的全新而有效的方式。我们不仅证实了疫苗不会引起自闭症，还为揭露神经紊乱的发展起源提供了线索，并有助于解释儿童的大脑图谱是不相同的原因。理解了自闭症的细胞学基础之后，科学家们就能够研究出新的干预治疗方式，从早期的诊断测验到药物治疗和其他疗法都能得到改善和提高。现在看起来，在我们的有生之年就能够找到自闭症、精神分裂症和其他神经疾病的根本原因了。

我们的步伐还未停止。为期4年的艾伦人脑图谱计划将于2012年完成，在规模和复杂性上是一次大的飞跃（人脑的大小是鼠脑的2000倍。

把人类大脑皮层平铺开，跟一个 17 英寸的比萨饼一样大）。我们的首个难题是找到合适的样本组织。我们需要 20 到 68 岁之间“正常”成年人的大脑，不能有局部损伤，不能有吸毒史，不能有神经或精神上的疾病（自杀者当然也被排除在外）。并且，由于脑组织在人死后 24 小时内就会变质，我们必须在这个时限之内拿到它。多亏了在美国东西海岸都有美国国家卫生研究所资助的脑组织仓库，我们两个机构的良好关系帮了大忙，迄今为止我们已经得到了 3 个合格的大脑组织——我们需要 10 个大脑组织才能完成初级的人类大脑图谱。对一个大脑图谱来说，这个数字看起来好像只是一个小样本，但在人类个体之间基因表达模式只有很小比率的不同。

考虑到染色、扫描的工作量，将整个人类大脑提交出来以供研究分析是不实际的。我们听从了顾问委员会的建议，采取了折中方案。我们第一步将构建一个完整的 3D 图谱，覆盖大脑区域的所有基因表达，为各种专门研究都提供一些资料。由于这个 3D 图谱不能达到细胞水平的深度，因此我们提供了 500 个基因的较高分辨率的数据库。对那些研究主要大脑结构的科学家来说，这是极有价值的资源。通过以上两种方式，我们将为研究人员提供无与伦比的正常人类大脑信息资料。

我们的第二个全新的计划是艾伦老鼠大脑联系图谱。在那次筹备研讨会上，理查德·阿克赛尔曾指出，人类的行为并非主要由单个基因所控制，反而更多地受到物理和生化途径的影响，它触发和抑制着数十亿个相互依存的神经元。最近本领域的研究大多局限在脑细胞之间或大脑区域之间的联系，而我们的目标是把大脑作为一个整体进行研究，详细阐明神经元之间是怎样自始至终相互联系的。

一个全面的“大脑电路图”需要新的技术来追溯神经元之间的联系，最终完成的数据集将有好几个 1015 字节那么大。但是如果我们成功了，这种图谱将显著扩展我们已有的知识——神经细胞之间在相互联系时如何受到疾病影响而发生改变、新的治疗手段如何才能更富成效地介入其中。

当初，我与埃里克·坎德尔会面时，我还沉浸在鼠脑图谱成功发布的欣喜之中。他是哥伦比亚大学的神经系统科学家，因其在神经元内记忆存储方面的研究成就而获得诺贝尔生理学或医学奖。我告诉他："在接下来的10年里，我们将对大脑了解更多。"

坎德尔博士委婉地给我的热情"降温"："我在这个领域的研究已经有50年了。但是，在我的有生之年——恐怕你的有生之年也算在内——人类都不会实现对大脑的真正了解。"

我想起当初在筹备研讨会上，我曾问过那些聚在一起的精英们的问题："在我们真正揭开大脑的奥秘之前，需要在神经系统科学上获得多少个诺贝尔奖?"他们的答案介于25个到50个之间。

从现在开始算起，这是一条漫长的道路。同时，我也相信，在这条探索的道路上，我们的图谱将会帮助那些未来的诺贝尔奖获得者，辅佐他们一路前行。

第二十二章　探　险

在我成长的过程中，没有什么探险经历。小时候，我的探险是通过读书实现的——这一点和我的母亲一样。我们家地下室里有成堆的《国家地理》杂志，它们描述了外面更宽广的世界的样子，但我觉得自己成不了一个环球旅行者。在微软的时候，又没有时间去做这些事。直到我 29 岁生病那一年，情况才发生改变。我开始到夏威夷去水肺潜水，又喜欢上法国那迥异的文化和烹饪。然而，那时我从未想过要拥有一艘游艇。我对驾船活动的想象是这样的：一帮玩票的人，身穿双排扣上衣，头戴船长帽，他们喝威士忌，抽雪茄……我对那些并不感兴趣。

但是，朋友们不断地向我灌输他们到阿拉斯加州旅行的妙处，而获得这个乐趣的唯一方法就是租一艘游艇。1992 年，我租了一艘 26 米长的游艇，带着家人沿着阿拉斯加的内湾航道北上。旅途中，我们看到一只鲸鱼在游艇旁的海水中游弋，还有很多鲸鱼在远处喷水。我们从经过的渔民那里买来新鲜的斑虾做来吃。在安纳湾，我们看到狗熊捕食顺河而上的鲑鱼——那么多的鲑鱼，你甚至可以“踩着它们的后背过河”（印第安俗语）。

我度过了生命中最美好的时光。一艘游艇似乎正符合我萌芽中的探险激情，也是我水肺潜水这个新爱好的绝佳平台。第二年，我买下了“谢拉得”号，它长 45 米，重 500 吨，共有 10 名船员。船上共有 5 个卧舱，顶部有一个水流按摩浴缸。我想：天啊，我要再买几艘，比我需要的还多！

时间很快转到几年之后。我的船长问我："保罗，你最想要的船是什么样子的？"我告诉他，小时候父母曾带我去看法国海洋探险家雅克·库斯托的《寂静的世界》，那是世界上第一部水下彩色电影纪录片，其中包括从一个双人潜艇中拍摄的镜头——从那时起，我就对水下世界产生了兴趣。我对他说，我想拥有一艘潜艇，进行真正意义上的水下探险。我并非单纯追求最大的游艇，但拥有一艘更大的游艇，你就能带上更多的朋友进行更长距离的旅行。我还打算将船上的录音室升级成完整的数字式控制台。大卫·斯图尔特曾想到一个主意——在船上建一个音乐会的舞台，而听众就坐在后甲板上。

这就是"章鱼"号的由来，当然其根源还是库斯托水下探险的精神。我找到位于摩纳哥的Espenøino造船公司，他们为我设计了一个半米的游艇模型，我觉得很满意。然后他们就开工建造了。100多位绘图员用了一整年时间为"章鱼"号设计图纸，两家造船公司用了3年时间才把它建成。在建造过程中，主承包商邀请我去他们位于德国港口基尔的造船厂，向我展示他们为德国和土耳其海军建造的潜艇。我注意到一艘潜艇上有鱼雷，兴趣大增。在参观结束时，我面无表情地问他们："能在我的游艇中加上鱼雷发射管吗？"

那两位工程师互相看了一眼——你能看出他们脑子里正在哗哗地飘着钱。其中一位工程师答道："能，能！我们可以给你加上鱼雷发射管，可以的！"

过了一会儿，我才对他们说我只是在开玩笑。那个工程师点点头说："噢。我们能把鱼雷发射管加上，但要拿到鱼雷的许可证就难了。"

我还有"美杜莎"号和"塔图"号两艘游艇，但在2003年"章鱼"号建成时，我还是被其庞大的船身给镇住了。"章鱼"号全长126米——比一个橄榄球场还长1/3，宽有18米，有7层楼高。当时，它是世界上第四大游艇，而另外3艘都是为国家元首建造的。（随着游艇建造技术的提高，游艇也越来越大，“章鱼”号现在的排名已经降到了第9位。）“章鱼”号上有50多名专职船员，拥有最先进的航海技术。我第一次站在驾驶台前时，感觉好像是在太空飞船里一样。

我用了半年时间才适应自己拥有如此一艘大船的现实。在随后的几年中，“章鱼”号实现了我所有的游艇梦想。我所有的激情都汇成了这个“移动的盛宴”——一个篮球场、一个电影院、一个游泳池。录音室里各个方向都能看到外面的海景，精心设计的隔音效果能让里面的人免受发动机噪声和振动的影响，其效果不亚于世界上任何一个录音室。大卫·斯图尔特和米克·贾格尔都曾在这里录过音。U2乐队有一次在这里作最新专辑的预演，他们演奏的声音太大，竟然把扬声器烧坏了。在这里，我们有过太多精彩的即兴表演。每年戛纳电影节期间，我们都会在“章鱼”号上举办聚会，那时录音棚就成了乐池。

“章鱼”号是一个进行聚会、音乐交流和其他活动的理想场所。但我在船上最喜欢的地方还是私人空间，那是在最顶层上仅能容下几个人的安静“小巢”。在那里，我向外望去，看到过威尼斯的屋顶，看过上海黄浦江上的造船厂。“章鱼”号的航速可达每小时20海里，它可以进行长途探险航行，就像库斯托的“海上女神”号扫雷舰曾载着由科学家和冒险家组成的团队进行海洋探险一样。用汽车来打比方的话，与其说“章鱼”号是辆宾利，不如说它更像是一辆陆虎“揽胜”。

船上有间铺着玻璃地板的船舱，“章鱼”号锚泊时，你能看到黄貂鱼和水母在脚下游来游去。船上还有一个装有高分辨率照相机、能下潜到海面以下300米的遥控机器人。但在360米的深海里，如果没有潜艇，摄像机不能直接拍摄。我的潜艇能乘坐8个人，从“章鱼”号内部的船坞下水，就像一辆黄色的水下公交车。当我们下潜时，平克·弗洛伊德乐队会演奏契合氛围的音乐，我们慢慢被黑暗包围——在接下来的半个小时里，我们要在水底了。

我们最难忘的一次下潜是落在了美国“萨拉托加”号航空母舰的甲板

上——1946年，这艘航母在比基尼环礁原子弹试验中被炸沉了。还有一次，我们在第勒尼安海发现了一艘古罗马的沉船残骸，其木质船体早已腐烂，里面的货物露在外面，数百个2000多年前的美丽的双耳细颈椭圆土罐、陶瓷花瓶就在我们潜艇的舷窗外面，伸手可及。

“章鱼”号有一个加固的“铁鼻子”，可以将小块的冰层撞开。2007年2月，我们去了南极。航行是很艰难的，游艇很难前进。船上装有稳定翼，但当遇到顶风时，顶头浪会把稳定翼斜冲开。我们从阿根廷的乌苏怀亚继续向南，朝着南极圈进发，冰川使得航行更加困难。船长这时将指挥权交给了一位极地航行的专家——冰区引航员。他坐在舰楼上，手拿双筒望远镜，似乎进入了禅定的状态，沉着地拉长音调发布命令，“左进三……右退二……”他能估计出水面下的冰川形状及大小——它是我们所看到露出水面部分的八九倍大。

那时已是夏末，气温还算可以（零上10℃以内），南极圈正是昼长夜短的时候，无尽的黄昏之后是4个小时的夜晚。南极是一个有着怪异之美的地方，风停的时候是死一般的寂静。它看上去就像是一块毫无痕迹的白色油布，只是在大块的冰挤压出气泡的地方有一点儿碧蓝。用望远镜你可以看到海面上2000多米高的山川，东南西北各个方向都能看出50英里远，却没有一丝生命的迹象。

在南极，我们还遇到了一些趣事：一头12米长的座头鲸围着我们的拖艇游走，它苹果般大小的眼睛充满好奇地望着我们；一只圆滚滚的灰色海豹在刚刚够容下它的一块冰上懒洋洋地晒着太阳；成千的企鹅尖叫着，就像温顺的小狗一样。我试着在零下一两度的海里潜水。虽然我在潜水服里充了氩气保暖，但是一下水，露在外面的脸就冻麻了，出水后一个小时，我的指尖还是青色的。

与南极相反，撒哈拉以南的非洲地区气候炎热，地势高低不平，雨后是一片深绿色，空气中充满清新的鲜草味道。它给人以奇怪的熟悉感，有人认为这是我们祖先对这个摇篮的远古记忆所留下的印痕。第一次踏上这片土地，它就成了我所青睐的地方之一。

我喜欢到非洲无垠的动物保护区里探险，其中最大的乐趣就是看看我最喜爱的动物——大象。它们聪明且好奇心强，还似乎有种公共责任感。在肯尼亚首都内罗毕有一个小象孤儿院，抚养那些因母象被偷猎者杀死而变成孤儿的 4 岁以内的小象。小象们每天喝奶 4 次，用的是世界上最大的奶瓶。若是一头未成年的小象从孤儿院里跑了出去，到了外面的灌木丛里，外面的野象就会把它押回来再交给饲养员。

我们在博茨瓦纳遇到一对夫妇，20 年前他们收养了 3 头小象，那时它们刚刚两三岁大。早上，当你陪着其中的一头象散步时，就会感觉到它的鼻子轻轻地触碰着你的肩膀，就像一个朋友把胳膊搭在你的肩膀上一样（这被称为“勾肩搭背”）。然而，在野外，大象是谁都不敢小觑的——2006年我们第一次来到这里时就见识到了。当时是冬季，雄象正处在“狂暴期”（也就是发情期），它们头部两侧流出气味刺鼻的激素分泌物。我们驾驶的路虎越野吉普车离营地有 1 英里远，这时我们发现一头庞大的雄象就在 50 米开外的草丛里，它一边大声咀嚼着草，一边走过来。司机说：“我从它旁边开过去。”我从来没经历过这种事，因此开口说道：“别。它看上去很消沉，咱们停在这里，让它继续吃吧。”之所以这样说，是因为我觉得这头大象的身体语言使我不安。

大象继续吃草，即将从我们旁边过去的时候，司机等得不耐烦了，把汽车的引擎发动起来。大象一下子转过身来，从 30 米开外向我们全速冲过来。这头象大概有 5 吨重——重量是我们汽车的 2 倍，要是被它撞上，我们就完蛋了。

大家都看着我，似乎我知道下一步该怎么办一样。但是，我也是一点儿办法都没有。就在大象离我们仅剩 10 米远时，我们经验丰富的导游桑德尔·卡特采取了行动。他一下子跳起来，在头顶上甩着胳膊，并且大喊着：“停下！”大象真的停了下来，回头继续吃草去了。它之所以要袭击我们，是觉得我们侵犯了它的领地。而导游“虚张声势”的表现，让它觉得我们也不是好惹的，跟我们打架是不明智的。

最令我难忘的时刻是在肯尼亚的东非大裂谷，我们游览了马赛马拉的野生动物保护区。从直升机或热气球上面看下去，一望无际都是斑马、瞪羚和角马。它们成群活动，就像草原上的割草机一样，去到塞伦盖蒂平原，再按环形路线返回来。狮群则在休息，等到天色变暗时才开始大餐。

马赛族是一个游牧民族，即使已经开始用起手机了，但他们还是保留着古老的传统。这里也是我们捐资援助动物保护的地方。他们答应让更多的野生动物回到部落的牧场，以得到政府旅游收入的分成，而这些收入再被用到修建学校和其他的基础设施上面。一天晚上，在靠近坦桑尼亚边境的盐碱平原上，我们庆祝一个水坝的建成。这个水坝是我们投资建设的，它为马赛族人和他们的牲畜带来了水源。（家畜是马赛族人的主要财产，也是他们主要的食物来源。）我们在微红色的干裂地面上搭建起一个舞台，在橙色的遮篷下面安装了一个便携式发电机。傍晚时分，舞台下面聚集了1000多个马赛族人，他们走了10多英里才到达这里。

跟我一起演出的是我的乐队，还有一个特别来宾——丹·艾克罗伊德。他与我志趣相投，并且同样喜欢布鲁斯音乐，他荒诞的幽默总能使人开怀大笑。当天晚上，他唱歌，表演了口琴演奏，还跳起了他独特的舞步。在我们演奏时，身穿红色、橙色、蓝绿色长袍，手拿长矛的马赛族人也用跳舞作出回应。接着，一个高亢的女声清晰地凌驾于大家的合唱声之上——我们在精神上是一致的，但常常合不起拍子。我突然有种强烈的欲望，想要创作一首歌曲，把两种不同的文化结合在一起，就像保罗·西蒙的《镶在她鞋底的钻石》一样。但现场就立刻写出歌来太难了，所以我们继续陌生地保持着互动。

丹的歌《Messin' with the Kid》表演到一半时，马赛族人突然停止了他们本族歌曲的演唱，转而以不连贯的节奏唱起了这首歌。他们甚至不再继续跳他们自己的舞蹈，而学着丹的舞步，跺脚顿步，并且跟着我们一起合唱：

What's this I hear, well there's a whole lot of talk,

People say they're trying to mess with the kid hey hey hey ……

在盐碱地上跟马赛族人一起分享朱尼尔·威尔斯的这首歌曲，真是一件非常美妙的事情。虽然在几个小节之后，他们又转回去唱自己的民族歌曲了，但我们的感觉是相连的。太阳落山了，舞台上的灯光被打开，周围1英里范围内的昆虫蜂拥而至，我们只好宣布演出结束。马赛族人看起来很高兴。对他们大多数人来说，这是第一次听到低频贝司的演奏。后来一位酋长告诉我："我喜欢你们的音乐，因为我能从内心里感受到它。"我明白他说的意思，当我第一次听到现场摇滚表演时，也是同样的感觉。

对那些只是从老套的丛林电影中了解到非洲的游客来说，非洲这块大陆上充满了各式各样的人和景色。我最喜欢的地方之一是博茨瓦纳的"奥卡万戈三角洲"，奥卡万戈河在这里止住脚步，形成了一个苍翠的沼泽地。雨季中，小山丘会被淹没，只留下露出水面的山头，就像海中的小岛。这里乌木树、无花果树生长茂盛，物种丰富——河马、长颈鹿、黑斑羚、狮子、豹、非洲野狗……几年之前，我租下了阿布营地（名字源于曾生活在这里的一头大象，它与克林特·伊斯特伍德合演了《白猎人，黑心肠》）。营地里驯养着从象群里落单的大象，导游会带着你，在晨曦或傍晚的金色阳光中穿过浅浅的水塘。

我还喜欢纳米比亚的骷髅海岸，来自卡拉哈里沙漠的风暴不断将海岸线向西推进。19世纪，数不清的捕鲸船在附近暗流中失事。从直升机上可以看到连绵数英里的桅杆和碎木片，就像是被深蓝色海洋风化了的木柴。

纳米比亚是一个干燥荒凉而与世隔绝的地方，就像是地球的边缘地带。但是这里同样有人繁衍生息，你会在这里遇到很多有趣的人——我们的导游克里斯·拜科斯就是这样一个人。他的头发蓬乱，留着红色胡子。他是一个南非人，曾参加过安哥拉的战役，还是一位出过书的作家。第一次跟他一起吃饭时，我们谈到曾经见过的巨大的鳄鱼——当时这些鳄鱼藏在水面下，等待着捕食渡河的斑马。为了跟他搭上话，我问他跟鳄鱼最接近的时候是怎样的。

这位身材魁伟的导游注视着我，举起他左臂上的假肢反问道："艾伦先生，你看有多接近呢?"他在年轻时曾是克鲁格国家公园的动物保护区巡逻员，他的胳膊被两只鳄鱼吃了。

克里斯有时候让弗雷·斯坦德来代替他为我们服务。弗雷曾在剑桥上学，是一位食肉动物专家，创立了"沙漠狮子保护项目"。他住在一辆破旧的卡车里，到哪里都赤着脚。他用麻醉枪把狮子麻醉，然后给它们戴上项圈，随后跟踪它们在数百英里的纳米布沙漠上的迁移轨迹。若信号显示有狮子接近人类，企图捕食牲畜时，弗雷[①]就把克里斯和其他人召集起来，用越野吉普构建一个警戒线，汽车的灯光和鸣笛声会把这些"大猫"吓跑，使其避免被农人误杀。

在一次麻醉狮子的行动中，弗雷让我靠近看看被麻翻的狮子。这头狮子的前肢十分厚重，爪子有人的脚掌那么大——它能一巴掌拍断斑马的后背也就不足为奇了。

弗雷对我说："你来闻闻它爪子的味道。"我暂时把恐惧抛开，跪下，将鼻子靠近那锋利的爪子。奇怪的是，它的爪子气味竟然很好闻。我没敢得寸进尺，闻过之后赶紧闪开了。

2008 年，我回到非洲，去乌干达的布温迪国家公园。这里栖息着全世界一半数量的濒危山地大猩猩。导游用大砍刀从茂密的植被中开出一条路来，我们一行 5 人进入到一个日光斑驳的深谷之中。3 个小时之后，我们看到一只近 400 公斤重的强壮的雄性银背大猩猩双拳撑地在山坡上行走。但是，每当我们与它的距离接近到 20 米以内，它就向远处走开，似乎是不想被我们打扰。接着，我无意中抬了下头——就在我们头顶正上方，有一

① 怀疑此处原文错误，应为 Flip，而非 Skip。——译注

只幼年大猩猩从长满苔藓的树上滑下。当它在距离我们几米之外、降到离地2米多高时，我的目光迎上了它的眼睛，我们像一对陌生人一样彼此对视着。接着它抓住一根树藤，荡进树丛里消失了。

我们从那里继续往下爬，然后向上到了另一个山谷的后坡上。我身上已经被山谷里的浓雾打湿了，感觉很疲惫，最后抓着一名队员的背包才终于登上最后几个小山丘。我原以为这只是身体疲劳的现象，却不知道我很快就要面临人生中最严峻的时刻。

两天之后，我们搭乘小艇掠过鳄鱼的领地，停在一个震耳欲聋的瀑布旁边，然后拿出鱼竿钓尼罗河鲈鱼。接下来，我就晕倒在船的甲板上了。我迅速回到西雅图，在翠湖旁又晕倒一次。我感觉不好，就坐下来喝了杯酒，却再也站不起来了。赶快做了一个心电图之后，发现我心律不齐，需要立刻做心脏瓣膜替换手术。在那个周末，我就动了手术。

醒来时，我的体内已经多了些东西——起搏器。接下来问题一个接着一个，我的左肺积水了。2009年3月，我做了跟前总统比尔·克林顿同样的手术，抽出了肺里的空气，剥去了瘢痕组织。“手术很顺利，”医生告诉我说，“会好起来的。”但是几个月后，在去约旦的旅途中，我突然变得呼吸困难，连台阶都上不去了。我的另一个肺里也积水了。在进行过活组织切片检查后得出的结论是，我得了非霍奇金淋巴瘤——也就是我年轻时曾被误诊过并给我带来惊吓的病。虽然我的病情是最容易治愈的那一种，但癌症的扩散速度还是相当快的，已经发展到了第四期，进入了淋巴结里。

比起当初得霍奇金病时，我的感觉更糟了，我觉得自己的气数已尽——25年前被我避开的死亡威胁终于还是把我逮住了。我的内科医生还是比较乐观的，肿瘤医生却喜忧参半。我接受的标准化疗手段是被称为R-CHOP的鸡尾酒疗法，包括一个单克隆细胞体来模拟身体的免疫系统。如果幸运的话，它将根除淋巴瘤——尽管治愈率在50%以下。

2009年11月，我开始了6个疗程的化疗，每个疗程3周时间。用泵将一份R-CHOP送入体内需要6个小时。第一次治疗时，我躺在医院里整夜未睡，确保自己能够忍受这种过程。除了引起头顶部变红的过敏反应之外，一切正常。化疗时，你的身体就是一个战场，第一轮战役过后，大量肿瘤细胞被杀死，却也给肾脏带来了伤害。没有恶心的反应，但每次都是连续几天的极度疲劳。

原本，我觉得自己可以独自应付一切，但孤身一人面对这些事，实在不是个好主意，夜晚尤甚。妹妹朱迪给了我巨大的支持，她每晚都过来陪我看电影。我很感激她的陪伴，但她对节目的选择却让人不敢恭维。她推荐我看 BBC 播出的一档由狄更斯小说改编的小型连续剧，里面每一集都至少会有一两个人死于结核病。

“好家伙，这也太凄惨了吧！”我抗议道。

“你还想怎样？”朱迪答道，“这可是《荒凉山庄》。”

在这段艰难的时期，最常来探望我的人之一就是比尔·盖茨。从他身上你可以得到一个朋友的所有情分——对你的关心和担心。我有时会想起我们之间复杂的关系，还有即使互相不说话也保持着对彼此的支持，似乎只要我们还活着，就无法与另一个人彻底隔开。

我开始认真地写这本书，有时候生怕自己将永远看不到它出版的那一天。那时刚刚过了第二轮化疗，检查发现癌细胞已经不见了，我也相信自己一定能够渡过难关。4 月末，在做完全部 6 个疗程的化疗之后，我紧张地等待着最终检查结果的到来。随后医院打来的电话让我的心情愉快起来——我的病情进入缓解期了。

然而，此时我的身体却没有完全恢复正常，化疗造成手指指尖偶尔会麻木一阵，对我的吉他弹奏没有带来半点儿好处。化疗结束后好几个月，我才感觉身体恢复到了正常状态。

这次生病并未改变当初患霍奇金病时我产生的想法，但它也留下了影响——我更希望去享受生命。在最后一个疗程刚过，我就去了塔希提岛进行了 3 年以来的首次水肺潜水。过程很顺利，只是心脏起搏器限制我只能在 15 米的深度潜水。（我应该回去更换新的起搏器，使它让我达到 60 米的深度。）最终检查结果出来后的一周，我到犹他州的大瀑布峡谷去白水漂流。我喜欢大峡谷里红色的石头地，并且，只有一天的外出似乎也不会对身体造成什么损害。但我没有察看漂流的细则，不知道那需要在 2 个小时里，从 29 个单独的激流中飞溅而过，也没有料到我们会遭遇风速每小时 40 英里、雨点横飞的暴雨袭击。这次旅行探险是我做过的不明智的事情之一，还得了轻微的肺炎。但反过来说，它也证明了我还是很有活力的。

最近，我刚从阿什兰回来，在那里我参加了每年必去的俄勒冈莎士比亚节。阿什兰是一个迷人的山城，有着美国西海岸最好的剧院。我观看了一出名为《美国之夜》的戏剧。故事说的是，一个正准备参加入籍考试的年轻墨西哥移民，通过非同寻常的方式了解了美国的历史。这出戏剧在一个令人舒服的剧院里演出，剧院是在我们基金会的帮助下建成的——这就使得它更加特别。

我发现，区域和地方上的慈善事业能令人满足。因为你能看到一笔合适的捐款带来了怎样的改变。我最初的慈善工作是帮助拯救北瀑布国家公园古老的原始森林，这倒是源于父亲对绿色生命和户外生活的热爱。（由于在美国西北部长大，保护环境的冲动几乎渗入我的意识里面。）我们又跟公共土地信托基金及其他环保组织合作，买下私有土地，恢复动物的迁徙路线，修复重要的生态系统，保证了大地的健康和美丽。

迄今为止，我已经为慈善事业捐出了数十亿美元，其中大部分用在了太平洋西北部 5 个州的非营利事业上面——那里是我的根。现在，艾伦家族基金会在妹妹朱迪的领导下主要关注以下方面的事务——也是我多年以来的兴趣所在：医学、科技、社区发展、安全社交项目、教育改革、艺术与文化。为响应盖茨和巴菲特的呼吁——也是我长久以来的想法，我最近作出声明，将大多数财产用于这些慈善公益项目上面。

我尤其未能忘记小时候每周都要去的西雅图公共图书馆，它是让我成为一个善于思考的人的起源。我们捐出了 2250 万美元用于购买藏书，并在新的市中心设施中修建一个儿童中心。

在基金之外，我的大多数资金都流向科学研究领域。我喜欢开创一个具有突破性潜力的小型研究项目，或者复苏一个极有价值却因为缺少资金而搁浅的项目。我们还积极支持一些目的为纪念历史的学术机构和博物馆，如音乐体验计划，或位于华盛顿埃弗雷市的飞行遗骸收藏馆。受父亲二战时在欧洲的经历启发，我从主要的二战飞机制造者——美国、英国、苏联、德国、日本——那里收集了14架古老的军用飞机，把它们都用同时代的材料，从里到外修复好了。在“飞行日”，大部分飞机还能飞起来，但另一些只是同类飞机的模型而已。它们都是代表牺牲与勇气的活的遗迹。看到它们，我就会想起小时候玩塑料模型战斗机的情形——将塑料零件粘在一起，再涂上恰当的伪装色。

每次我去飞行遗骸收藏馆，都会为其机械的美丽和技术上的创新点而感到震撼。2008年，在飞行遗骸收藏馆正式开放的前两天，我经历了一个激动人心的时刻——85岁的老兵巴德·托多夫坐进了一架P-51D野马战斗机的座舱里面。他曾十几次驾驶着这架飞机在德国上空战斗。巴德叙述起1944年的一次战斗，在那次为B-17轰炸机护航的任务中，他击落了2架德国战机，这个过程能从飞机的射靶相机记录上得到证明。（当媒体问巴德是否还想再次驾驶一次这架战斗机时，巴德的话让我们不由得感慨时间的流逝。他说：“我的妻子连汽车都不让我开了。”）

在回报自己所处的地区的同时，我也不忘帮助非洲。我们的项目在阿布营地取得了一些进展，我还在肯尼亚和赞比亚买下一些不动产。我们赞助当地人的蚯蚓养殖业（蚯蚓堆肥），创建社区发展计划，为当地人提供微额创业资金支持，还为学校提供赞助。最近，朱迪和我向华盛顿州立大学捐款2600万美元（此校迄今最大的一笔个人捐款），成立保罗·艾伦全球动物健康学院。学院的目的是，帮助非洲拥有应对动物源疾病的能力。学院的研究将着重于提高检测水平，阻止病毒从动物向人类的传播途径，并开发出新的疫苗保护家畜以及以家畜为中心的生计。

在今后的日子里，我希望能为非洲找到电力和干净水源而作出贡献，还要保护濒危的野生动物。假如一切顺利，我们就能在保有过去的同时，拥有一个更加美好的未来。

结束语

1999 年，《周末夜现场》在纽约庆祝其开播 25 周年。丹 · 艾克罗伊德把我带到舞台的下面，向我叙述了他是如何开始的。“其实，我主要是个作家，”他说道，“但他们要我去做第一期幽默短剧节目。”在节目中，他扮演了一个闯进别人家里的家庭安全系统技术员，向约翰 · 贝鲁西和吉尔达 · 瑞德尔这对“夫妇”推销其服务。丹承认当时他很紧张，“但是那期幽默短剧很棒。回到舞台下面时，我想，这就是我最想做的事情了。”

我知道那种感觉是什么样子的。1975 年，在仓促的两个月时间里帮助编写“牵牛星”BASIC 时，我也找到了自己未来的道路。后来，当我们为 IBM 个人计算机编写出操作系统时，我为自己所做的事而感到震惊——我参与编写的这些代码，将从根本上改变人们工作、娱乐和交流的方式！这种影响永远改变了我人生的目标感——那也是我一直想要再次体验的感觉。

29 岁生重病那年，我很懊恼，因为我发现自己的生活范围是如此的狭小。后来，身体康复了，我开始周游世界，又变得不安宁起来。我发现，我最为怀念的还是“创造”，所以我再次回到工作之中。

假如说我的生命中有些讽刺的话，那就是我在微软的那些日子里，我生活的畸形单向性。我年轻时的爱好包括火箭、机器人、音乐和化学。作为一个“杂食”的读者，我从飞行员和探险家的故事中获得乐趣，从托马斯·爱迪生和亚历山大·格雷厄姆·贝尔那里得到灵感。我的好奇心是无限的。

在接下来8年的紧张时间里，我只有一个单一的目标，就是把微软做成个人计算机革命中的领导者。目标实现了，而且比我预想的还要好。但是旧有的爱好时刻在扣动着我的心弦，它们虽然被搁置起来了，但我从未忘记过。它们还会偶尔冒出来——或者是从凌晨3点一直弹奏亨德里克斯到黎明，或者是从紧张的编程工作中抽个周末出来去看太空飞船发射。

离开微软后，我曾参与创造的财富——以及后来公司的蓬勃发展——使得我可以毫无拘束地重拾儿时的爱好。有时候我的网撒得太大了，但我的投资并不是随意的，它们大多数甚至从童年开始就在我的头脑中扎下了根。在过去的27年里，我把曾经只能想象的事做了起来。

现在，我的后半生是在微软之外度过的。我们曾在微软创下的成就是永远值得骄傲的，但我的其他选择——不论是从范围还是多样性上来说，都更贴合了我的本性。

有些人的动力来自对认同感的需求、有些人是金钱的驱动、有些人是有着广大的社会目标，我的动力来源却与众不同，我热爱新奇的想法，并迫切希望把它们付诸实施看看它们将去往何处。创新的路是崎岖不平的，充满了前所未有的失败风险，并且没有保证。但是即使它有弯路和死胡同，这条路也是我唯一觉得有意义的。

从微软早期时起，我就被看做创意的源头。那段时期，我的作用是常常倾听人才的创意，当有好的想法浮现时，便将其组织起来。然后我试着将这个创意放到新的情境之下，或者把它拓展开来，就像是我们在艾伦脑科学研究所的筹备研讨会上所说的那样。大脑基因图谱在很多非公开会议上已经有了雏形，但直到10多个顶级科学家会聚一堂交流思想时才真正成形。艾伦大脑图谱就是他们一致意见的产物，成为推动脑科学领域向前发展的令人信服的手段。

在值得做的事情之中，很少有能够一个人单独完成的。即使是在构思阶段，一个创意也需要有人来帮忙更正，你需要说服别人来加入你的行列。当初，我很幸运地找到了比尔·盖茨，他对商业的热情与我对技术的迷恋形成了绝配。后来，在“太空飞船一号”项目上，我幸运地遇到了伯特·鲁坦，以及在脑科学研究所里找到了艾伦·琼斯都是如此。

同时，我也见识过好的团队不搭调时会发生什么事，也经历过好的创意最终失败。在追逐“连线世界”的过程中，我犯下了数不清的错误，但最为严重的一个是：我常常找不到合适的人选来实现我的创意。也许是我自己的发展历史影响了我对人员的筛选，我会轻易地将大权交给一些资历尚浅的人。从那时起，我就学会了谨慎行事。才华是必需的，但时效和期限同样不可忽视。

总的来说，我得到的经验和教训就是：在盯着远方的目标时，不要对脚下的坑坑洼洼和海里的冰川视而不见，它们会让你摔跤或沉没。尽管如此，任何革新都需要有乐观的精神和力争上游的壮志。我所记得的就是自己在不断寻找挑战，攻克它们，实现创意——如果顺利，就能将世界变得更加美好。

有人问我，财富怎样改变了我。对我来说，这是一个很难回答的问题。有时候我觉得自己似乎跟以前一样，没有变化，接着就觉得这是在自欺欺人。财富的表现形式——房子、游艇、飞机——明显改变了我的衣食住行。更重要的是，财富为我打开了太多“可能性”的大门，我可以随心所欲进行选择。

虽然有了这些明显的改变，但相识已久的人说我仍然是老样子。我还是试着去做一个受欢迎的人，我还是一个梦想家，对已然发生的并不在意，却对未知的可能性非常好奇。

最近的患病经历使得我变得既急躁又耐心。它是一个警钟，时刻提醒着我没有时间去浪费了，它还敦促着我对自己及跟我共事的人们更加逼迫和苛求。然而，等待 PET[①] 的过程让你一点儿脾气都没有，你不可能去拨快时钟。我也意识到有些事就是按部就班的，不在你的控制之内。不论是年轻得分后卫的培养，还是老年痴呆治疗的试验都是如此。我学会了事前不着急，而去认可所取得的每一个必要的进步。

我尽力让自己能跟上科技和时事的步伐，把大部分阅读时间都放在了网上进行。我想继续扩展可能的边界，我想让自己的思想保持超前和自由。“接下来怎样?”这个问题对我而言永不过时，我永远准备着迎接下一个伟大创意的到来。

还有一件事是没有改变的：我仍然对各种机械的内部运行着迷，我仍热爱钻研其中错综复杂的结构。我时刻关注着艾伦脑科学研究所对人脑的研究——它是地球上有史以来最复杂的“机器”。而在另一个极端，我正在考虑一个新的创始，这种有魔力的奇妙装置是我童年时乐此不疲的画图对象——宇宙飞船。

毕竟，一定要有人去从事“太空飞船三号”的事业的。

① PET（正子扫描），检验身体尤其是脑部新陈代谢的断层扫描。——译注

致谢

本书的写作是以组成项目主题的那些想法的顺序构思的。灵感可能是个人想到的，但很久之前我就明白：若是没有协作开发，一个灵感永远不会得到圆满实现。并且，项目的要求和挑战越是严格，所需要的协作就越强越紧密。

本书的写作就是一件要求很高的挑战，至少对我来说是非常苛刻的，这是我所做过的最困难的事情之一。所以我需要对很多人表示感谢。假如下文的感谢名单中没有你的名字，并非表示我对你没有感激之情，只是因为我的记忆出了问题。

自始至终，我都得到一些人的指导，他们就像一个内部编辑团队一样：理查德·赫顿、伯特·柯德、乔纳森·拉撒路、大卫·波斯特曼。他们花了数不清的时间检查本书的草稿，并且提出了很多无价而真挚的批评。我真诚地感谢他们的帮助。

在本书各个部分的细节审查和精准的评论方面，我要感谢的有：里奇·阿尔德森、丹·艾克罗伊德、李·卡朋特、保罗·卡法里、阿伦·伊斯雷尔、罗布·格拉泽、马克·格里夫斯、艾伦·琼斯、托德·雷维克、大卫·马夸特、比尔·麦格拉斯、拉里·米勒、戴夫·摩尔、罗莎琳·阮、克里斯蒂娜·奥卡豪、南希·匹茨曼、派特·佩瑟、阿尔伯特·里克、亚历山德拉·鲁贝利、道格·谢恩、迈克·史雷德、戴夫·斯图尔特、威廉姆·特纳、珍·温纳、马克·茨伯克沃斯基。

我要向一些人表示感谢，他们与我共同经历了某些时期，并将他们的故事分享给我，有些人还帮助我重新回忆起了一些宝贵的往事。在我的前微软时期：鲍勃·巴奈特、约翰·布莱克、克雷格·布尔、蒙特·大卫杜夫、迈克·弗拉德、布鲁斯·弗洛里、道格·弗默、保罗·吉尔伯特、汤姆·格拉布斯、古拉·约翰逊、克里斯·拉森、马克·麦克唐纳、丽塔·申克、迪伊·辛普森·斯奈德、杰夫·韦奇伍德。

在我供职于微软的那段时期：理查德·布鲁迪、大卫·邦耐尔、唐·伯蒂斯、艾迪·科里、帕米拉·杜兰、鲍勃·格林伯格、多蒂·豪、迈克·亨特、戈登·莱顿、西和彦、鲍勃·奥利尔、蒂姆·帕特森、克里斯·彼得斯、弗恩·拉伯恩、盖里·鲁彦、查尔斯·西蒙尼、坦迪·特罗尔、史蒂夫·伍德。

在我的后微软时期：大卫·安德森、吉姆·比尔迈尔、吉姆·博伊登、巴基·巴特沃尔特、苏·克林顿、朗斯·康恩、特里·戴维森、拉夫·格里克曼、迈克·或姆格伦、大卫·里德尔、迈克·麦尔维尔、杰夫·皮特里、汤姆·菲利普斯、凯文·普理查德、杰夫·瑞斯、罗比·罗伯森、伯特·鲁坦、比尔·萨瓦、尼尔·斯密特、吉尔·塔特、詹妮弗·托德、南森·楚特曼、拉里·王伯格、尼克·韦克斯勒。

我同样要向那些曾为本书的写作工作做出支持或后勤帮助的人表示感谢：玛丽琳·瓦伦汀、简·瑞帕斯、戴夫·戴萨特、安森·菲特兰德、比尔·盖茨、斯蒂夫·豪、迈尔斯·哈里斯、安德里安·杭特、伊莱恩·琼斯、弗瑞娜·科夏瓦杰、伊恩·金、贝蒂·梅菲尔德、基斯·佩雷斯、艾伦·瑞格、尼克·撒吉斯、威尔·斯图尔特、安德里亚·维泽海德、南森·麻姆，还有管理层团队。

我特别要向埃里克·戴维森表示感谢，他帮助设计了本书的封面和其他图画。

吉尔·杰克逊是我的档案保管员，他帮我查找了各个时期的档案，使得本书的内容更加直接形象。同时也要向微软的档案管理员艾米·斯蒂文森表示感谢。

我起初并未意识到，本书其实起源于2000年时，为保留住从我的上学时期一直到微软早期经历的直接描述而作的述史计划。我要向以下这些人表达我的谢意：法耶·加德纳·艾伦、查克·鲍尔、大卫·德克、罗杰·费舍尔、斯图·高德伯格、迪克·哈姆雷特、安德里亚·刘易斯、鲍勃·麦考、鲁迪·米勒、弗里斯特·米姆斯、哈维·莫图尔斯基、巴德·彭布罗克、史蒂夫·拉塞尔、保罗·范·巴伦、尼尔森·温克里斯、比尔·威赫、弗雷德·赖特、马拉·伍德、卡尔·杨、罗伯特·札勒。

另外，我要向曾经参与过述史计划，现在已经不在人世的那些人表示感谢：米利亚姆·卢博、亚伦·雷诺兹、埃德·罗伯特、鲍勃·华莱士、里克·维兰德。

我要向Portfolio出版社的两位编辑艾德里安·扎克西姆和大卫·莫达沃以及他们的团队表示感谢：艾米丽·安吉尔、凯瑟琳·格里格斯、杰米·普托提、盖里·斯提麦林。另外，我要感谢我在ICM的作家代理人埃斯特·纽波格，他负责我与出版社的联系事宜。

我必须要感谢两位医生，他们在两次相隔30年的治疗中把我从死亡线上救了回来，他们是：布莱德·哈里斯医生和汉克·卡普兰医生。他们使得我的身体能够胜任本书的写作工作。

我需要特别感谢的人还有瓦伦蒂娜·图瑞，她在本书的写作过程中，始终为我提供不懈的支持和帮助。杰夫·考普伦帮我完成了本书的成书工作。

我妹妹朱迪·艾伦在我的生活中担任了不可或缺的角色，她是我的生意合伙人、意见反馈者，帮我出谋划策。与我其他的许多设想一样，若是没有她的鼓励和支持，我也不可能完成本书的写作。

附 人工智能、数字亚里士多德、光环计划

在过去的30年里，研究人员在将人工智能转变成商业软件系统方面取得了切实的成就。自动翻译、语言理解、约束推理、逻辑、博弈、图像识别、工业机器人学都在蓬勃发展。但是一个基准问题仍然是人工智能领域最困难的挑战——复制人类阅读文本的行为，理解材料的内容，并回答相关的问题。

对计算机来说，这个问题为什么那么困难？毕竟，学习新事物，理解其内容并回答问题只是我们的第二天性——我们在做这些事的时候是如此简单随意，几乎不去考虑其中包含的原理。而计算机一定具有做这件事的原始能力，现代的搜索引擎可以在不到一秒的时间里筛选出符合我们所搜索的关键字的网页，并按利用价值将它们排序。然而，让计算机去回答数百万学生能够完成的高中测试题，实在是个严峻的挑战。

问题的根源在于人类知识的本质。知识常常被认为是大量事实的集合，就像乘法口诀表或元素的化学性质一样。事实上，现有的人工智能技术只能回答基于简单事实的问题（如：冠蓝鸦有多少染色体?)。然而，人类知识的最重要的元素中包含太多精密的架构，甚至连一些司空见惯的问题都包含在里面：因果关系（如：光照太少会导致植物发育不良)、归纳（如：大多数鸟类都会飞)、比喻（如：DNA 就像一张蓝图)、逆向思维（如：假如地球重力减半，树的高度将增加一倍)、规则性知识（如：如果

细胞死了，细胞膜就会发生衰变）、预测（如：在放射性环境下突变会增加）。

“数字亚里士多德计划”的目标就是为计算机找到模仿人类学习各种知识的方法，并且掌握对知识的范围和内容的管理与操控。若要成功，计算机就需要学会智能地去获取知识，切实有效地探究其中原因，并大规模地找到合适的问题答案。

“光环计划”旨在为“数字亚里士多德”搭建一个可以使用的系统。几年前“光环计划”开始时，我们首先做的是高中生物先修课的内容。之所以选择这个内容，是因为它的规模较大（但不是压倒性的规模），课程固定且有能力合格测试，并且是更具挑战性的知识类型。迄今为止，我们已经将标准生物课本的内容逐行进行分析，目的是将它内含的每种知识类型都进行分类。现在，我们正在将这些知识类型进行编码，输入“光环计划”计算机中，与其先前储存的知识相结合并融为一体，以保证我们的推理系统能回答用户提出的各种问题。

以上所有工作所面临的基本的难题就是其不可靠性。计算机习得知识的编码和推理系统中，很多难题只是通过了实验室里的小规模测试。但若是范围扩大了——即使是扩大到一本生物课本的规模——它们都会崩溃。此外，以上单个步骤彼此之间常常是不相容的，现在的人工智能无法学会人类在使用知识时的跳跃性思维。

全球范围的“光环计划”，团队已经取得了可喜的研究进展。我们相信，到了2015年，我们就能够搭建起一个系统，它将囊括几乎所有能回答生物先修课程问题的知识。这个系统将被安装在平板电脑一样的Halobook上面，这是我们在“数字亚里士多德计划”中迈出的重要一步。然而，难题仍然存在，为最终解决这些难题，我们需要取得更多的突破。下面列出的10个方面的知识表现形式，是当前机器难以解决的问题所在，也是“光环计划”关注的焦点，我把它们分成了三个部分：

第一部分：已经取得一些进步，却尚未得到妥善的解决方法

人类语言是强大而复杂的。同样一件事，会有很多不同的表达方法，每一句话中都会涉及很多不同的事物。若是一台机器想要达到人类语言的表达水平，它必须能够“理解”并对任何可能的表达内容作出适当的反应。人们已经开发出很多具有可行性的技术，使用人工或自动化手段对语言进行分析，包括对海量网络数据的统计学研究。语言和知识的交叉点是我们极感兴趣并在“光环计划”中积极追查的一个领域，它涉及语言表达的各个方面。

视觉或空间的学习和推理。一辆普通汽车的后备厢里能放下17个手提箱吗？打开的伞是什么样子的？喷气式客机能在人行道上降落吗？图解表达了什么样的信息？DNA螺旋展开之后是什么样子的？人类可以轻松而有效地对空间和视觉推理、视觉模拟问题作出解答，但在航海、制造业、建筑业上使用的计算几何学，虽然已经存在并已经实现商业化，但其处理直观几何学的过程非常缓慢，而我们人类每天都在轻松使用这项技能。“光环计划”近期并未将关注放在这个方面的研究上，但我们欢迎新的创意。

行为、因果关系和模拟的知识。假设房间里有个桌子，桌子上有个杯子。一个人进入了房间，杯子是不受影响的，它还是好好地在桌子上面。但这个动作的结果却带来了其他的改变：人已经不在房间外面了，人的身体和衣物进入了房间里面，房间不再是空无一人的了，如此等等。人类可以在头脑中毫不费力地进行心理模拟，并且其模拟可以双向进行：既可以“向后”预测事情的发展，又可以“向前”推断可能的原因。然而对人工智能的计算能力来说，这是一个困难且长久的问题。关于行为、改变和因果的推理是极为复杂的，特别是当一个行为的影响是不确定的、带来的后果是间接性的时候。最近，在此问题上的最好的解决方式出现在业务流

程、自动规划和机器人学方面，但它们都是高度定制的，很难应用到新的领域。“光环计划”在过程和行为的一般推理方面已经取得了大量实质性的进展。

解决普遍的不确定性和模糊性问题。人类的大多数知识是不确定的、模糊的、近似的，但我们拥有非凡的能力去得出结论并付诸行动。听了天气预报之后，一个人会根据“可能下雨”而做出相应的应对措施；人类可以阅读含糊的描述（如：约翰相当高）、粗略值（如：人类基因组包括大约23000个基因）或有例外的说法（如：所有的鸟类都会飞），尽管其表达不严谨，但我们仍然可以从中得到有用的结论。典型的统计学手段早已能够在选定领域内解决这个问题，并且大体上能够做得差不多，但其处理过程太慢。“光环计划”在这个方面已经取得了一些进展，并继续将它作为项目的焦点进行研究。

第二部分：仍处在初始阶段和试验阶段的问题

语言上并未清晰说明或含蓄的知识。人类的语言含有大量模棱两可的表达和知识上的跳跃，这就需要内容的接收者能够正确理解其含义。比如说这样一个英语句子：“A teaspoon of salt is dissolved in water.”到底是勺子溶化了，还是盐溶化了？或者勺子是用盐做成的？人类可以利用自己的知识立刻将歧义排除掉，但机器就会“感到”纠结了。再比如说，当我们读到“酸会导致染料变色”这个句子时，尽管句中并未明确说出来，我们也能够立刻推断出酸和染料一定是互相接触了。为准确地理解这样的表达，我们人类的大脑会在文本内容和背景知识之间进行调整。但对未能理解语言的机器来说，它需要首先克服这个问题。

知识的进化。习得新的知识并非只是记忆那么简单。新知识需要与已有的知识和谐地"融"为一体。比如说，你知道了细胞分裂的一个简单的模式，但遇到了一个更复杂的描述，这时你就会意识到需要将两者进行调整，对先前的知识进行修改。当以上两个知识合为一体时，你原先习得的细胞分裂的简单过程，就需要改进和概念化。这个对已有知识的保持、修改和拓展的过程是一个大规模的系统，就像"数字亚里士多德"一样。处理这种问题的简单而专业的技术已经存在，但要实现完全自动化处理，还需要几十年的时间。

矛盾、脆弱、凌乱的知识。小型或中等规模的人工智能知识库可以进行完全的调试，一旦它超过了一定的规模，就会必然变得凌乱，充满大量错误、不符、分歧、矛盾。随着知识库的增长，人工智能系统就需要对其进行有效的工艺调整，同时还需要继续保持稳健而清晰的推理能力。在网络规模的系统环境下，这个问题尤为重要，因为在网络上，知识源因地域、文化、时间的不同而不同。新的处理技术已经存在，它们或者是设想新的逻辑，或者是从网络搜索技术中得到了启发。但是这些技术都还处在试验阶段。"光环计划"正在积极研究推理技术，它将致力于处理特殊的冲突和矛盾，但要找到一个"通用解决方法"还是个难题。

常识性推理。人类对事物的理解大部分来自普遍的、常识性的知识和经验法则。比如说，别人告诉你"二氧化碳是光合作用的原料"，你能从中推断出在光合作用中会用到二氧化碳，二氧化碳是必需的并且是被消耗的。你之所以能够做出这个推论，是因为你理解这些一般概念（"原料"、"需要"、"消耗"）和它们彼此之间的关系。常识性知识在人类的问答和推理过程中有极强的灵活性，但将它移植到机器中就太难了。现在已经有了一些能处理这个问题的系统，它们或者是利用网络资源，或者是借助Cyc（www. cyc. com）这样的系统，但它们大部分还是以人工为基础的。虽然有例子证明计算机可以进行常识性推理，但在"数字亚里士多德"这种大规模的系统中，它们是否还能对知识进行可靠的获得和使用，还是个未知数。“光环计划”正在寻求解决办法。

第三部分：人工智能面临的一些长久的难题

将知识应用在新的情况中。人类能够将知识用在新的情况中，由此产生新奇的创意。比如说，一个中学生要用实验证明一个化学原理，她就会将自己与实验步骤和实验目标有关的知识，进行合理的排序。在我们设想一个虚构的情况时，也会这么做。将已有的知识以新的方式，用在新的情况之中。对计算机来说，这种复杂而独特的，对已有知识进行操控的能力是很难达到的。目前，对此领域的研究还停留在初步阶段。

比喻和类比。当人类面对一个新的事物的时候，他会将已有知识加以调整而再次使用。比如说，有一句与生物学相关的描述：“细胞内的微管就像微型的弹簧一样。”这种类比就提示读者使用已有的知识去帮助理解微管是如何伸展收缩的，而避开了“微管可能是金属材质的”这个歧义。这种能力包括三个方面：识别、构图、选择性地将已有的心智模式使用到全新的问题处理上面。这个过程是几乎无法实现机器自动化的。目前，对此领域的研究还仅仅停留在初步阶段。

“光环计划”正在全球范围内积极寻求以上各种（还有其他很多种未列出的）知识表现形式的解决方法。假如你有相关方面的认真的技术观点，请联系 ideas@ projecthalo. com。